천부경(天符經)과
문디 거시기

峰調 金東洛 謹解

고려말 농은(農隱) 민안부(閔安富)의 유집본

천부경(天符經)과
문디 거시기

2016년 10월 9일 초판 인쇄
2016년 10월 11일 초판 발행

근 해 자 봉조 김동락
발 행 인 김 근 배
발 행 처 도서출판 아진

주   소 16006
경기도 의왕시 이미로 40 (포일동 653번지)
인덕원IT밸리 A동 1019호
e-mail kgb@ajin.to
등록번호 제330-1995-56호
전   화 02) 737-0663
팩   스 02) 737-0644
ISBN 978-89-5761-504-1

값 20,000원

-읽기 전에-

요즘은 명함만큼이나 중요한 것이 책 한두 권 정도는 쓴 적이 있어야 되는 모양이라 거름지고 따라 나서긴 했으나 비웃음을 사지 아니할까 겁부터 난다. 그래도 고등학교 때까지는 특별활동으로 문예반이었고 소설가나 시인이 될까도 생각했다. 어쭙잖게 몇 명 모여 동인지도 내기는 했다. 그런데 언제부터인가 나이만큼 글 솜씨가 늘지 않아 그만 두었다. 더구나 작문의 기본부터 배운 적이 없었기 때문이다. 그 시절엔 초등학교 때에 글 쓰는 방법을 가르쳐 줄 스승도 없는 때 이었다. 지금도 그렇지만 초등학교 때는 담임선생님 한 번만 잘 만나도 일생에 결정적인 영향을 미친다.

이 책은 수준 높은 작문 실력이 요구되는 것이 아니라서 살아오면서 느낀 것을 메모한 것과 우연히 입수된 자료와 틈틈이 구입해둔 책을 뒤지고 해서 완성한 것이다. 한문은 초등학교를 들어가기 전에 서당에 다닌 것이 조금은 도움이 되었다.

몸이 아픈 곳이 있으면 본인이 먼저 느끼고 마음의 병(심상)은 상대방이 먼저 눈치 채게 되는 법이다. 글은 마음의 표현이라 했으니 독자께서 먼저 평가하리라 믿는다. 글 실력이 없으니 변명부터 느는 법이기도 하다. 책 제목에 문디, 거시기를 넣은 것도 자신이 없어서이다.

소크라테스가 "너 자신을 알라"고 한 것은 지금 나를 보고 한 말인 듯하다.

구차한 변명은 싫으니 누구처럼 자동기술법으로 썼다고 해버릴까 해도 주워 모은 자료들이 많아 그것도 안될 것 같았다. 그러니 겁주기 좋은 도구인 종교적 접근을 조금은 시도했다. 공갈협박죄라는 게 있어서 죄가 될 만큼, 해서는 안 되는 금기 사항까지는 언급하지는 않았다.

그래서,

① 이 책은 뭐 좀 안다고 떠들 생각으로 쓴 것이 아니고 보고 듣고 느낀 것을 자료와 함께 실었다.
무질서하게 늘어놓았지만 심지 깊은 사람이라면 관일(貫一)할 수 있으리라 생각한다. 다시 말해 무슨 공명심 같은 것을 위해 쓴 것은 아니고 욕심 같지만 이심전심(以心傳心)의 계기가 조금은 되었으면 한다.

② 데카르트가 "나는 생각한다 그러므로 나는 존재한다"고 한 것으로 안다. 존재의 이유가 생각(生覺)인 것 같다. 물론 생각은 한자로 쓸 수 있는 것은 아니다. "깨달아야 살 수 있다"는 말을 하고 싶어서이다. 현대인들은 너무 즉흥적이다. 생각없이 행동하면 짐승과 무엇이 다르랴. 개떡같이 쓴 글이지만 찰떡같이 생각하고 읽어주시길 바란다. 읽다보면 생각할 부분이 많을 것으로 생각된다.

③ 이해가 안 되는 부분이 있으면 스스로 여러 번 곱씹고 연구

해 보시기 바란다. 그래야 깨달은 것이 자기 것이 된다. 자료 중에도 그런 내용이 많이 있다. 다만 나쁜 쪽으로 쓰이지 않았으면 한다.

④ 진리를 혼자 다 알 수는 없는 것이다. 4대 성인도 자신이 아는 만큼 제자들에게 말씀하셨다. 그래서 4대 성인의 말씀을 종합해야 올바른 진리를 완성할 수 있을 것이다. 그런데도 지금은 다른 사람이 연구한 부분을 옮겨다 쓰려면 불문곡직하고 저작권법에 저촉된다고 한다. 여러 사람이 쓴 것을 한곳에 모아 비교 분석하고 집대성하려면 그 분야 전문가의 글을 그대로 옮겨 와야 할 필요가 있는데, 우리 스스로가 그 길을 막아놓았다. 즉 선착순에 뒤진 2등은 꽈배기 장사를 할 수밖에 없는 것이다.

⑤ 굴기자(屈己者)는 능처중(能處重)하고 호승자(好勝者)는 필우적(必遇敵)이라는 글귀가 경행록(景行錄)에 있다고 한다. "물처럼 살아라"는 말을 하는 사람도 있다.
새롭게 출발하려면 출발점에 되돌아와야 하듯이 빈 마음으로 읽어주시길 바란다. 누구를 헐뜯을 생각은 없고 재미있게 쓰다보면 그럴 수도 있다고 이해해 주시길 바란다. 다만 명경지수(明鏡止水)에는 삼라만상이 다 비칠 수 있다는 점을 알았으면 한다.

⑥ 우리말과 한자를 말도 안 되게 조합했다고도 할 수도 있을 것이다. 그러나 그 부분이 선조께서 숨겨놓은 진리가 있는 것이 아닌가 한다. 해자(解字) 부분에도 거슬릴 부분이 있을 걸

로 생각한다.

그러나 자기 생각과 다르다고 필자의 생각을 지배하려고 나서는 공격대상의 착오를 범하지 않았으면 한다. 독자의 생각을 지배하려고 쓴 책이 아님을 밝혀둔다.

⑦ 무식한 게 용감하다고 병신(丙辛) 육갑(六甲)하더라도 너무 책하지 말았으면 한다. 병신 육갑 이야말로 신기(神起)하고 생판(生版)이며, 심지 깊은 사람의 참고서인 것이다.

⑧ 한때 종교에 심취해 예언서 등을 뒤지고 토론 아닌 영양가 없는 것에 시간을 보내기도 했다. 「노스트라다무스」의 예언서를 읽고 나면 갑자기 걱정이 생긴다. 예언 적중률이 거의 100%라고 하니 말이다. 「에드가 케이시」도 많은 예언을 했다. 그들의 책은 베스트셀러가 아닌 것이 없었다고 한다. 둘 다 과학자들과 짜 맞춘 듯 머지않아 인류가 멸망한다고 했다. 그러나 그들의 예언은 2,000년 이후를 언급하지 않았다. 더구나 노스트라다무스는 예언서의 서문에 서기 2,000년 후에 일어날 일에 대해서는 예외를 언급해 놓을 만큼 예리했다.

* 20세기 초에 어떤 분이 나타나 인류 멸망 프로그램을 바꾸지 아니하면 인류가 진멸한다고~

⑨ 인생 백년, 지구 역사는 인류가 역추적이 불가능할 만큼 선사시대가 길다. 로제타스톤과 같은 편린(片鱗)이라도 남기지 아니한 혼돈의 대격변이 얼마나 있었는지 모른다. 전설 같은 노아의 방주, 아틀란티스 대륙과 무(巫) 대륙의 침몰과 같은 천재지변이 또다시 일어나지 않는다고 단정할 수 없다. 유비무

환은 참 좋은 말이 아닐 수 없다. 지구 온난화? 기상이변? 정말 괜찮을까? 지금 태평양에 있는 섬나라 몇 개가 해수면이 높아져서 위험하단다. 바다 건너 물구경이라 생각하지 말았으면 한다. 그 많은 물이 어디에서 왔겠는가? 물 떠난 그곳에는 어마어마한 무게의 공동(空洞)이 생길 것이고 그것이 지축의 균형에 영향을 주지 않는다고 말할 수 있겠는가? 정말 그게 더 급하겠네. 기우(杞憂)이긴 하지만 거참 문디 거시기 같네!

2012년 10월 10일

봉조 **김 동 락** 근배

* 이 책의 면면을 살펴보면 참으로 문디 거시기 같다고 느낄 만큼 워드치는 데 어려움이 많은데도 불구하고 글쓴 사람의 생각을 넘어 부족함을 보완하여 완성시킨 것은 짱구 세한(이상규)의 도움이 있었음을 말씀드린다.

차 례

1

천 부 경(天符經)

1) 내력(來歷)

천부경은 지금까지 알려져 있는 각계의 경전(經典)들 중에서 글자 수가 가장 적은 불과 81자로 된 단독 경전으로 기원을 추산하기에는 다소 무리가 있지만, 일찍이 『동도성립기(東都成立記)』를 쓴 안함*(金安含: 단기 2912~2973)의 노찬(老撰)인 『삼성기(三聖記)』에 이르기를 약 5,900년전 환웅(桓雄) 천황 때부터 국학을 세우고 영준(英俊)을 모아 교화할 때 천부경을 설(說)하였다 하며, 당시 교육을 관장하던 신지(神誌)의 선관(仙官)인 혁덕(赫德)에게 명하여 비문에 녹도문(鹿圖文)으로 기록하도록 했다 했으나 그 유적을 찾지 못하던 중에 신라 말 고운(孤雲) 최치원(崔致遠: 단기 3190~?) 선생이 그 전고비(篆古碑)를 대동강 법수교 근처에서 발견하고 신서(新書)로 갱부작첩(更復作帖)하여 묘향산 동굴 석벽에 암각

---

* 안함: 신라 진평왕 때 도승으로 신라 십성(十聖) 중의 한 사람. 속성은 김씨. 이찬(伊飡) 품계에 있었던 김시부(金時賦)의 손자. 젊었을 때에 동도성립기를, 늘그막에 삼성기(三聖記)를 쓴 것(老撰)으로 사료됨.

(暗刻)한 실적이 있다는 소도경전본훈(蘇塗經典本訓)에 기록되어 있었음에도 유적을 찾지 못하였는데, 단기 4244년 묘향산에서 수도하던 운초(雲樵) 계연수(桂延壽: 단기 4197~4253) 선생이 이를 발견하고 탁본하여 서울의 단군교당에 전함(단기 4250년)으로써 비로소 세상에 처음 알려지게 되었다고 한다.

그 외에도 행촌(杏村) 이암(李嵒: 단기 3630~3697) 선생의『단군세기(檀君世紀)』와 일십당(一十堂) 이맥(李陌: 단기 3786 ~3861) 선생의『태백일사(太白逸史)』, 노사(蘆沙) 기정진(奇正鎭: 단기 4131~4209) 선생의『전비문본(篆碑文本)』등의 기록과 단재(丹齋) 신채호(申采浩) 선생이 단기 4258년 1월 동아일보에 연재한「조선사 연구초」에도 천부경이 언급된 것으로 보아 연대가 오래되었기는 하나, 공식적인 경전이 존재했던 것으로 추정할 수 있다.

왜냐하면 세계 각 민족의 시조(始祖) 탄생 기록이나 태고사는 문자가 없었던 시대의 역사로서 사료나 고고학적 실증이 있는 것이 아니고, 설화나 전설로 전해 오던 것을 후세 사람이 문자화하였던 것이 세월이 흐르면서 실재(實在)했던 것으로 의제(擬制)된 것이라 할 수 있다.

더구나 여러 기록이 서로 인용하거나 덧붙임으로써 여러 곳에 비슷한 기록이 존재하게 되고, 세월이 흐르면서 그 민족의 정서가 되어버린 것이라 할 것이다. 즉 민족사의 정체성이 확립되는 방편인 것이다. 삼국유사가 그렇고 또 애국가의 작사자는 미상(未詳)이나 우리는 애국가를 부를 때마다 가슴 뭉클함을 느끼는 것은 정체성을 확립하는 현상이라고 할까?

그런 면에서 천부경의 존재를 발굴하려고 노력했던 분들의 노고에 감읍(感泣)함을 금할 수가 없다.

다만 불초 후손들이 삼성(환인·환웅·환검) 할아버지께서 천부경을 통하여 애써 남기시려했던 계시와 숨은 뜻을 깨닫지 못하는 것이 아닌가해서 죄송할 뿐이다.

* 서력기원으로의 환산은 단기 2333년으로 한다.

2) 전문(全文)

一始無始 一析三極 無盡本 天一一 地一二 人一三 一積
일 시 무 시 일 석 삼 극 무 진 본 천 일 일 지 일 이 인 일 삼 일 적

十 鉅無匱 化三天 二三地 二三人 二三大 三合六 生七八
십 거 무 궤 화 삼 천 이 삼 지 이 삼 인 이 삼 대 삼 합 육 생 칠 팔

九運三 四成環 五七一 妙衍萬 往萬來 用變不動 本本心 本
구 운 삼 사 성 환 오 칠 일 묘 연 만 왕 만 래 용 변 부 동 본 본 심 본

太陽 昻明人 中天地一 一終無終 一
태 양 앙 명 인 중 천 지 일 일 종 무 종 일

3) 구성(構成)

한문으로 한 일(一)자 11개, 두 이(二)자 4개, 석 삼(三)자 8개, 일곱 칠(七)자 2개, 없을 무(無)자 4개, 바탕 본(本)자 4개, 하늘 천(天)자 3개, 땅 지(地)자 3개, 사람 인(人)자 3개, 비로소 시(始)자 2개, 일만 만(萬)자 2개, 끝날 종(終)자 2개.

그리고

가를 석(析), 끝 극(極), 다할 진(盡), 쌓을 적(積), 열 십(十), 클 거(鉅), 다할 궤(匱), 될 화(化), 큰 대(大), 날 생(生), 합할 합(合), 여섯 육(六), 여덟 팔(八), 아홉 구(九), 옮길 운(運), 넉 사(四), 이룰 성(成), 고리 환(環), 다섯 오(五), 묘할 묘(妙), 넘칠 연(衍), 갈 왕(往), 올 래(來), 쓸 용(用), 변할 변(變), 아닐 불

(不), 움직일 동(動), 마음 심(心), 클 태(太), 볕 양(陽), 높을 앙(昻), 밝을 명(明), 가운데 중(中)자는 각 1번씩 사용되었으며 어려운 글자도 없다. 다만 한자는 한 글자에 여러 가지 뜻이 있고, 쓰기에도 똑같은 뜻으로 써지지는 아니하였을 것이라 생각된다. 또 함축적으로 글자를 사용하였으리라 본다. 다시 말해 여러 글자를 사용하여 한 가지 뜻을 구성하지는 아니하였을 것이다. 그러므로 역(易)을 모르는 사람과 전철을 밟는 사람은 깨닫기 힘든 부분이 많아 해설이 분분할 수밖에 없는 것이다.

4) 넋두리

(① 무당이 죽은 사람의 넋을 대신해서 하는 말, ② 불만이 있을 때 주절거리는 말소리)

옛말에 사람이 나면 서울로 보내고 말은 제주도로 보낸다는 말이 있다. 현명한 선조님들이 괜한 말을 만들어낸 것은 아닐 테고, 공연한 말이었다면 전해져 내려오지도 아니하였으리라.

서울시의 제일 복판[中央]에는 종각(鐘閣)인 보신각(普信閣)이 있고, 각 방향에 따라 사방(四方)에 사대문(四大門)이 인의예지(仁義禮智)의 방향에 맞게 서 있다.

그 복판(福版)에 연말 제야(除夜)에 서른세 번을 치는 원(圓)의 중심인 종(鐘)이 있다. 나는 그 근처를 주름잡고 활보하니, 촌놈치고 꽤나 출세한 놈(?)이 되는 편이다. 거기에다 애국깨나 한다는 애국자(?)들 사이에 끼어 다니면서 지천명(知天命)의 나이가 넘어서 천부경이라는 우리(宇理)경(經)이 있다는 걸 알았다.

천부경이라 하여 이름 그대로 경 중의 경(經)이라는 사람도 있고, 무슨 조화경(造化經)이라는 사람도 있으며, 우리나라의 역사,

단군사가 단군신화로 일제에 의하여 왜곡되었으므로 바로잡아야 한다고 할 뿐 아니라, 강단 사학자까지 역사 바로 잡기에 동참 안한다고 몰아붙이는 자칭 역사학자(?)가 한둘이 아니었다. 그런 와중에 호기심이 발동하여 천부경이 어떤 것인가 하고 이 서점 저 책방에서 『천부경』이라는 글자만 들어가 있는 책이라면 무조건 다 뒤졌으나 궁금증을 풀어줄 시원한 결론에 도달하지 못하였다.

어떤 책은 어디서 끌어왔는지 도무지 알 수도 없는 머리 아픈 논리를 전개하다가 결론도 없이 끝나고, 어떤 이는 천부경이라는 제목을 붙였으나 접근할 생각도 없이 '하늘 위에 뫼이로다' 하며 미개인처럼 '대단하다'로 끝내고 말았고, 어떤 책에는 9×9=81자를 나열하는 재주로 지면을 채웠고, 어떤 이는 가림토 문자가 어떠니 하고 주장만 늘어놓았을 뿐이었다.

함축해 쓴 것으로 생각되지만 한자 81자로 짜여져 있고 어려운 글자도 없는 천부경을 해설하는 데에 견해가 분분하여 통일된 견해가 없었고, 어떤 사람은 경은 해설할 수가 없고 해설해서도 안 되며, 또 해설하려는 사람은 재앙을 당한다고도 했다. 그렇다면 천부경이 어떻게 전해 내려올 수 있었을까? 환웅천황께서는 후손이 재앙을 당하도록 하기 위해 기록을 남기도록 했을까? 아닐 것이다. 할아버지께서는 우리 후손들에게 인류의 염원인 지상천국 건설을 위한 행동강령과 천지개벽과 같은 천재지변이 일어났을 때 살아남을 수 있는 방법을 비문에 새겨두신 것은 아닐까 한다.

수준 차이인지는 모르지만 쉬운 글자로 쓰여 있는 경을, 다시 말해 백성을 교화하던 천부경을 알 수 없는 외계인 논리로 어렵게 전개하다 보니 본말이 전도되어 해설서 쪽수가 장난이 아닐 만큼 많았다. 어떤 이들은 천부경을 독경하면 행운이 온다고 하며 부지런을 떨고, 외울 수 있다고 자랑스러워했다.

그러나 생각하건대 성인(聖人)들이 경을 지을 때 힘들게 외우라고만 하지는 아니 하였을 터이고, 무언가 깨달음을 일러주고 싶었을 성 싶다. 불교 선종(禪宗)의 비조(鼻祖)로 꼽는 육조*(六祖) 혜능(慧能)도 무문(無文)이었으니, 경을 읊는다고 행운이 오는 것은 아닐 것이고 오히려 깨침에 이르기 위해 외우는 것이 아닐까 한다. 하여튼 가만있으면 중간은 간다고 했지만 그게 어디 쉬운 일인가? 나도 무식의 극치를 펼치고자 뺨 맞을 각오를 하고 훈수를 들며 끼어들 수밖에……

81자 중에는 그렇게 어려운 글자가 없는데도 해설에 난해함을 겪는 것은 한 일(一)자를 11번이나 쓰는 등, 같은 글자를 중복하여 쓰면서 뜻을 달리하여 썼기 때문일 것이다. 그러므로 난수표처럼 어려워 불초 소생이 알 턱은 없지만, 그래도 어릴 때부터 들어왔던 것들, 즉 인구(人口)에 회자(膾炙)되는 것들을 천부경에다 퍼즐 문제처럼 짜맞춰보면 될 것 같기도 하다. 그리하면 해법이 나올 것 같기도 하다. 즉 천부경을 다른 방법으로 전달하려 했을 수도 있으니 말이다. '당구 삼년 폐풍월(堂狗三年 吠風月)'이라 고도(高道)하니(하: 많다는 뜻).

아무튼 차 한 잔 마시는 여유로 무식 지존의 경지를 살갑게 보아 주시기를 바라면서, 먼저 푸닥거리를 시작하려면 오방신장*

---

* 육조(六祖): 1조 달마(達磨), 2조 혜가(慧可), 3조 승찬(僧璨), 4조 도신(道信), 5조 홍인(弘忍), 6조 혜능(慧能).
* 오방신장: 청제, 적제, 황제, 백제, 흑제장군

(五方神將)부터 불러 내림(降)을 받아, 한판(恨版) 벌이기를…

❶ 삶이 고달프고 어려울 때면 어김없이 각설이패들이 거지(鉅知) 모양새를 하고 나타나 여러 사람을 웃기고 신(神)나게 하는 각설이(覺說理) 타령(打令)을 들어보시라.

"을(乙) 시구(矢口) 시구(矢口) 들어간다.
절(節) 시구(矢口) 시구(矢口) 들어간다(入).
작년에 왔던 각설이(覺說理) 죽지도 않고(不死) 또 왔네(再臨).
훔마(吽馬) 하고도(河古圖) 들어간다.
훔마 훔마 자리(字理) 한다(恨多)."

"일(一) 자(字)나 한 자 들고 보니"부터 "장(十) 자나 한 자 들고 보니"까지 신(神)나게 읊어대는 각설이 타령과 천부경의 일(一)부터 십(十)까지는 많이 닮았고, 힘들고 허기진 인생을 달래온 구전 천부경이 각설이 타령이 아닌가 한다. "이 놈의 인생(人生) 이래도(理來道) 정승(正承) 판서(判書)의 자재로(字在路)" 구절에는 팔괘의 원리와 단군의 건국이념인 홍익인간(弘益人間)·이화세계(理化世界)와도 닮았다.

여기서 각설이(覺說理)는 깨달을 각(覺), 말씀 설(說), 이치 이(理)로 "말하는 이치를 깨달아라"는 말이 된다.

화살 시(矢) 입 구(口)는 합치면 알 지(知)가 된다. 즉 "알아라, 알아라, 들어간다"의 뜻이 된다. 윷놀이건, 장기건, 바둑이건 판 밖으로 나오는 말은 죽은 말(死石)이 되는 것이다. 더구나 죽은 말은 상대방이 들어내 버리는 것이다. 즉 입자생

(入者生) 출자사(出者死)의 뜻이 성립되는 것이다.

을(乙)과 절(節)의 해설은 격암유록(格庵遺錄) 해설서를 참조하시기 바란다.

"훔마(吽馬) 하고도(河古圖) 들어간다"에서 세간에 '품바 품바' 하는데 그들은 확실한 스승에게 배운 적도 없이 즉흥적으로 뱉은 말이 아닌가 한다. 또한 그들은 한문 세대도 아니기 때문에 천마지우(天馬地牛)의 뜻을 모르는 것 같다. 옛날에는 분명히 "훔마"라고 했다. 소 울음 훔(吽) 말 마(馬) 즉 음양인 것이다.

「품바」로는 전체 맥락이 통하지 않는다. 품바가 무슨 뜻인가? 하고도(河古圖)는 옛날 하도(河圖), 낙서(洛書)할 때 팔괘를 말하는 것이다. "훔마 훔마 자리(字理) 한다(恨多)"의 자리(字理)는 이(理) 자(字)에 숨은 이치가 한(恨)없이 많다(多)는 뜻인 것이다. "이놈의 인생 이래도(理來道)"에서 이(理)의 도(道)가 장차 온다(來)는 뜻인 것이다. 즉 이화세계(理化世界)를 말하는 것이다.

❷ 누구나 즐겨 부르는 민요 **아리랑**과 **도라지 타령**도 유심히 들어보면 그 속에 어떤 숨은 뜻이 있는 것 같다. 또 각설이 타령과 비교해 보면 신기(神奇)하게도 천부경과 공명(共鳴)이 생긴다는 것을 알 수 있다.

"아리랑(我理朗) 아리랑(亞理朗) 아라리요(亞羅理謠) 아리랑(亞理朗) 고개로(皐皆路) 넘어간다"는 첫 번째 아리랑(我理朗)은 나(我)는 리(理)를 소리 높이 부른다(朗). 두 번째 아리랑(亞理朗) 은 아(亞)의 이치(理致)를 낭독한다의 뜻이 된다. 아라리요(亞羅理謠)는 아(亞: 진법)의 세계가 열림(羅)의 이치를 노래한 것을 알아라는 뜻이 된다. 고개로(皐皆路)는 혼 부를 고(皐)와 함께 개(皆) 길 로(路)가 합친 것으로 함께 혼(魂: 양의 정기로 이루어져 정신을 주관하다가 죽으면 하늘로 올라간다고 함)을 불러 상생의 길(路)로 넘어간다는 뜻이 된다. 바른 길로 가지 아니하는 고집불통(固執不通)의 한심(恨甚)한 님을 불러서 신천신지(新天新地)로 함께 가자는 애달픈 하소연의 뜻인 것이다. 하고도(河古圖)로 온고지신(溫故知新)하자는 뜻인 것이다.

살펴보면 고개로(皐皆路)의 글자에는 둘 다 백의민족의 백(白) 자가 들어 있다. 특히 고(皐) 자는 흰 백(白)과 큰 대(大), 열 십(十: 진리, 도)로 합자(合字)되어 있음을 알 수 있다. 즉 백의민족 진리의 길, 천부경과 연관이 된다.

그러므로 보리고개길(菩提皐皆路) 천부경을 말하는 것이다. "나(진리)를 두고(杜古: 버리고) 가시는 님은"에서 두고(杜古)의 뜻은 막을 두(杜), 옛 고(古)가 합쳐진 것으로 옛 어른들의 말을 듣지 않고 귀 막고 가시는 님은 십리도(十理道) 못가서 발병(癶丙) 난다고 했다. 병(丙)은 천간(甲, 乙, 丙, 丁…) 중에 병(丙)에 해당된다. 즉 벼가 목도열 병에 걸리면 결실이 되는 결정적인 시기에 쭉정이가 되고 마는 것이다. 가을바람(西風)에 잘 익은 벼는 누렇게(黃) 고개 숙이고 알곡이 되어 자기가 돌아가야 할 땅(土)을 보는데 새(억새) 대가리 같이 하얀 쭉정이는 철부지 골빈 대가리를 제 잘났다며 밤하늘(삼경)에 하얗게 쳐들고 까불다가 영원히 꺼지지 않는 불에 들어가게 되는 쭉정이가 되는 것이다. 그러니 회심곡(回心曲)을 듣고 마음을 돌려야 할 때가 된 것이다.

❸ 아리랑이 수심어린 노래라면 「도라지(道羅知) 타령(打令)」은

약간 흥겨운 면이 있다. 어렵사리 진리의 길에 들어선 사람에게,

"도라지(道羅知) 도라지(道羅知) 백도라지(白道羅知) 심심(深尋) 산천(山川)에 백도라지(白道羅知) 한(一) 두(二) 뿌리(否理)만 캐어도

⑴ 우리(宇理) 낭군(郞君)님 반찬(伴贊)은 다(多)되고요

⑵ 대광우리(大光宇理)의 밑천(本)은 다되고요

에헤요, 에헤요……"

여기에 후렴 격은 어떤 가사를 넣어도 일맥상통(一脈相通)하도록 선현께서 짜 놓으셨고 우리의 정서가 그렇게 되어 있다. 도라지(道羅知)는 도(道)가 열림을 알아라는 뜻이고 백도라지의 백(白)은 우리 민족의 전매 특허처럼 쓰인다. 백두산족(白頭山族)을 의미하기도 한다. 또 백(白)은 신선 선(仙) 자의 의미도 있다. 즉 천선족의 신선도(神仙道)가 열림을 알아라는 뜻이 되는 것이다.

한(一) 두(二)는 천부경에 나오고, 뿌리(否理)의 이치는 아는 사람이 별로 없는 것 같다. 주역에서 부(否)는 비로 읽는다. 선천 비괘(否卦)는 가고 후천 태괘(泰卦)의 시대가 도래함을 빨리 알았으면 한다고 노래한 것이다.

반찬(伴贊)에서 반(伴)은 친구 반(伴) 자이고 찬(贊)은 도울 찬(贊) 자이니 홍익인간(弘益人間)의 뜻이 된다. 즉 한(一) 두(二) 뿌리(否理)만 캐어 이치만 알면 후천선경(後天仙境)의 도래를 알게 된다는 뜻이 된다. 나아가 대광우리(大光宇理)는 후천선경의 이치이고, 그러면 천부경의 밑천(本)은 다되는 것이다.

* 일부 김항(金恒) 선생의 정역(正易) 팔괘는 비왕태래인 것

이다.

❹ 어릴 때 어머니를 따라간 무당집에는 노란 종이에 붉은 글씨 같은 것을 써 붙인 부적을 많이 봤는데, 천부경도 최치원 선생이 갱부(更符) 작첩(作帖)하기 전에는 무당집 부적(符籍)처럼 생기지나 아니했을지, 아니면 무식한 줄 모르는 자들이 자기들과 다르면 무조건 미신이라 하며 없애려 했던 음양 오행의 그림이나 부적 도형이 아니었을까 싶다.

'이당 저당 다 버리고 무당집에 빌어야 산다'는 말이 있다. 제정일치 시대에는 환웅 할아버지께서는 무당 우두머리였을 터이니 이 종교 저 종교 다 버리고 우리 할아버지 말씀을 따라야만 하늘이 무너져도 솟아날 구멍을 알려 주시려고 하셨을 그 길을 찾을 수 있는 것이 아닐까 싶다. 다시 말해서 천부경은 후손의 멸망을 막기 위해 환웅천왕께서 천재지변으로 인해 수많은 백성을 잃었던 아픔을 되풀이하지 않도록 마음으로는 본본심(土, 中心)을 찾아 당황하지 말고 현실적으로는 땅속(土)에 몸을 숨겨 피난부터 하라는 말씀은 아닐까 싶다. 하늘이 무너져도 솟아날 구멍을 일러주신 것일 게다.

❺ 역학(易學)하시는 어른들께서 전가의 보도처럼 내놓은 북방 1·6 수(水), 남방 2·7 화(火), 동방 3·8 목(木), 서방 4·9 금(金), 중앙 5·10 토(土)의 숫자에도 1에서 10까지 천부경의 숫자와도 참 잘 통하는 것 같다. 그러나 어렵고 어렵다는 천부경을 감히 안다고 했다가는 경[呪文]을 치려들 사람이 있을 것 같기도 하고… 하기야 나는 귀신이 아니니 경을 쳐봐도 겁먹을 일은 없긴 하다. 그래도 상극에서 상생의 길로 갈

수 있는 숨겨놓은 비밀이 팔괘의 전개와 같은 뜻이 천부경에 있는 게 아닐까 싶어 내가 아는 대로 용감하게 말해 버리련다. 무식한 놈이 용감하다고 했으니 들어가야 할 복판(福版)이 무기(戊己) 진술축미(辰戌丑未)인 것을…. 들어가야(入者生) 상극으로 죽을 운이 상생으로 거듭난다(復活)는 것을…. 구운삼(九運三)이 된다는 것을….

❻ 단군 할아버지의 건국이념인 홍익인간(弘益人間)·이화세계(理化世界)를 파자(破字)해 보면, 천부경과 조화를 이룬다.

- 홍(弘): 활 궁(弓) + 사사로울 사(私) *활을 든 동이족(東夷族)은 듣거라.
- 익(益): 여덟 팔(八) + 열 십(十) + 여덟 팔(八) + 그릇 명(皿) *중간 횡 일(一)은 열 십(十)이니, 쌍팔(88)년도는 기억해둘 해니라.
- 인(人): 사람 인(人)
- 간(間): 문 문(門) + 해 일(日) *쥐구멍에 볕들 날? 문안은 한우리, 한울 안의 해 → 정역(1년: 360일). 1988년은 무진(戊辰)년이었음을 잊지 마시라.

  홍익인간을 해석하는 데 주저함이 없는 사람도 이화세계는 언 발에 오줌 누듯 담 넘어가는 사람이 많다. 중요한 것은 홍익인간과 이화세계는 서로 상통해야 하는 것이다. 더구나 이화세계(理化世界)를 아둔(亞鈍)한 후손이 풀지 못할까봐 재세이화(在世理化)까지 덧붙인 깊은 뜻을 알았으면 한다.
- 이(理): 구슬 옥(玉) + 밭 전(田) + 흙 토(土) *금과옥조(金科玉條)는 들어가야 할 곳, 이재전전(理在田田) 중앙 무기오십토(戊己五十土)라. 그곳에는 조상님도 계시고, 사시장춘, 복

락원, 불로불사. 등등, 호호….

- 화(化): 사람 인(人) + 비수 비(匕) → *변할 화(사람이 칼 들면). 역사가 바뀌는 연도, 비왕태래*(否往泰來). 칼 → 권력
- 세(世): 인간 세(世), 30년 세(世) → *대세(代世) One Generation.
- 계(界): 밭 전(田) + 끼일 개(介) *남산유전(南山有田) 변토락(邊土落)하면 열 십(十). 정탈기우 미반자(精脫其右米盤字)에 끼어들어야 하느니라.

  이를 곰곰이 생각해 보면 단군 할아버지가 후손에게 하시고 싶은 말씀을 함축해 놓으신 것이 아닌가 한다. 다시 말해 노아의 방주가 아닌가 한다. 노아의 방주에는 아버지(☰), 어머니(☷), 큰아들(☳), 큰딸(☴), 둘째아들(☵), 둘째딸(☲), 막내아들(☶), 막내딸(☱)이 탔다고 되어 있다(8괘).

  * 며느리가 절대 아님. 노아의 가족만 선택받았음.

❼ 위 말을 타작하면 할아버지 말씀이 알곡같이 쏟아지기를 "내 후손들아 잊지 말아라 쌍팔 년도(88)는 기념할 만한 해이니라. 호돌이 마스코트 머리 위에 얹힌 것이 무엇이냐? 상모(ㅗ)를 돌리면 무엇이 생기더냐? 원(○)이 생기더니 팔팔(88)도 생기더구나. 그 많은 고난의 세월이 흐른 후 하원(下元) 갑자년(甲子年)이 언제인고? 1984년이라. 나 환검 할아버지는 후손이 서력기원, 서기(西紀)를 쓸 것을 내다보고 있었음이니라.

---

* 비왕태래는 해동 초부(海東樵夫) 손경식(孫敬植)이 백림문(百林文)을 지을 때 신선과 함께한 후천세계의 도래를 "알 사람은 알 거야"하고 예시한 구절.

쌍팔 년(88)은 언제인고? 1988년이 아니냐? 지구촌 축제의 한마당이었던 연도가 아니었던가? 그런데 경추(頸椎)에 해당하는 일곱 나라가 참가하지 아니하였으니 그 세계(理化世界)를 열지 못하고 말았구나. 그러나 너희가 획득한 메달이 금 12, 은10, 동11 그리고 4위가 아니었나? 더구나 24회가 아니었나? 문안에 해가 드는 것은 정역세계가 아니던가…. 그 뭐시냐, 월드컵(2002년 壬午)도 또 4등 하지 않았냐? 개막식은 한국에서 하고 한국시대 개막, 폐막식은 일본에서 했으니 일본시대 폐막이니…. 그때부터 달라진 게 많지 아니하냐? 이제는 너희 세계니라. 4위 4등을 깊이 생각해보라. 사성환(四成環)이니라.

■ 바로 설려나(바르셀로나) 올림픽에서는 여갑순(呂甲順)이 대회 첫 금메달을 중앙으로 뚫었고, 황영조(黃永祚)가 몬주익 경기장의 마지막 금메달을 돌았지 않았더냐? 이름 한번 묘하다. 당달봉사 이 사람들아, 여갑순, 황영조라는 한자가 의미하는 뜻은 뭐꼬? 시어간(始於艮) 종어간(終於艮)이라 하지 않았더냐? 그러니 다시 이르노니 내 후손 노자(老子, 姓: 李)가 이기(理氣)를 말하더라도 잠잠(潛潛)하라. 섬들아 너도 잠잠하라(대만, 일본). 내가 이미 이화세계에서 이(理)를 말하지 아니하였느냐. 내 후손 공자가 대동세계*를 그리워하지 않았더냐? 그 정역세계(正易世界), 대동세계(大同世界)가 언제 이루어질 것 같으냐?

■ 사시장춘(四時長春) 시대가 언제일 것 같으냐? 중국 책 천자문(千字文)을 눈을 닦고 찾아보아라. 봄 춘(春) 자가 있는가

* 대동세계: 공자가 동방 간방에 12,000 도덕군자가 난다하신 선경의 세계.

를…. 인(仁)이 없는 백성의 나라가 어찌 가을(義)을 기대할 수 있겠느냐? 무슨 수로 의(義)의 천자국(天子國)이 된단 말이냐. 춘무인(春無仁)이면 추무의(秋無義)이니라. 그들이 얼마나 한이 되었으면 1월 1일을 '춘절'이라 하겠느냐? 그들은 대국(大國)이 아닌 그냥 중국(中國)이니라. 그 시조 황제(皇帝)는 크샤트리아 계급이었느니라. 그리하여 오행의 황제(黃帝)라고 칭할 수 없느니라. 중화(中華) 또한 열등의식의 표절이니라.

달랑 태양 하나만 있는 나라가 어떻게 천황국(天皇國)이 된다는 말이냐? 백성이 없는데 무슨 천황이냐? 그 국기를 보라. 「욱일승천기」라고? 그것은 불에 타죽겠다는 뜻이다. 그래서 지진 불(관동대지진)과 원자탄에 타죽지 않았느냐. 또 꺼낸다고? 인륜을 저버린 무책임한 나라는 불쌍하니라. 그들의 이마 띠는 어떻게 생겼더냐? 그래도 모르겠느냐? 땅이든 백성이든 있어야지…. 그러니까 죽기 직전에는 헛소리를 많이 하는 법이라, 독도가 자기네 섬이라고?(울릉도, 독도, 대마도는 시호테 알린 산맥의 연속선상에 있음) 불쌍한 백성이지, 헛소리 한번하고 나면 지진 한번, 또 한번에 쓰나미 한번, 청천벽력이 왜 생기는지 모르니…. 환부역조(換父易祖)와 배사율(背師律)은 무서운 법이니라. 우리가 큰집이고 스승의 나라라는 것을 인정하지 아니하니….

- 시대가 바뀌면 태양계가 구성(九星)이라 떠들다가도 어느 때가 되면 팔성(八星)이 될 것이니 정역(正易) 팔괘(八卦)를 벌려놓고 태양계를 왜 9성이라 하는가? 학계에서 몇 년 전 명왕성을 태양계의 위성에서 빼야 된다고 하지 않았느냐? 불노불사의 시절에 무슨 명왕성*(冥王星)이 왜 필요하냐? 노아의

식구가 몇이냐? 7년 환란(七年患亂)이 아니라 7년 환란(2007년 換亂)은 시작되었느니라. 2014년에 끝나느니라.

그러니 기다린 김에 좀더 기다리거라. 기다린다고 수수방관(袖手傍觀)하면 너희가 내 말을 깨달을 것 같으냐? 누가 아는 만큼 보인다고 하더라. 알아야 면장(免葬)을 하지…. 꺼이(鉅意) 꺼이(鉅意) 불쌍한(不雙韓) 지고(知皐)….

❽ 내가 또 보니 남녀노소 할 것 없이 모이기만 하면 한판(恨版) 벌이더구나. 손(巽) 맞춰 본다고 하더구나. 고도리(高道理) 말이다. 물론 '고도리'는 일본말로 '새 다섯 마리'라는 뜻이고 5점으로 난다. 고(go) 스톱(stop)이라는 것은 가야 할 때 가야 하고 가지 말아야 할 때는 멈춰야 한다는 뜻이다.

즉 길(道)이 아니면 가지 말아야 한다는 것이다. 고스톱칠 때는 최소 멤버는 3명(生數)이고 최적 멤버는 5명(五常)이다. 3명이면 코피 나고 5명이면 여유가 있다. 한 사람은 심부름하고 개평 뜯고 4명이 패 나누어서 까보고 한 사람은 들어가고(死) 3명이 친다. 자리(字理)에는 6장(成數) 깔고 손에는 7(火) 장 든다. 처음에는 5장은 엎어놓고 1장은 맛보기로 뒤집어 놓았다. 알간(謁艮)?

화투(花鬪)는 승부를 좋아하는 너희를 망하게 하는 좋은 방법이라 생각해서 일본인이 보급했는데 그들의 의도대로 잘도 놀더구나. 고도리(高道理)를 깨달을 생각은 하지 않고 패가망신만 하더구나. 화투장을 잘 보거라. 12개월(1년)에 각월 4장씩 총 48장(將)이었는데 정역(正易) 세월에 접어들면서 백수(白首)인 조커(쌍피)가 농담처럼 끼어들더구나. 그만큼 판을

---

* 명왕성(Pluto): 방사성 원소 플루토늄, 죽음의 별.

예측하기가 새옹지마(塞翁之馬)라. 꽃(花)이 다투는 것(鬪)은 열매 맺기 위함이라. 열매(후손)를 맺지 못하면 내년(후천)에 싹을 틔울 수 없는 것, 즉 신천신지에 태어나지 못한다(DNA 소멸). 형제라 할지라도 DNA가 다른 법이다. 독박(獨朴) 쓸 짓은 하지 말아라. 바가지(朴可知)도 알아야지. 제 패만 잘 들어온 줄만 알고 상대를 모르면 피바가지(皮朴可知)를 쓴다. 적어도 바가지를 면하려면 제 앞가림은 해야 하는 법. 쭉정이라도 여섯 장은 확보해야 하는데 여섯 장(마의 침노 가능수)으로는 피박 면하기 어렵다. 상대가 싹쓸이와 폭탄을 한꺼번에 터뜨리면 피(皮)라도 8장(노아방주에 탄 사람)은 있어야 피박 면한다. 먼저 3점으로라도 날려면(生) 똑똑한 놈 셋이든 못난이(皮)라도 12명(한 달에 한 명)은 확보해야 되는 것이다. 도박(賭博)이란 글자를 잘 보라. 패가망신을 택할 것(貝변)인가? 도(十변)를 택할 것인지 묻고 있다. 이 아니 높은 도의 이치 고도리(高道理)가 아닌가? 고스톱으로 대박(大朴) 날려고 하지 마라. 대박 터지지 않으면 실제로 대박날 것이니…. 그것도 근역(槿域)에서 후천은 여성시대가 될 것이니라.

❾ 정감록(鄭鑑錄)인가 하는 책에 이재전전(利在田田)이라 하지 않았더냐? 십승지(十勝地)를 찾아라 하지 않더냐? 그 완성 토(土) 말이다. 후손 복희(伏羲)가 이른 말에 중앙 무기(中央戊己) 5·10 토(土)라 하지 않았더냐? 상극이 상생으로 바뀌려면 입자생(入者生)이라 했거늘…. 화생토(火生土)라 했거늘…. 십승지가 어디더냐?

그러기에 천부경으로 다시 일깨우려 하노라. 정역(正易) 세계에 끼이고 싶으면 공부(工夫)하고 수고(手苦)하라. 이는 누가 대신해 줄 수도 없는 것이니 직접 하라. 훼방꾼은 불쌍한 자이니 괘념치 마라. 답답하고 미련한 일부(一夫) 후학들(이정호: 정역을 기독교식으로 해석하려 함)아! 다시 한 번 더 이르노니 재세이화(在世理化)도 같은 뜻이니라. 30년이라. 기억을 더듬어보라. 어떤 이는 하국(夏局) 말년(末年)에 미륵불(彌勒佛)이 나타난다고 했고, 어떤 사람은 용화세계(龍華世界)가, 어떤 곳에서는 신천신지(新天新地)가 이루어진다고 하지 않더냐? 춥고 배고프고 쪼들리고 힘들 때는 각설이(覺說理) 패들을 보내지 않더냐? 각설이패들이 무당과 닮았다고 생각해본 적은 없느냐? 거지(鉅知)는 많이 아는 자이니라.

⑩ 미륵불(彌勒佛)을 파자(破字)해 보라.

- 미(彌): 활 궁(弓) + 너 이(爾) → 활든 너희가
- 륵(勒): 바꿀 혁(革) + 힘 력(力) → 자기 힘으로 바꾸라.
- 불(佛): 사람 인(人) + 아닐 불(弗) → 불(弗): 활 궁(弓) + 당길 별(丿) + 뚫을 곤(丨) → 당기 뚫고 하여 미혹(迷惑)을 깨치라. 당달봉사는 눈뜨고 못 보는 자이니라.

팔은 안으로 굽고 다리는 밖으로 굽는다. 육체의 병은 자기가 알고 마음의 병은 상대방이 안다.

내 후손들아. 심심산천에 백도라지(白道羅知) 찾듯 심심유오하라. 어미닭이 알을 품어 21일 만에 병아리로 깨어 나올 때, 어미닭은 알을 품어만 주지 알에다 나올 구멍을 뚫어주지 않는다. 병아리가 스스로 깨어 나온다. 그러니 나 할아버지를 만나려거든 너희 힘으로 힘써 노력하라. 활을 당기듯 마음을 당겨(丿) 뚫을 곤(丨)하라. 미륵불이 누구일 것 같으냐? 부화장에서 병아리 부화하는 것을 보면서 누가 구원해 준다는 말

은 아예 믿지 말아라. 아이고* 답답해라(答答解羅). 부화장에는 어미닭이 한 마리도 없다. 거북과 악어도 마찬가지이다. 천사라도 구멍을 뚫어주다가는 특혜 시비가 생길 수 있는 것이다. 밖을 보지 말고 안을 보라(見性). 성통광명(性通光明)이니라. 관일(貫一)하라. 조금만 더 힘줘라. 태아를 밖에서 꺼내줄 수 없듯이, 껍질은 안에서 깨고 나와야 하고 그래야 깨쳐 나오기 쉬운 법이다. 해탈(解脫)은 껍질(기존관념)을 벗어나는 것을 말하는 것이다. 쇠귀에 경 읽기가 되면 어찌하란 말인고? 성(性)은 마음 심(忄)이 나는(生) 곳이니라.

⓫ 너희는 조심(調心)하라. 조심(調心)하라. 넘어오는 간잎을 잘 삭이도록 하라. 그러면 시(始)와 본(本), 즉 본본심(本本心)이라는 걸 알게 될 게다. 나는 조선(朝鮮)을 개국(開國)했지 개천*(開天)하지 않았다. 그러니 음력이니 양력이니 하지 말아라. 개천하신 분은 내가 아님을 알면서 착각하지 말아라. 거룩하신 환웅(桓雄) 할아버지가 아니더냐. 대웅전*(大雄殿)에 모셔진 분들이 부처가 아니더냐? 할아버지 집에 왜 부처가 그리 많은고? 그러니 나를 기념하려거든 국호를 조선(朝鮮)으로 한 이유를 생각해보라.

- 조(朝): 열 십(十) + 날 일(日) + 열 십(十) + 달 월(月) *시월 십일
- 선(鮮): 고기 어(魚) + 양 양(羊) *어린 양, 어(魚) + 가까울 린(隣) + 양(羊) *어린 양으로 오신다는 말을 하는 곳도 있으니…

---

* 아이고(I go): 나는 간다는 뜻. 이제 너희들이 알아서 살아가라는 애달픈 뜻.
* 개천(開天): 민초(民草)와의 벽을 엶. 백성을 위한 환속(還俗).
* 대웅전(大雄殿): 개천한 큰 환웅의 집.

⓬ 때마다 단심(丹心)을 위하여 치성(致誠)을 올리게 했더니 천제(天祭)랍시고 양의 피만 올리더라. 미련 곰탱이 같은 후손들아, 북두칠성은 큰곰자리가 아니더냐? 너희는 곰의 후손이라면서…. 그러니 너희는 인류 중에 태두(泰斗)이니라. 한족(漢族)이 쌍십절을 먼저 기념하니 너희 것임을 잊었더냐. 그들이 하도(河圖) 부러워 훔친 것이니라. 아무 소리 말고 개국 기념일을 조선절(朝鮮節)로 하거라. 그러면 동북공정 계획을 그만둘 거다.

▪ 동방자(東方子) 이성계(李成桂)가 무학(無學)의 말을 듣고 국호를 조선(朝鮮)이라 한 걸 괘념치 마라. 뭐? 북조선 재들은 뭐냐고? 원래 헛것이 요란하니 참거라. 북(北) 자는 패배(敗北)할 배 자도 되느니라. 너희는 대한민국(大韓民國)이 아니냐? 한(韓) 자도 말하자면 10월 10일이니라. 정반합(正反合)은 되풀이되는 것이다. "대한민국!" 뭐, 필이 꽂히지 않느냐? 북을 몇 번 쳤지? "대한 사람 대한으로~" 잊지 말아라.

▪ 덩치 큰 나무는 바람 잘날 없는 법. 너희 이웃에 있는 덩치 큰 친구도 걱정하지 말아라. 동북공정까지 성공하기 전에 오호십육국(五胡十六國)으로 분열되고 말 것이니 놔두거라. 더불어 살지 못하는 민족은 망하게 마련이다. 선발대로 보냈더니 그 버릇 못 버리는구나. 중동에도 그런 민족이 있다. 고난이 많은 민족(선악과를 따먹은, 원죄를 지은, 회개해야 할, 여호와 하나만 알고 섬기는 하나(一)님의 후손)이라 말세에 구해 줄려고 예수(그들의 구세주)까지 보냈건만 죽이고 말았다. 그래서 또 고난이 되풀이되었고 또 한 번 살터(國土)도 주었건만 더불어 살지 못한다니 어찌할꼬? 그 시대에 그들(유대인)*에게 필요

---

* 유태인(猶太人): 자기가 아니고 오히려 큰 사람을 모셔야 할 사람.

한 구세주이었는데…

버스 지나간 뒤 그를 믿고 뒷북치는 사람 참 많구나. 그들도 더불어 살지 못하여 나의 동상을 목 베고 훼손하니 상생할 사람이 아니니라. 토왜(土倭)가 더 무섭다더니… 구슬픈 영가(詠歌)나 부르게 하리라. '며칠 후 며칠 후…' 며칠 후면 늦느니라. 요르단강은 사해(死海)로 가지 아니하더냐? 덩치 큰 놈들 걱정마라. 겁먹지 마라. 외모는 좋아 보이지만 3분만 뛰게 해봐라. 제풀에 꺾어지고 알고 보면 성인병 종합병원이다. 큰 코 다치면 물러설 거다.

* 하나(一)는 마이너스의 표시도 되고 빠진다(구원에서)는 말도 되느니라.
* 하느님은 철두철미 원칙의 표상이다. 그러므로 가장 큰 어른(伯)이다.

⑬ 말갈족(靺鞨族), 선비족(鮮卑族), 숙신족(肅愼族), 흉노족(匈奴族), 몽골족(蒙古族) 기타 등등 할 것 없이 이(夷) 무리들은 누구더냐? 사는 곳이 달라도 활을 든 자는 내 후손이니 합심하거라. 푸른 반점이 무엇이더냐. 너희들끼리 싸우지 말라했거늘…. 북쪽 애들이 먹고 살기 바빠서 좀 문맹(文盲)이긴 하나 동족(同族)을 오랑캐라니… 글 좀 안다고 무시하고 까불다가 조그만 아랫것들에게 7년이나 침략당하고 그래도 정신 못 차려 36년을 지배당하지 않았느냐. 도둑이 제발 저리다고 그들 군경만 보면 너희 사족이 왜 그리 떨리더냐.

⑭ 또 듣거라. 단군(檀君)이라는 말은 대왕이라는 말과 같은 것

진쪽 유태인의 차림새가 어떤지 아는가? 그 모습이 선택받을 모습이라. 누구와 닮았다고? 선민(chosen people), -조선족, 조센진.

으로 여러 단군이 있었지 아니하냐?

나 단군환검(檀君桓儉)이 국사(國師) 일연(一然)에게 명하여 나에 관한 기술을 남기게 했더니 눈치 빠른 후손들이 알아서 강화도(江華島) 마니산(摩尼山) 정봉에 참성단(塹城壇)을 축조하여 민족정기를 바로잡더구나. 그 이유를 종합해서 생각해보라. 그곳은 천하명당이니라. 그러나 찾아오는 사람이 너무 많아 요즘은 함허동천(涵虛洞天)에 가끔 임하노라.

■ 단(檀): 나무 목(木) + 머리 두(亠) + 돌 회(回) + 또 차(且) *목운지운이 또 돌아온다. 목은 동방이니라. 그러나 목 넘기기가 어려우리니…. 욕심과 미혹의 구덩이에서 빨리 빠져 나오라. 미련 부리지 마라. 낡은 집은 무너지기 쉬운 법이다. 네 옆 사람을 시켜 깨우쳐 줘도 모르니…. 여러 번 말했고 기회도 주었건만…. 애고(哀告) 답답(答答) 후손(後孫)들아! 어의(御意) 어의(御意) 후손들아!

■ 군(君): 다스릴 윤(尹) + 입 구(口) *말씀으로 다스릴지니. 사람(人)의 말(言)은 믿을 신(信)이니라. 위 내용은 남사고(南師古)가 밝혀둔 목운지인(木運之人)의 회운(回運)을 참조하거라. 용이 득천하려면 사람의 말(信)을 얻어야 하느니라. 동자 아이가 "와! 용 봐라" 하는 말에 이무기가 용이 되어 득천했다는 전설을 많이 들어봤을 걸…. 신(信)은 오상(五常) 중에 중앙이니라. 너희들도 득천하라.

⑮ 또 참성단(塹城壇)을 파자하면,

■ 참(塹): 열 십(十) + 밭 전(田) +열 십(十) + 살필 근(斤) + 흙 토(土) *밭 전(田)과 상하 진리(+)를 살펴서 흙속으로 들어가라(中央). 본본심(本本心)하라.

■ 성(城): 흙 토(土) + 고무래 정(丁) + 다섯째 천간 무(戊) → 고무래는 흙을 부수어 뿌리를 채우는 도구니라. *흙속에 씨가 들어가야 뿌리가 내리고 새싹이 나오니라. 진술축미(辰戌丑未)니라. 중앙 무기(戊己)니라.

■ 단(壇): 흙 토(土) + 머리 두(亠) + 돌 회(回) + 또 차(且) * 흙 토는 상극에서 상생으로 머리가 또 돌아옴이니… 동이족의 때가 돌아옴을 말함이니라.

석가도 돌아오고 예수도 돌아온다[復活]고 했는데, 누가 너희 환웅 할아버지와 나 환검은 안 돌아온다더냐? 눈먼 후손들아! 나 거발환(居發桓)이 섭섭한 것은 너희들이 나의 천진(天眞)이라 하며 그려 놓은 초상화가 그게 뭐냐? 몰골이 그게 뭐냐? 원래 사내 어깨가 여자보다 작은 거냐? 솔거가 그렇게 그림 그릴 줄 모르는 사람이라더냐? 그는 참 잘 그리는 화공이었느니라. 나는 안광이 빛나고 어깨가 넓고 덩치 큰 대한(大漢)이었느니라. 또 풀 누더기를 입지 아니하였느니라. 천의무봉(天衣無縫)을 모르느냐? 환웅 할아버지 때부터도 누에가 있었고 비단이 있었는데 누가 풀 누더기를 입었다고 하더냐? 신발은 그게 짚신이냐 갈신이냐? 활은 뭐하는 데 쓰느냐? 사냥을 하면 가죽이 생기는데 그런 신발을 신겠느냐? 의자도 그게 뭐냐? 앉기도 전에 부서질 것 같구나. 꼭 거지 모양새로구나. 그래서 그걸 나의 천진(天眞)이라고 걸어두고 있는 무리와 사람들은 계속 혼내고 있는 중이니라. 그렇지 않는가를 보라. 그리고 단(檀)자는 형상의 나무를 뜻하지 않았다. 그 나무가 무슨 신성수(神聖樹)냐? 그 나무는 모진 나무니라. 그 나뭇잎을 내가 왜 두르고 있냐? 나는 단군 중에 거발환 환검이었느니라. 나를 욕되게 하지 말지어다.

⑯ 참성단이 있는 강화군(江華郡) 화도면(華道面)의 한자를 해자하면,

- 강(江): 정화수(氵) + 빌 공(工)
- 화(華): 이십(卄) + 일(一) + 이십(卄) + 일(一) + 큰 열 십(十) *하근기라도 21일이면 큰 열십(깨침)에 이르노니.
- 도(道): 머리 수(首) + 쉬엄쉬엄 갈 착(辵→辶) *서둘지 말라. 꿩처럼 머리만 처박으면 무엇하리. 진정 머리로 종(鐘)을 쳐라.

정화수 떠 놓고 삼신에게 공들이는 곳. 동이족에만 있는 기복(祈福)이고, 열 십(十)은 빛나는 표시이니 태양이고 별이고 또 진리라고 한다. 일곱 별(七星)이 비치는 화도, 그리하여 혈구(穴口)라 하였으니. 정화수(井華水) 떠놓고 비는 시간이 언제더냐? 무(巫)와 축(丑)은 닮은 글자니라.

⑰ 마니산(摩尼山) 정봉에 참성단을 조성(造成)하여 칠성공을 드리고 북두가 일곱별이든가? 마니산(摩尼山)의 한자를 해자해보면,

- 마(摩): 엄 호(广) + 나무 목(木)×2 + 손 수(手) *천하대장군(天下大將軍), 지하여장군(地下女將軍) 모시던 소도(蘇塗). 손바닥 비비면서 비는 곳.
- 니(尼): 대성현 니(尼) *궁니(穹尼) → 환검

강화도를 혈구(穴口)라 했으니, 구멍 혈(穴) + 동이 궁(弓)이 아니더냐? 3신(三神)이 누구더냐. 환인(桓因)환웅(桓雄)환검(桓儉)이 아니더냐? 그 혈구를 우주 비행사 암스트롱이 잘못 본 게 아니고(我尼告) 말고(末告).

⑱ 위 열일곱 가지를 종합해서 생각해보라. 그래도 모르겠느냐?

유불선(儒佛仙)도 귀일(歸一)하고 천부경도 풀리고 지상천국이 열리는데 그 권력 그 돈 다 쓸데없느니라. 천지개벽이란 말을 들어봤느냐? 상전벽해(桑田碧海)란 말이 무슨 말이냐? 참 깊은 뜻이니라. 욕심과 마음에 둔 것이 많으면 미련 때문에 시기를 놓치는 법이니만큼 이번 기회를 놓치면 끝이다. 기다리기를 129,600년이나 또 해야 하느니라. 끝이란 뜻이다. 직계 조상신들이 땅을 치고 통곡하게 된다. 개벽 땐 신명 개편도 함께 되느니라. 팔팔 그때 무진(戊辰) 노력(努力)을 했으니 무술(戊戌) 대회(大會)에 동참(同參)하도록 하라.

하도 애달프니 채지가(菜芝歌) 마지막 구절에 「하느님이 정한 바라 어길 바가 없건마는 미련한 사람들아 어이 그리 몰랐던고」라고 이서구(李書九: 단기 4087~4158) 목민관이 애달파했느니라.

5) 설거지(說去知)

[가라사대, 여시아문(如是我聞), 왈(曰)]

① 一始無始: 世人不知 正圓上無始無終 圓覺而正覺(呑虛) 色卽是空 空卽是色(釋迦牟尼) α Ω(耶蘇) 始終如一 生死如一 大道無門

② 一析三極: 一析三(太)極 旣判, 天地人, 無極 太極 黃極

③ 無盡本: (無窮)無盡(而)本, 本字 玉篇中 唯一字, 根本本, 本爲萬事始也 本卽眞理也

④ 天一一: 天(氣)一(而)一(水) 不可思議 一爲成圓, 陽

⑤ 地一二: 地(理)一(而)二(火), 陰

⑥ 人一三: 人(和)一(而)三(木) 天(靈)+地(肉)→人(靈+肉) 天(父)地

(母)生人(子) 天性地性具存以人也

⑦ 一積十: 一積(則)十(字型) 精脫其右米盤字, 弓弓乙乙, 亞米壺中 諸宗敎表象 理根本象

⑧ 鉅無匱: 鉅(律)無匱 是無上經 是大神理 是大明理, 大道無涵

⑨ 化三天: 化三天(理)而理始, 天地人一體, 電子 陽子 中性子 爲原子

⑩ 二三地: 二(陰) 三(陽) 地(用事) 地育盤 用陰陽生萬物 太極也

⑪ 二三人: 二(陰) 三(陽) 人(具陰陽) 夫婦生子爲人倫, 孝

⑫ 二三大: 二(陰) 三(陽) 大(太極則變化始也→太極生四象 夫婦合心則必生後天 陰陽爲變化太理

⑬ 三合六: (天地人)三合(則成)六→造化始也 生數 1+2+3=6 成數始也 一六水 水生萬物

⑭ 生七八: (人)生(間)七(夏)八(春) 自由意志 期間(審判對象) 生長積德時也 積善之家 必有餘慶

⑮ 九運三: 九(死)運三(生) 生死最終審判 通過者 復活 再臨 逢祖 DNA環生 九死一生(三)

⑯ 四成環: 四(元亨利貞) 成(運) 環(一圓) 四方四隅爲成環 萬有一圓上 春夏秋冬化一年 正圓也 無限反復

⑰ 五七一: 五(中) 七(中) 一(理) 相剋→相生 入者生 孝者生 在世理化, 五(中)十(中)一(理) 五七同 土也 中也

⑱ 妙衍萬: 妙(法) 衍 萬(法 歸一) 自(始)至(終)反復 人不知 妙法萬劫緣 諸法(眞理)不動

⑲ 往萬來: 往(死) 萬(多) 來(生) 反復, 輪廻(聖者同) 生死一如神聖佛皆還

⑳ 用變不動: (易理)用變不動 人不知 秩序則 天理 疎而不漏

㉑ 本本心: 本本心 曰性也(性通光明) 一切唯心造 屈己者 能處重

(存) 入者生 本中本爲中心, 81→八十一爲本 性也

㉒ 本太陽: 本太陽爲眞法(陽光) 太陽界 中心太陽也 陽也 生也

㉓ 昻明人: 昻明人而弘益 天孫之間 昻明人當爲→地上天國 人乃天 人不知眞人 諸人眞人(佛)

㉔ 中天地一: 中天地一爲平等律 例外無 一中一切 多中一(義湘大師) 諸人平等

㉕ 一終無終: 一終無終而玄法 無量遠劫反復 萬有一圓上 物我一體, 質量不變의 法則, Energy不滅의 法則

㉖ 一: 如如 以下略

6) 뒤풀이

❶ 지구가 둥글다는 것을 최초로 주장한 사람은 그리스의 피타고라스이고, 과학적으로 증명한 사람은 아리스토텔레스라고 한다. 그러나 지구는 완전한 구(球)가 아니고 적도의 반경이 극반경보다 약간 큰 타원체이며 그 결과 태양과 달은 지구에 대하여 짝힘을 미치기 때문에 일정한 변화주기(25,800년)로 되풀이되는 세차운동(歲差運動)과 장동(章動)을 하고 있다고 한다. 지구의 주기운동, 어떤 성현이나 과학자도 풀지 못하는 지구 주기운동에 의한 숙명, 그 속에 인류의 운명과 무한한 비밀이 숨겨져 있는 것이다.

주역(周易)이란 뜻도 일정한 주기로 바뀐다는 말인 것이다. 역사는 되풀이한다고 했다. 불교의 윤회설도 되풀이되는 그 무엇을 설명하려 한 것으로 생각된다. 천부경도 인간이 피할 수 없는 주기운동에 의한 변화현상을 설명하고 변화에 대처하는 방법을 일러주시기 위한 환웅 할아버지의 심오하고도

초과학적인 가르침이 아닌가 한다. 지금의 지구 온난화 현상에 의한 엄청난 변화도 인간에 의한 영향이 일부분은 있겠지만, 그보다 근본적인 원인은 지구의 변화주기에 수반된 현상이라 할 것이다.

❷ 지구과학에 의하면 약 12,000년 전까지는 지구는 간빙기에 속했다고 한다. 간빙기란 지구가 빙하기를 벗어나긴 했지만, 적도를 중심으로 한 저위도 지역에만 동식물이 살 수 있을 정도로 고위도 지역은 인류가 생존하기에 불가능했던 시기를 말한다. 변화주기에 따라 빙하가 서서히 풀리면서 저위도 지역에 살고 있던 현생인류(호모사피엔스)가 고위도 쪽으로 이주가 이루어진 것은 자연스런 현상일 것이다. 간빙기에는 일년 내내 따뜻하고 살기 좋았던 적도 지역과 저위도 지역이 점진적인 지구의 온난화 영향으로 뜨거워지고 살기 불편해지자 더위를 피해 고산지대로 올라가거나 생존에 적합한 고위도 지역으로 점차 옮겨 살 수밖에 없었던 것이다. 그 결과 나타난 것이 세계 4대문명의 발달 순서가 된 것이다. 나일강 유역이 맨 먼저이고→ 메소포타미아(슈메르)→ 갠지스강 유역(카스트제도)→ 황하유역과 같은 연대순이 되는 것이다.

❸ 이주방법은 먼저 선발대(하위계층)가 길을 열고 정착기반을 조성하게 되면 본대(왕과 귀족층)는 뒤따라 이동하여 합류하는 형태를 취했던 것이다(김수로왕과 허황후, 신라 김알지, 인도의 브라만). 그 과정에서 원방각*을 신분확인 방법을 사용했

* 원방각: 원과 사각형, 삼각형을 말한다. 고주몽이 유리에게 사용했던 수수께끼 같은 방법과 같은 것. 신분 표시 방편(方片)?

으나 본대의 이동이 지연되어 오랜 기간이 걸리면 성공적으로 정착한 선발대가 변심하여 본대를 받아주지 않아 전쟁이 벌어지기도 했던 것이다(황제 헌원과 치우천왕).

❹ 우리 상고문화 유적이라 생각하는 홍산문명(요하문명)은 4대 문명보다 월등히(4만 년 이상) 앞서는 것으로 추정하고 있다(조선일보 2010. 3. 26)

일부 유물(곡옥 등)을 근거로 우리 선조의 문화유적이라는 주장도 있으나 지구 온난화 지역의 전개순서를 참고하면 불가능한 일인 것이다. 우리가 천손민족(브라만계급?)이라는 것은 일리가 있으나 홍산문명은 현생인류가 남긴 것이 아니고 더 북쪽에 있는 초대형 피라미드와 함께 간빙기 넘어 빙하기 전에 생긴 유적이라 생각된다. 오해의 소지는 공교롭게도 우리 선조님들의 이동경로가 그 지역을 통과했기 때문에 유물 습득은 물론 닮은 점도 생길 수 있었을 것이다. 더 발굴하면 현대과학이나 역사학자들이 설명하기 어려운 문제가 많을 것으로 생각된다(발굴 안하는 이유?).

❺ 차제에 간빙기에 인류가 살았을 지역을 구체적으로 살펴보면 지금의 열대지역인 남북회기선 안쪽에 있는 지역으로 북쪽 한계는 태국, 베트남, 캄보디아(앙코르와트), 남부인도(뭄바이), 아라비아반도 남부(바벨탑, 지구라트), 아프리카의 수단, 사하라사막, 케냐(킬리만자로), 중미의 유카탄반도(마야), 쿠바 등이고 남위도 쪽으로는 아프리카 앙골라, 짐바브웨(줄루족의 전설), 마다가스카르 북부, 인도네시아, 남미의 잉카문명 지역인 페루(마츄피츄), 칠레(이스터섬의 모아이), 브라질(아마존

여인부족) 등이다. 여기에 잃어버린 대륙, 아틀란티스와 무대륙(에덴동산이 있었던 곳?)을 대입해야 지금의 종족 분류와 인구분포, 인구밀도에 관한 설득력 있는 설명이 가능해진다. 플라톤이 이데아론을 주장하며 대서양에 침몰한 아틀란티스 대륙의 찬란했던 문명을 언급한 것은 참으로 흥미로운 일인 것이다.

❻ 구약에 노아의 홍수에 관한 언급이 있다. 지구의 대격변에 관한 것으로 노아가 4,400년 전에 만든 방주의 잔해가 터키의 아라라트산(해발 5,165m) 정상 부근에서 발견되었다고 한다. 과장이 좀 심한 것 같다. 비가 얼마나 쏟아지면 그 높은 산꼭대기까지 차오를 수 있단 말인가? 말도 안 되는 소리라고 하겠으나 사실에 가까울 수도 있다. 인도네시아의 지진에 의한 쓰나미, 일본 센다이(仙臺) 지방의 높이가 20m도 넘는 쓰나미 등은 우리의 기존관념을 바꾸어 놓기에 충분한 것이라 하겠다. 아는 만큼 보인다고 했던가? 지구의 지각변동에 의한 대격변과 혼돈의 흔적은 너무도 많다. 아니 전부라고 해야 할 것이다. 아프리카 보츠와나의 염호, 남미 볼리비아의 염호, 북미 유타의 솔트레이크, 히말라야 내륙의 소금샘물과 암염, 세계에서 9번째 긴 강인 메콩강 유역의 지형, 동남아시아의 섬과 육지의 모양, 일본열도의 배열, 미국의 5대 호수와 애팔래치아 산맥, 영국과 도버 해협, 발틱해, 카스피해, 흑해 등등은 천지개벽의 그 무엇이 아니고는 생길 수는 없는 형태인 것이다(지구과학 대륙의 이동 참조). 또한 대격변 전에는 아라라트, 알프스, 히말라야 산맥은 지금처럼 높지 아니하였던 것이다.

❼ 또 한 가지 신기한 것은 노아는 조선업을 한 것도 아니고 하느님이 설계도를 준 것도 아닐 텐데 어떻게 그 어마어마한 비바람과 풍랑을 견딜 수 있는 배를 만들 수 있었을까? 현대 과학을 총동원해 만든 타이타닉 유람선도 유빙 하나로 한방에 침몰됐는데… 노아의 지능지수는 얼마쯤 되었을까? 작업 도구는? 방수제로 송진을 쓸 정도면? 자동 항법장치가 있었을까? 의심하지 말고 믿자고? 어쨌건 노아는 혼자 배를 만들어 가족을 피난시켜 살아남았다고 한다. 그러나 구약에는 많은 사람들이 지각변동의 대혼돈이 생기기 전에 피난을 했다는 숨겨진 비밀을 발견할 수가 있다. 우리 환웅 할아버지와 그 일행은 환인 할아버지를 내륙 깊숙한 파미르 고원까지 몽진시켜 놓고 남은 백성까지 구해 왔는데, 노아는 뒤늦게 혼자 배 만든다고 고생 터지게 하고 홍수가 끝나자 그 높은 아라라트산을 걸어서 내려왔을 것이니 온가족을 고생시킨 못난이인 것이다. 그건 그렇다손 치더라도 그 시대 사람들은 대재난이 일어날 것을 미리 어떻게 알았을까? 그렇다면 그 문명은 어디로 갔을까? 에스겔서와 다니엘서의 진실은 무엇일까? 그들이 그렇게 두려워 존경했던 상대는 누구일까? 그들의 지배자는 과연 하늘에서 내려왔을까? 그게 가능한 일일까?

❽ 플라톤이 지금까지 살아남았다면 결코 전설이라고 말하지 않았을 대서양과 인도양에 있었다던 아틀란티스 대륙과 무(巫) 대륙이 한꺼번에 바다 속으로 침몰했다면 어떤 현상이 일어났을까? 아마도 상상도 할 수 없을 만큼 엄청난 지진과 화산 폭발을 동반한 쓰나미로 진앙지에 가까운 지역과 저지대는

거의 초토화되었을 것이고 작용과 반작용의 법칙에 의해 가라앉은 깊이와 질량만큼 육지의 융기가 발생했을 것이다. 즉 쓰나미로 인한 피해는 저지대인 유럽의 대부분과 아프리카의 킬리만자로산(흑인종)을 제외한 거의 전지역, 호주 전지역, 아라비아 반도와 동남아시아 전지역, 북아메리카의 로키산맥 일부(인디언)를 제외한 전지역, 남미의 안데스산맥 일부(인디오)를 제외한 전지역은 인류 전멸과 동시에 문화유산은 흔적도 없이 사라지고 동시에 알프스, 히말라야 산맥은 껑충 높아지고 흑암이 천지를 뒤덮고 "백두산 높았다"가 되었을 것이다. 이때가 창세기 1장?

그러므로 양쪽 진앙지와 거리가 먼 지역은 쓰나미가 몰려가다 지쳐서 멈추게 되었던 것이다. 그 결과 중앙아시아 내륙 깊숙이 피난한 사람 대다수(코카사스쪽 백인종, 파미르쪽 황인종)와 고산지역(흑인종, 인디오)의 극소수만 살아남게 되니 인류탄생 지역이 중앙아시아라 생각하기 쉬운 것이다. 그 후 인구가 계속 불어나자 살기 좋은 곳으로 옮겨 살게 되면서 오늘날과 같은 인구(인종)분포가 형성된 것이라 하겠다. 최근 그 이동경로가 유전자 지도 분석으로 밝혀지고(우리나라는 남방계와 북방계 구존) 있다(조선일보 2010. 3. 26 A23면 참조).

* 지구의 판구조와 해류도를 보면 인류의 분포와 문명 발상지가 명쾌하게 이해될 것이다.

❾ 지금 지구는 온난화 현상으로 인한 여러 가지 변화가 또다시 심상치 않다. 많은 예언가들이 지구 종말론을 내어놓은 지 제법 시간이 흘렀다. 무언가는 닥쳐오고 있는 듯도 하다. 우리 주위에는 천지개벽이라는 화두가 대 유행이다. 위에 언급한

것처럼 너무도 끔찍한 일인데도 아무렇지 않게 말한다. 신천신지, 후천 오만년 선경의 세계, 지상천국, 원시반본, 신명이 사람을 수종하는 세계, 사시장춘, 불노불사의 세계 등 달콤한 말에 도취되곤 한다. 그런데 귀하는 천지개벽에 대비한 그 무엇을 준비해 두었는가? 노아처럼 배를 준비해 두었는가? 인공위성을 준비해 두었는가? 삼대(三代) 적선(積善)이라도 해 두었다는 것인가? 경중의 경, 천부경, 천부경하면서 천부경을 통해 무엇을 얻었는가? 호사다마란 말을 잊었는가? 과시(果是) 답답(答答)한 일이로세….

⑩ 여하튼 천부경이 육천 년의 침묵(안식)을 깨고 최근에야 발견된 것에 대해서도 궁금증이 생기게 되는 것이다. 인간이 닿을 수 없는 그 무엇이 있는 것은 아닐까? 지구 세차운동과는 관계가 없을까? 아니 관계가 없는 것도 있을까?

올해 불기(佛紀) 3,039년 서기(西紀) 2,012년, 석가, 예수 두 성인의 원력(願力)이 미치는 기간이 3,000년, 2,000년까지라 했으니 원력기간을 벌써 지났고 공자께서 동방 간방(東方艮方)으로 대동세계(大同世界)가 열리고 12,000 도덕군자가 나신다고 하신 말씀은 중국의 도학자 주장춘이 금강산 12,000봉의 지맥으로 도통군자가 탄생하신다는 말씀과 신라 십성의 한 분이신 설총의 말씀과 일치하니, 괜히 요한 계시록(7:5)에 나타난 숫자와도 닮은 점이 있어 보인다.

더구나 인도의 타골은 "동방의 등불이 밝혀지는 날"을 찬양했고 게오르규(루마니아)는 제2의 고향이라며 무궁화까지 사랑하고, 함석헌은 우리 역사를 고난의 유태 역사와 비교하여 희망을 전파했다. 이는 모두 예정된 수순이 있다는 것이 아닐까?

⓫ 이런 전차(詮次)로 임란 때 우리의 서적(풍수지리서 등)을 탈취해간 일제가 을사(1905년)늑약의 잉크가 마르기도 전에 3인조 6인조 풍수(지관)을 앞장세워 우리 산하의 명당에 쇠말뚝을 박고, 산허리를 절개하고, 신작로(新作路)를 내고, 동네 이름까지 바꾸면서 해코지를 한 것을 보면 우리 서적을 연구해서 그 무언가를 발견하고 우리 국운이 열리는 것을 막으려 했던 못된 왜놈 심보가 발동한 것이 틀림없다.

그러나 인생은 30년, 지기(地氣)는 100년 주기로 바뀐다 했으니 그 고난의 6ㅎ55

·25를 겪고도 지금의 발전을 할 수 있었던 것은 "하느님이 보우하사"인 것이다.

⓬ 꿈보다 해몽을 잘해 놓고도 내심 걱정이 되는 것은 작금의 우리 마음 씀씀이가 영(靈), 신통치(神通致)가 않다는 것이다.

국운(國運)이 국운(局運)이라, 때는 좋지만 쌓은 공덕 없는 이도 삼신께서 도우실지.… 인망(人望)이 신망(神望)이라, 성사(成事)는 재인(在人)인 줄 알기나 할는지.…

천부경의 앙명인(昻明人) 깊은 뜻을 다시 한 번 새겨보세.… 만민 평등 알면서도 저만 잘난 사람인지.…

⓭ 대낮에 등불 들고 사람 찾아 나선 소크라테스! 그 마음을 알 듯하다. 외모는 멀쩡한데 속내는 금수보다 못하고, 교언영색(巧言令色) 좋건마는 예효충(禮孝忠)은 어디 뒀나. 아귀다툼하는 꼴이 말세(末世)로다 말세. 본본심자(本本心者) 순민(淳民)

이라. 환웅 천왕하신 말씀 조화경(造化經)이 그것일세. 바둑판이 끝나가니 이 일을 어찌할꼬? "대한 사람 대한으로" 이 말씀을 잊지 마소.

애고(哀告), 애고(哀告) 어찌할꼬? 저 많은 사람 중에 경위(經緯) 바른 사람이 눈 닦고도 안보이니

⑭ 마음 닦아 천당 가지 기도해서 천당 가나. 이통(理通)을 하랬더니 의통(醫通)이 나온단다. 예의를 모르는 자 효도를 어이 알며 충성을 알겠는가? 자구가 문제인가 비결 쪽에 목숨 걸며 시시비비 가리잖다. 숨은 뜻은 찾지 않고 오칠(십)일에 존심 걸어 건곤일척 해보잖다. 부부금슬 어디 두고 곁눈질이 도다리라. 사선 넘긴 어렵겠다. 관음, 문수 현신한들 합선된 저 마음에 불꽃이 아니 튈까?

신목(神目)은 여전(如電)이니 그 판단을 속일 손가? 조상신명 애가 타서 꿈마다 현몽해도 유일신이 최고라며 조상조차 마귀란다. 천부경에 숨은 이치(理致) 아니 찾고 무얼 하나. 신천 신지 가는 열쇠 그곳에 숨겼거늘…… 천부경을 손에 들고 어이 그리 허둥인고?

2

주당(酒黨) 4 불문(四不問)

술을 점잖게 표현하여 백약지장(百藥之長)이라 한다. 아마도 주당들이 술을 마시기 위한 핑계로 만든 말이 약주(藥酒)가 아닌가 한다. 속내야 알 수 없지만 술은 적당히 마시면 건강에 좋다고들 한다. 특히 연만(年滿)하면 인체 기능이 떨어질 때 각성제로서 보약이 되는 모양이다.

술에 관한 이야기는 너무도 많아 한두 권의 책으로는 다 기술할 수 없다고들 한다.

마시면 취하는 성분인 알콜(酒精)이 포함된 음료를 술이라고 하는데 한자로는 삼수변(氵)에 닭 유(酉) 자를 붙인 술 주(酒)로 쓴다. 술 마실 때는 닭이 물 먹는 모습과 같아서 만들어진 글자이리라.

제조방법에 따라 양조주인 곡주(穀酒)와 화학주(化學酒)로 구분한다. 술은 시간이 지나면 산소와 결합하여 식초(食醋)로 변하게 된다.

인위적으로 식초로 변질되는 것을 막기 위하여 탄산가스를 주입시켜 압력에 의해 초산(醋酸)으로의 진행을 방해하여 유통기간을 늘인 것이 맥주, 샴페인 같은 것이다. 또 저온상태를 유지하여 보존기간을 늘이거나 자외선으로 살균하여 보존기간을 늘이기도 한다.

한편 진한 알콜은 살균 성질이 있는데, 그 점을 이용하여 식초가 되지 않도록 도수를 높인 대표적인 술이 고량주, 소주, 양주 등이다.

또 살균작용을 이용하여 상처 소독을 하는 데 쓰이기도 한다. 군대 의무병들이 소독용 알콜에다 물을 섞어 마시고 취한 것을 가끔 보았다. 알콜은 마실 수 있는 에칠 알콜(에타놀)과 마실 수 없는 메칠 알콜(메타놀)이 있다. 마시면 인체 물렁뼈 등이 손상되고 눈이 멀 수도 있는 메칠 알콜은 전쟁 때에 적진을 교란하기 위하여 무기(?)로 사용하기도 한다. 옛적에 원숭이를 포획하기 위해 술을 사용했다는 말도 있다.

우리가 즐겨 마시는 막걸리는 알콜 도수가 낮아 쉽게 변질된다. 그러므로 유통기간이 짧다. 그럼에도 막걸리를 좋아하는 것은 인체에 유익한 유산균 등이 많이 함유되어 있어서 약간 시어도 취하는 유혹을 못 이겨 마시게 된다. 내 친구 중 한 사람은 만성설사로 오랫동안 고생했는데 병원에서도 고치지 못할 뿐 아니라 약 기운이 떨어지면 다시 설사를 하여 불치병인줄로 알고 체념하다가, 어느 의사의 권유로 막걸리를 마시기 시작했고 효과가 있어 만성설사로부터 쾌유된 일례가 있다. 다만 몸에 수기(水氣)가 많은 사람에게는 막걸리보다 소주가 낫다고 한다.

또 다른 분류는 증류식(蒸溜式)이냐 희석식(稀釋式)이냐로 분류하는데, 증류식은 곡주이며 도수가 낮은 막걸리 상태에서 열을 가하면 알콜 성분이 물보다 먼저 증발하는 성질을 이용하여 증기를 발생시키고 증기를 냉각하면 결로(結露) 현상으로 다시 액체상태가 되는데, 이를 모은 것이 증류주이며 대표적인 것이 소주(燒酒)이다.

그러나 지금 우리나라 소주 대부분은 증류주가 아닌 희석식이다. 곡식을 이용하여 술을 만들려면 투입된 곡식량에 비해 알콜 생산량이 너무 적어서 많은 곡식을 소비할 수밖에 없다. 식량 자급자족이 어려운 시대에는 가정에서 술을 담그는 것을 금지한 때도 있었다.

덕분에 허가받은 술도가(都家)는 문전성시가 되었고, 부자가 될 수밖에 없었다. 술이 덜 팔린다 싶으면 세무서에 연락하여 집집마다 뒤져서 벌금을 물리곤 했으니 말이다.

희석식은 맑은 물에 조미료, 향료, 소금 등을 넣어 맛을 내고 거기다가 알콜 농도 99.99%의 주정(酒精)을 넣고 잘 섞어 도수가 낮게 희석한 상태를 말하는데, 화학주를 만들 때에 쓰는 방법이다.

어떤 이는 희석식 주류공장에 고구마, 감자, 옥수수, 수수, 밀가루 등이 있다고 말하나 그 정도로는 그 많은 소주를 만들 수 없다. 조금 있는 것은 청주나 고량주를 만들 때 쓰이는 것이다.

일반적으로 자연 양조방식으로는 99.99%짜리 알콜을 만들 수 없다. 좋은 술의 판단기준은 향이 좋고 인체에 해가 없으며, 마시면 빨리 취하고 빨리 깨는 것이라 할 것이다.

오래된 술을 좋은 기준으로 삼는 이유는 변질되지 않고 마실 수 있는 상태가 오래 지속되었다면, 양주(良酒)가 틀림없을 만큼 보존방법이 쉽지 않기 때문이다.

좋은 술을 찾는다고 굳이 좋은 성분이 들어 있어서 몸에 이롭다는 것까지 따지면서 보약주로 마셔야 하는 호사까지 바랄 필요는 없을성 싶다.

나는 술을 좋아한다. 다만 마시고 난 후, 원숭이가 되지 아니하려 무던히도 노력한다.

많이 마시면 취하지 아니할 방법이 없으니 취하면 뒷감당 못할까봐 슬그머니 삼십육계 방법을 택하곤 한다. 아니면 다른 그릇에 몰래 버리기도 했다. 술을 잘 먹는다는 말은 많이 마신다는 뜻은 아닐 것이다. 많이 마시기 내기를 하거나 밤새워 마시는 것은 좋은 습관은 아닌 것이다.

어떤 사람은 술을 최음제로 사용하기도 하고 술에 약한 상대(?)를 거시기하기 위해 강권(强勸)하기도 한다.

하지만 만취한 상태에서 합방을 하면 건강을 해친다고 세계 3대 성서(性書)의 하나인 소녀경(素女經)에 나와 있다.

술을 좋아하는 사람은 악인이 없다고들 한다. 아마도 술이 애주가의 신경을 누그러뜨려 마음이 온화해지기 때문이 아닌가 생각한다.

애주가의 기본조건은 한 잔하자는 데에 박절하게 거절하지 못한다는 것이리라. 거기다가 마시는 구실을 다양하게 만들어낼 수 있으면 훌륭한 애주가이리라.

그 구실 중 하나가 음식(飮食)이라 할 때, 음은 마실 음(飮)이고 식은 밥 식(食)이니 마실 음자가 먼저다. 이때 마실 음은 물을 마시는 것이 아니고, 밥 반주로서 술을 의미하는 것으로 생각된다.

이 핑계를 들이대면 하루 세 번은 마실 구실이 되는 것이다. 술 오른 얼굴을 보고 혈색이 좋다고 하니 가히 대낮인들 관계가 있으랴.

주선(酒仙)이라 하는 이태백(李太白)은 술을 실컷 마시고 그 되기 어려운 신선이 되었다고 하니 누가 술을 나쁘다고 말할 것인가?

밥은 바빠서 못 먹고, 떡은 떡떡 막히고, 죽은 죽어도 먹기 싫고, 술은 술술 넘어가니, 그 술을 고맙게 생각하고 예우를 다해 경건하게 마셔야 될성 싶다.

어떤 이는 술을 취하기 위해 마신다고 한다. 맞는 말이다. 다만 술이 사람을 마셔 버려서야 되겠는가?

어떤 이는 취하는 게 당연하며 취하면 실수도 할 수 있는 것 아니냐며 주사(酒邪)로 인한 상대방의 피해까지 아랑곳하지 않고 술 깬 후에도 사과조차 안하려는 몰염치를 상습적으로 실시(實施)하기도 한다.

또 어떤 이는 술시(戌時, 오후 7~9시)가 되어야 마신다고 하다가 오후 5시가 조금 넘으면 유혹을 못 이겨 입주식(入酒式)을 거행하고야 만다.

죄송한 이야기이지만 점심 먹고 오후 7시까지 기다렸다가 허기진 속에 입주(口酒)하면 술이 너무 올라 술(戌)이 되기 쉬우니 안주를 먼저 먹은 후에 마시는 것이 마땅하리라.

앞에 언급한 것처럼 술 주(酒) 자는 닭이 물마시듯 고개를 뒤로 약간 젖히고 먹는 시간이니, 오후 5시(酉時)만 되면 먹어도 법도에 어긋난다고 말할 수는 없을 것이다.

"옛날 말이 틀린 말이 없다"고 하니 어제(昨) 술(酒)은 글자 그대로 초(酢)이고, 옛날(昔) 술(酒) 역시 초(醋)가 되니, 식초가 되기 전에 마셔 버림이 당근이리라. 그러기 위해서 주당의 네 가지 불문이 있는데, 이에 충실함이 옳으리라.

즉 주당 4불문은,

첫째, 주류불문(酒類不問): 술 종류를 따지지 않는 것이다. 청탁불문(淸濁不問)이라고도 한다. 없어서 못 먹을 정도를 말하는 것이다.

둘째, 안주불문(按酒不問): 안주는 채소든 고기든 가리지 않는다는 것이다. 소금을 놓고 마신들 어떠랴.

셋째, 장소불문(場所不問): 술 마시는 데 장소를 따져 무엇하랴. 시체를 옆에 놓고도 염습하는 사람은 잘만 마시는데.

넷째, 시간불문(時間不問): 아침부터 잠자기 전까지 어떤 시간인들 좀 마신다고 어떠랴. 아까운 술 놓치는 수가 있으니.

그러나 아무리 주당이라 해도 불문이 안 되는 것이 있으니 가장 중요한 대작불문(對酌不問)인 것이다. 기분 좋기 위해 마시는 약주를 기분 잡치는 사람과 마주앉아 어찌 마시랴. 그러므로 주도(酒道)라 하는 매너가 중요한 요소인 것이다. 어쩔 수 없어 같이 마시고는 돌아서서 토해 버리려면 대작하지 말아야지.

매너(manner) 좋고 유머 풍부하면 술친구가 많게 마련인 것이다. 귀가하면 조금 변명은 해야 하지만, 취중에 바른말(진심)이 나온다고 하니, 오늘 심금을 털어놓고 한 잔 하세 그려. 죽고 나면 못 먹는다고 하데 그려. 좀 섭섭했던 친구야 오늘 화해술 한 잔 어떤가…?

뭐? 종교 때문에 안 먹는다고…. 못 먹는거냐? 안 먹는거냐?

어린애나 종교상 경지에 이르지 못한 사람은 마시지 말아야 하겠지. 하지만 알아두게. 종교상 모범을 보여야 하는 위치에 있는 사람도 몰래 먹는다고 하더군. 또 어떤 분은 말술을 마셔도 까딱도 안했다더군. 순진하긴. 한 잔하세 오늘….

3

병신(丙辛) 육갑(六甲)하네

사서삼경 중에 역경(易經)은 진시황의 분서갱유(焚書坑儒) 난리통에도 살아남은 책이다.

즉 자기 구명은 할 수 있는 신비한 그 무엇이 있는 책인 것이다. 그 신비함으로 인하여 점치는 책으로 생각하기 쉬우나 성현 공자께서 가장 매력을 느꼈던 책이니 만큼 그럴 리는 없고 미완의 세상에서는 점치는 데 쓰는 것쯤은 막을 수 없는 매력인지도 모른다.

그러나 역경(주역)의 궁구(窮究)는 우주 삼라만상의 이치(理致)인 것이다. 즉 공자께서는 만년에 이 책의 계사(繫辭)를 완성하기 위해서는 앞으로 50년이 필요하다고 하셨을 정도이니 어렵고 또한 미완의 책이며 적게는 민초의 운명에서부터 위로는 하늘의 섭리까지 알 수 있는 이치(理化世界)가 숨겨져 있는 책이라 생각된다. 개인의 운명을 점치거나 우주 삼라만상의 운행이치를 연구하는 방법으로 쓰이건 불이나 칼처럼 유용하기도 위험하기도 한 것이다. 혹세무민(惑世誣民)하는 도구로 쓰이거나 천기누설의 단초가 되기도 하기 때문이다.

그렇다고 겁만 먹고 있을 수도 없는 것이니 문디 거시기가 병신 육갑하는 것쯤이야 덮어주시리라 믿는다.

역경의 첫걸음은 음양오행의 나열과 조합으로 시작된다.

1) 천간(天干)

천간은 육갑의 앞 글자들로 10자이다.

양	갑	㊚병	무	경	임
음	을	정	기	㊛신	계

무기는 중앙이고 앞뒤에서 유별난 한 자씩 떼어내어 병신(丙申)이란 단어가 조합된 것이다.

2) 지지(地支)

지지(地支)는 동물로 비유하며 명리 판단의 단초(斷初)가 된다.

양(홀)	자(쥐)	인(범)	진(용)	오(말)	신(원숭이)	술(개)
음(짝)	축(소)	묘(토끼)	사(뱀)	미(양)	유(닭)	해(돼지)

잘 살펴보면 선현들의 현명함에 감탄이 저절로 나오게 된다. 위쪽에 있는 동물이 상대적으로 우위에 있고 발가락 쪽수를 보면 홀수(양), 아래쪽은 열등하며 짝수(음)로 구분이 된다.

천간 지지를 조합해서 육십갑자가 되며 줄여서 육갑(六甲)이라 한다.

원래 병신 육갑은 천간지지에서 조합한 말이지 지체부자유자가 꼴값한다는 뜻이 아닌 것이다.

축기(丑己)인 줄 알고 우습게 봤더니 주역을 아는 대단한 사람이라 놀랐다는 뜻인 것이다.

3) 시간별 전개

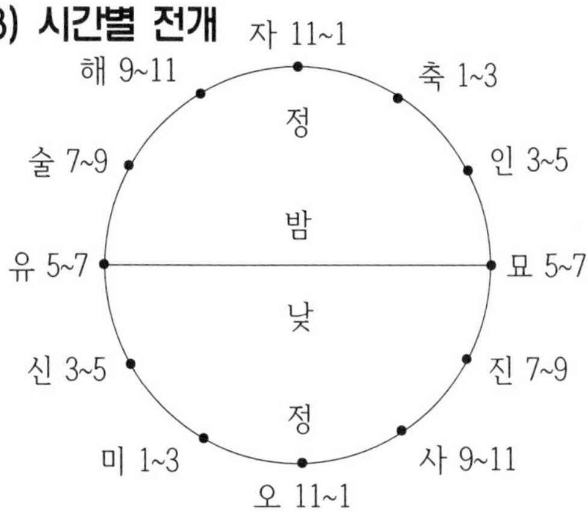

4) 명리의 판단

양	자(귀)	인(권)	진(간)	오(복)	신(고)	술(문)
음	축(액)	묘(파)	사(재)	미(역)	유(인)	해(수)

위와 같이 나열해 놓았는데 무슨 뜻인지 알 수가 없으니 뜻을 알려고 하면 뜻글자인 한자를 배워야 하는 것이다.

대충(大充)하면,

① 귀(貴) ② 액(厄) ③ 권(權) ④ 파(破) ⑤ 간(奸) ⑥ 재(才) ⑦ 복(福) ⑧ 역(驛) ⑨ 고(孤) ⑩ 인(刃) ⑪ 문(文) ⑫ 수(壽)

한문까지 써 놓아도 초심자(비한문세대)는 알기 어려우니 산통(算筒) 흔들기를,

① 귀하디 **귀한** 내 자식 ② 전생에 무슨 죄가 많아 **액운**이 중중한고 ③ 자라기만 하면 **권세**를 누릴 줄 알았더니 ④ 하는 일마다 **파산** 터라 ⑤ 꾀는 많아 **간사**하고 ⑥ 요령 피우는 **재주**는

있어 ⑦ **복** 많은 줄 알았는데 ⑧ 어인 일로 너무 바빠 이 **역전**저 공항에 바쁘구나 ⑨ 외롭고 **고독**하지는 아니 할지 ⑩ 잘못하다 칼 맞아 **상처**인 몸 아니 될지 ⑪ 고**천문**이나 잘 올려서 ⑫ **천수**를 누릴지고

이 정도면 대강(大降)했다 할 것이나 눈치가 빠른 이야 젓국냄새 정도는 맡았을 것이고 그리고 12자 중에 귀신을 볼 수 있는 동물은 소, 용, 양(염소)과 개 정도라고 생각하면 전설의 고향에 대한 의문이 풀릴 것이다.

5) 뜨개질하기를

① 천간의 양은 지지의 양과 유유상종하니 갑자, 병인, 무진, 경오… 등으로 조합한다.
② 천간의 음도 지지의 음과 어울러 을축, 정묘, 기사, 신미… 등으로 짝이 된다. 그래서 총 60개가 조합되고 61번째는 되돌아가기 때문에 환갑(還甲)이라, 장수했다고 환갑잔치를 했고, 70세이면 고래희(古來稀)라 하는 때도 있었다.
③ 손가락 꼼작이기를 남자는 자기 띠에서 시계 방향으로 생월 수만큼 짚어나가면 생월 운이 되고,
④ 생월에서 생일 수만큼 진행하여 생일 운을 뽑는다.
⑤ 태어난 시간은 해당 시간의 명리가 시간 운이 된다.
⑥ 여자는 시계 반대 방향으로 계산하면 된다.
⑦ 이렇게 뽑는 것이 소위 당사주(唐四柱)라 한다. 여기에 천간의 음양을 대입하여 사주팔자(四柱八字)라 한다.
⑧ 또 사주보다가 답답(答答)하니까 사주와 합쳐 1월달을 인, 2월달을 묘, 3월달을 진으로 해서 하나를 더 뽑아보기도 한다.

⑨ 사주팔자에서 양이 많으면 현세에서는 좋게 판단되고 음이 많으면 상대적으로 운이 약하다고 본다. 거기에 강약의 조화가 대입되어야 한다.
⑩ 사주에 넷 다 양이면 변화가 부족하고 넷 다 음이면 돌연변이로 출세하기도 한다. 즉 윷놀이에서, 윷과 모는 한 번 더 윷가락을 던질 기회가 주어지는 것이다.

6) 심법(心法)

그러나 사주팔자는 너무 믿어도 안 되고 너무 무시해도 손해인 것이다. 즉 심법(心法)의 문제인 것이다.
① 명심보감 순명편(順命篇)에 보면 "죽고 사는 것도, 부귀빈천도 하늘의 뜻에 달려 있다. 만사가 이미 정해져 있다. 사람으로 인해 생기는 것이 아니다"로 되어 있고,
② 속담에 "사주팔자 못 속인다"는 말이 있다.
오랫동안 누군가를 옆에서 지켜보고 있다가 최후에 뱉는 말인 것이다. 즉 고종명까지 가야 결론에 도달한다.
③ 잘 나가는 국가대표 운동선수들도 운칠기삼(運七技三)이란 말을 자주 쓴다. 운이 칠 할이고 노력과 기술이 삼 할이란 말인 것이다. 그러나 이것도 자부하는 말이고 운팔(運八) 기이(技二)가 아닌지 모르겠다. 즉 공기 중에 팔 할은 질소이고 가용할 수 있는 산소는 이 할인 것이다. 어쩌면 질소에 더 큰 숨겨져 있는 무엇이 있을 듯하고….
④ 명리학은 하는 사람도 팔 할은 그렇고, 이 할은 그런데, 잘 보는 이는 나타내지 아니하니 없는 것처럼 느껴져 명리학을 엉터리로 생각할 수 있으나, 진짜 만나면 손든다. 그 진짜도

욕심에 눈이 어두우면 실수하고 얻어터지거나 간판을 내리게 마련이고 고종명이 힘들기도 하고 객사하기도 한다. 엉터리 점괘를 받아보는 것도 본인의 운명인지 모를 일이고….

⑤ 빈 수레가 요란하듯 잘 볼 줄 모르는 사람일수록 대단한 척하게 마련이라. 엉터리 도사가 엉터리 점괘를 빼들고 기세등등하게 자기 말을 안 들으면 안 되니 합방하자는 자들도 가끔 있다고 한다.

⑥ 큰 기업체에 가보면 전산실이라는 곳이 있다. 그 안에 들어 있는 기기들은 사람보다 더 대접을 받는다. 조심조심 뭐가 잘못될까봐 온도, 습도, 먼지, 소음, 진동까지 24시간 일정하게 철저히 관리한다. 불량품이나 엉터리 자료가 나오지 않도록 하기 위해서이다. 더구나 출력시점이 제일 중요하듯이 인간도 태어나는 순간에 운명이 결정된다고 보는 것이다. 그때 입력된 칩(chip)이 가장 중요하고, 연어가 회귀하듯 입력된 대로 살게 마련인 것이다. 과학이 그것을 증명하고 있다. 인간의 유전인자를 완전 분석하면 역경(易經)처럼 앞날을 예측할 수 있을 것이다.

⑦ 현명하게도 우리 선조님들은 태교의 중요성을 강조해왔다. 임신 중에 태아는 24시간 어머니의 영향을 받는다. 일단 태어나면 리콜이 안 되니 조심하고 근신해야 함을 말한 것이 태교인 것이다. 선천적 장애아는 산모의 무지나 실수에 인과의 뿌리가 있는 것이다.

⑧ 그렇다고 운명이 전적으로 부모의 책임인가는 생각해볼 문제이다. 왜냐 하면 그 부모를 택한 것은 본인이기 때문이다. 즉 어떤 영혼이 자기 태아에게 입력되어질지 부모는 알 수 없기 때문이다. 어떤 영이 들어와 자기 자식이 되었건 오목눈이가

뻐꾸기 새끼를 키우듯 양육했으니 고마워해야 할 것이다. 빙의(憑依) 현상을 깊이 생각해보라. 전혀 다른 사람이 되지 아니하던가. 그러니 길러준 은혜는 백골난망이 아니겠는가? 더구나 망개를 먹고 살아도 이 세상(인간)이 좋다고 했으니….

⑨ 성명학이 엉터리라고 무시하는 사람이 있다. 그러나 인간사에 있는 것은 다 저마다 일리가 있다. 과학적으로 사람들의 음파 분석을 하면 그 사람의 성격과 심리상태까지 알 수 있다고 한다. 그 이름이 불릴 때 어떤 느낌을 주느냐는 중요한 것이다. 좋은 음파냐? 아니냐? 하는 데이터가 있다면 통계에 의한 또다른 성명학이 생길 수 있을 것이다. 말랑말랑하고 맛있는 떡이라도 이름이 개똥떡이라면 쉽게 목구멍에 넘어가겠는가? 성명학이 중요하지 않거든 자기 아이 이름을 개똥이 소똥이로 지어보라. 어린애를 왕자님 공주님 하는 이유는? 더구나 성명학도 몇 획이냐를 따지는 숫자놀음이니 운수(運數)의 마법인 것이다.

⑩ 집터(양택) 묘터(음택) 등도 심지 깊은 사람이라면 가볍게 생각하지 아니할 것이다. 연주회 때에 연주장소와 음향기기와 분위기가 받쳐주지 아니하면 그 연주회는 성공하지 못한다. 맹모삼천이라 했다. 자랄 때의 분위기와 주변 환경이 그 사람의 성공에 관계없다고 할 것인가? 또 선조의 유골에서 나오는 파장이 없다면 수맥 기기는 엉터리일 것이다. 물도 파장이 있는데 죽긴 했지만 만물의 영장인 인간의 유체가 파장이 없겠는가? 극한 상황이면 파장은 더 강렬할 것이고 거리에도 영향을 받는다. 그러나 화장장 안의 온도와 구조는 방해파의 영향이 너무 커서 텔레파시의 영향을 느낄 수 없다. 자료 중에 노량진성당 주임신부의 고백을 참조하시라.

⑪ 사후세계(영혼=혼백)가 있느냐고? 에너지 불변의 법칙과 질량 불멸의 법칙을 이해하면 대답이 필요 없을 것이다. 병신 육갑 거시기가 알기로는 사람 영혼의 무게는 고기 한 근의 무게인 600g 정도 좌우이고, 혼(魂)은 무겁고 백(魄)은 가볍다. 검은 색의 혼이 온전한 제자리를 찾아가고 나면 남은 백은 백색이다. 그래야 헛것을 본 것이건 진짜 무엇을 보았건 흰옷(?) 이야기의 실마리가 풀리게 마련이다.

⑫ 양지가 음지되고 음지가 양지된다는 말이 있다. 이승에서 잘나가 몹쓸 짓을 많이한 사람은 저승(내생)에서는 입장이 바뀐다고 했다. 원수는 외나무다리에서 만난다더니 고부간이 가장 어렵단다. 인도 티베트 사람들은 어쩌면 그 조상들이 앉아 천 리 서서 구만 리를 본 선현의 피가 가장 많이 남아 있는 것인지도 모른다. 머지않아 살아있는 우리가 그것을 경험할는지도 모른다. 우리는 천손 민족이니까. 자연을 많이 겪은 사람일수록 자연을 잘 알게 마련이다. 티베트인과 인디언은 문명의 이기(利器)를 사용하는 사람보다 예지력이 밝기 마련이다. 산간벽지의 개들은 애완견처럼 천적을 몰라보지는 않는다.

4

인체구조와 거시기

대다수 사람들은 자기 몸에 대해서 잘 알고 있는 것처럼 말한다. 그러나 예상 외로 무지하다. 왜냐 하면 우리나라는 기초과학 분야에서 선진국에 비해 매우 뒤떨어져 있을 뿐만 아니라, 동양 정서는 들어내 놓고 신체부위에 대해 언급하는 것을 피해 왔기 때문이다.

또 학교 교육에서도 남녀 간의 구조 문제로 교사가 난처해지는 우려가 있기 때문에 대충 얼버무리고 넘어가는 것도 한 이유인 것이다. 그러다 보니 도서관에서 남몰래 책을 뒤져서 공부하거나 또래 친구의 지식을 빌릴 수밖에 없었던 것이다.

인체구조를 모르다보니 치료방법에 대해서 말해보아야 무엇하겠는가? 더구나 우리나라 의사의 대부분도 기초교육 과정은 일반인과 다를 바 없고 전문의가 되기 위해서는 자기 전공분야만 해도 힘들기 때문에 기초과학뿐만 아니라 전공 이외의 분야는 취약할 수밖에 없으며 필연적으로 종합판단을 내릴 수 있는 보건 전문의가 필요하게 된다.

인체구조를 모두 설명하는 것은 쉬운 일이 아닐 것이다. 그렇다고 아무도 용기를 내어 떠들 사람이 없다면 그것 또한 바람직한 일은 아닐 것이다. 그래서 무식한 게 용감하다고 상식 수준의 잡학, 문디 거시기를 과학 외적 방법으로 수작해보고자 한다.

한방에서는 인체를 소우주라고 하기도 하고 5장6부는 지구의 오대양 육대주를 닮았다고 한다. 지구의 70%가 물이고 인체의 70%가 물인 것이다. 거기에다가 음양오행까지 적용해 치료방법으로 쓰고 있다. 그런 점에서 이제마(1838~1900) 선생의 「4상의학」은 기여한 바가 크다할 것이다. 어떤 이는 8상인(八象人)까지 분류하려는 사람도 있다. 그러나 워낙 섬세하고 신비한 것이 인체이다 보니 분류에 다소 혼선이 있기도 하다.

중국에서는 자기들이 동양의학의 원조라고 주장하면서도 「4상의학」을 무시하려는 경향이 있다. 그러나 4상의학을 무시하면 역학의 기본을 모른다는 것이 되며, 인체의 장기를 5행으로 분류하는 것을 포기하는 것으로 스스로 동양의학의 원조가 아님을 인정하는 결과가 되고 말 것이다.

물론 서양의학은 음양, 4상, 오행 등이 없다. 그러다 보니 치료법의 한계에 부딪치거나 부작용의 해법을 찾지 못했다. 최근에는 그들도 동양의학을 함께 활용하는가 하면, 대체의학 분야에선 동양을 앞선다. 더구나 그들은 생소한 침구요법(鍼灸療法) 분야까지 손을 뻗치고 있는 형편이다.

한편 우물 안의 개구리처럼 우리나라 한의학계는 철밥통을 지키는 데만 신경 쓰다 보니 좋은 기회를 다 놓치고 보건복지부는 그들 단체의 볼모가 되어 있는 형편이다. 대를 이어 발전시켜 온 비법을 쓸모없게 만드는가 하면 염탐꾼을 들여보내 기밀을 탐지하고 고발하는 데만 혈안이 되어 있는 형편이다. 이런 것이 우리 민족성이 아니기를 빌어본다. 만약 어떤 한방의술을 서양인이 선점하면 우리 의술을 우리가 로열티 내고 써야 할 것이다.

① 제자리로 돌아가서, 인체를 5행으로 나누는 방법은 가령 방광

과 귀는 수(水)에 속한다. 그렇기 때문에 귓병은 진물이 많이 나온다. 물가에 가거나 수영장에 가면 방광이 공명에 의해 오줌이 자주 나온다. 대충 분류하면,

5행 / 신체	목(木)	화(火)	토(土)	금(金)	수(水)
오 장	간, 쓸개	심장, 소장	비위, 위장	폐, 대장	신장, 방광
오 관	눈	혀	몸	코	귀
질 환	두통, 생리통	안질, 고혈압	당뇨, 피부	근골, 호흡	혈액, 생식기

② 구조면에서 보면 뇌에는 대뇌, 소뇌, 간뇌가 있고 간뇌에는 인체의 안테나라고 할 수 있는 송과체가 있다고 한다. 경추(목뼈)는 7개, 척추는 12개, 요추는 5개이다. 이를 합치면 총 24개가 된다. 이는 1년을 24절후로 나뉘는 것과 같다(* 제24회 서울올림픽에 참가하지 아니한 나라가 경추 숫자에 해당하는 7개 국가이고 그리하여 머리와 몸체를 연결하지 못했음).

③ 갈비뼈는 좌우 12개씩 모두 24개이다. 교회 쪽에서는 남자의 왼쪽 갈비뼈를 뽑아 여자를 만들었다고 하나, 남녀 공히 12×2=24개이며 궁창을 이루어 장기를 보호한다. 중요 장기는 더 깊숙이 자리하고 있어 수술하기 힘들게 되어 있다.

④ 남녀 공히 가슴에는 젖꼭지가 2개 있는데 인간도 포유동물에 속해서 여자의 젖통은 발달되고 남자는 퇴보된 것이다. 세월이 가면서 미(美)를 생명같이 여기는 여자들이 모유 수유를 기피하는 경향이 생겼고 그에 비례하여 유방암도 많아지고 있다. 신진대사가 안 되면 질병이 생기게 마련인 것이다. 옛말에 젖먹이가 젖 먹을 때도 엄마와 교감이 이루어진다고 했

으며, 이때도 태교의 일종이라 해야 할 것이다. 4상체질도 태중에서 결정된다. 수유 기피는 남성들에게도 책임이 없다고 할 수 없을 것이다. 남성들은 유방암 예방 차원에서라도 거시기를 애기에게 양보하는 것이 당근이리라.

⑤ 인간의 생명은 호흡지간에 있다고 한다. 그 호흡도 숨이 들락거리는 것은 똑 같지만 남녀의 호흡방법이 다르다. 여자는 흉식호흡, 즉 가슴을 들썩거리며 호흡하고 남자는 복식호흡, 즉 아랫배가 벌렁거리며 숨을 쉰다. 그러므로 여자는 가슴을 껴안으면 답답해하고 남자는 배를 누르면 신경질을 낸다. 누워서 어린아이를 볼 때도 여자는 배 쪽에 올려놓고 남자는 가슴 쪽에 두고 얼린다. 그러다가 갑자기 어린애가 '쉬'를 하면 남자만 얼굴에 오줌을 뒤집어쓴다. 남자는 어린애도 배 위에 올려놓지 못하는데 여자는 자기보다 큰 덩치도 아무렇지 않게 받아들인다. 서로 다른 점 덕분에 밤이 조용하고 즐거운 것이다. 또한 다른 점 때문에 남자는 임신할 수 없다. 해당기관이 없을 뿐만 아니라 남자가 임신한다면 호흡할 수 없어 둘다 죽게 마련인 것이다. 즉 태아는 가슴 속에 있는 것이 아니라 뱃속에 있기 때문이다.

⑥ 해수욕장에 가면 남녀 모두 아랫부분, 거기가 튀어나와 있다. 다만 불거진 부위가 조금 다를 뿐이다. 여자는 윗부분이, 남자는 아래쪽이 불룩하다. 거시기도 없는 여자가 오히려 더 높다. 여자에게는 남자에게 없는 치골(恥骨)이라는 것이 있어서이다. 만삭인 임산부는 치골이 받쳐 주지 아니하면 태아가 정강이까지 쳐져 늘어지게 될 것이다.

기억하는가? 어느 TV프로에 남녀 탤런트들을 열중쉬어 자세로 꿇어앉게 하고 정강이 앞에 놓인 사탕을 입으로 물게 하였더니 남자는 100% 코를 처박아 얼굴이 벌개지고 말았다. 반대로 여자는 사탕을 물고 원위치로 돌아와 꿇어앉은 자세로 되었다. 마침 트랜스젠더 문제로 시끄럽던 그 여인도 사뿐히 원위치로 돌아오자 MC가 "예, 정말 당신은 아름다운 여인입니다"라고 알듯말듯한 멘트를 한 것을?

즉 그 가수도 치골이 있어서 앞으로 꼬꾸라지지 아니하였던 것이다. 치골이란 부끄러울 치(恥) 뼈 골(骨)이다. 이렇듯 동양에는 신체부위를 언급하는 것을 저어했던 것이다. 그 치골이 첫날밤을 실수 없이 되게 하는 숨은 공신(?)인 것이다.

⑦ 대체로 정밀기계는 복잡하다. 그런 면에서 보면 여자가 남자보다 우성에 속한다고 할 것이다. 즉 여자는 아이를 낳는 곳을 포함해 12구, 남자는 11구인 것이다. 아무리 위대한 사람이라도 거기에서 키워져서 탄생하는 것이다. 태어나면 큰 소리로 신고하면서 호흡이 시작되는데 평균 1분에 18번이고 맥박은 72번이다. 신체기능이 좋은 사람은 둘다 평균보다 아래다. 아픈 사람은 평균 이상이다. 체온은 365일을 10으로 나눈 36.5°이다.

⑧ 살아 있다는 것은 신진대사가 이루어지고 있다는 것이다. 태어나면 먹기 시작하는데 집을 지을 때처럼 성장기에는 좋은 재료가 많이 반입되어야 튼튼하고 좋은 몸이 만들어진다. 즉 성장기에는 고루고루 잘 먹어야 하고 성장이 끝난 후에는 현상유지에 필요한 정도가 유입되어야 하는데 계속 많이 반입되면 건물 안이 좁아지게 되고 종당에는 막히고 터지게 되어 고종명(考終命)을 할 수 없게 된다.

⑨ 또 인체에는 단전이라는 것이 있다. 인간의 노력으로 단련할 수 있는 것이 배꼽 아래에 있는 하단전(下丹田)인데 화(火)에

속하고 머리는 상단전으로 수(水)에 속한다. 물은 위에서 밑으로 내려오고 불은 위로 치솟는 것이어서 그것이 만나는 동안 생명이 유지되는 것이다. 그러므로 개인에게 지급된 물과 불이 다 떨어지면 목에서 딸가닥 소리가 나면서 동작 그만하고 죽게 되는 것이다.

서있는 동안은 활발하게 연소되고 누운 상태이면 서서히 연소되어 휴식이 되는 것이다. 둘다 중단전(심장)의 영향을 받는다. 그러므로 마음이 평온하고 따뜻한 사람은 장수하게 되는 것이다. 인위로 수승화강(水乘火降)을 조절하여 장수하는 사람도 있다.

반대로 화를 많이 내거나 성생활이 문란하면 단명하게 되는 것이다. 자폐증 환자는 단명하고 거시기에 탐닉한 사람은 중풍, 식물인간이 되기 쉽다. 소설 「금병매」의 서문경이 단명했음은 물론이다. 이 부분을 알고 싶으면 소녀경(素女經)이라는 책을 읽어보시라.

⑩ 위에 언급한 것같이 조물주는 하늘의 기운(오운육기)과 땅의 기운을 종합하여 운행도수에 맞추어 인간을 창조한 것으로 생각된다. 즉 사주팔자를 무시할 수 없는 이유인 것이다. 다만 한 가지 걱정이 되는 것은 인체를 소우주라고 한다면 천지개벽이 일어나면 인체도 공명현상을 일으켜 정신과 육체가 무사하지 못할 터인즉 지상천국은 불가능한 일이 되고 만다. 그렇다고 천지개벽이란 말이 괜히 생긴 것은 아닐 테고 살기 위해서는 백방으로 길을 찾아 유비무환(有備無患)해야 할 것이다.

하늘이 무너지면 솟아날 구멍은 어디일까? 무엇일까? 혹시 천손민족의 할아버지, 환웅 할아버지께서 천부경을 통하여 후손이 살아남을 것을 일러주신 것은 아닐까?

조화경이라면 그쯤은 되어야 하지 아니할까? 그런 점에서 천부경은 연구되어야 할진저….

5

약성(藥性) 판단의 기초

자연은 참으로 신비하다. 같은 밭에 심은 식물인데도 맛과 성분이 달라서 어떤 것은 쓰고 어떤 것은 달다. 어떤 것은 약이 되고 어떤 것은 독이 된다.

염제 신농씨는 여러 가지 식물을 다 먹어보고 맛과 성분을 알아내어 백성을 이롭게 했다고 한다.

동의보감을 지은 허준 선생도 많은 수고를 했다고 한다. 한의사들은 그 많은 약초명과 성분을 익히는 데 많은 시간을 소비한다. 그러나 답습만 해서는 남보다 앞서지 못한다. 남보다 한걸음 앞서려면 늘 연구하고 개발해야 할 것이다. 어불성설(語不成說)이 될런지는 몰라도 '생판(生版) 엉뚱한 소리를 한다'는 말이 있으니 엉뚱한 문디 거시기를 할라치면,

① **오래 사는 식물은 순환기능에 뛰어난 성분을 가지고 있다.** 은행나무와 소나무는 매우 오래 산다. 그 비결은 둘다 두꺼운 껍질로 무장하여 외부 침범을 차단하고 은행나무는 독성을, 소나무는 송진으로 방어력을 높인다. 거기에다 순환기능에 좋은 성분이 있어야 썩지 않고 오래 살게 되는 것이다.

아침 산책길에 솔잎을 씹는 사람을 가끔 볼 수 있다. 그러나 은행 나뭇잎은 진딧물도 얼씬도 하지 못할 정도로 독성을

지니고 있어서 법제과정을 거쳐야 한다. 두 나무 모두 좋은 목재가 되는 것이다.

오래 사는 나무의 엑기스를 효과적으로 추출하여 가용화하면 대박을 터뜨릴 수 있을는지 모른다. 회나무, 참나무, 주목, 느티나무, 누룩나무, 소철, 메타세콰이어, 낙우송 등을 눈독들여보시길 바란다. 특히 주목 열매와 회나무 꽃과 열매, 메타세콰이어 열매의 송진은 연구해보시기 바란다.

② 단기간에 많이 자라는 것은 성장에 좋은 성분과 해독성분을 가지고 있다.

식물로는 죽순, 송순, 갈순, 콩나물, 숙주나물, 송이, 쑥, 대마 등은 단시간에 성장속도가 빠르고 많이 자란다.

동물성으로는 녹용이 매우 뛰어나다. 정력적으로 일하고 싶은 분은 이런 것을 부지런히 드시고 원기 회복하시길 바란다. 참고로 녹용과 녹각은 정반대 작용을 한다.

③ 척박한 곳에 잘 자라는 식물은 면역력과 치유력이 뛰어난 성분을 가지고 있다.

와송, 달개비, 구기자, 차전자, 토사자, 복분자 등은 빈 곳간(?)을 채우는 데 좋다. 정강제가 됨은 당연한 것이다. 마사토에 잘 버티는 식물을 눈여겨보시길 바란다.

④ 더러운 곳에서 잘 번식하는 것은 해독성분을 가지고 있다.

미꾸라지, 가물치, 메기, 자라, 다슬기, 굼벵이, 개구리, 뻘게, 개불, 지렁이, 부추, 지황, 연근 등은 해독능력이 있어서 병후회복과 숙취에 좋다. 해독력이 없으면 더러운 곳에서 생명을 부지할 수 없음은 자연의 이치인 것이다.

⑤ 다른 것을 잡아먹거나, 생존경쟁에 이기는 것은 고단백 성분을 비축하고 있다.

뱀, 뱀장어, 자라, 족제비, 오소리, 호랑이, 늑대 그리고 추운 지방에 서식하는 육식동물은 고단백질이 비축되어 있어야 먹이가 없을 때에 오랜 시간을 버틸 수 있고, 동작이 민첩할 수 있기 때문에 고단백을 비축할 수밖에 없다. 그러나 먹이가 많거나 더운 지방의 육식동물은 땀으로 소비되고 게으르기 때문에 비축할 능력이 떨어지는 것이다. 하지만 하이에나는 예외다. 뜸부기, 부엉이, 매, 독수리는 좋은 성분이 있지만 개체수가 적어서 인간을 위해 냠냠해서는 안 되는 것이다. 식물로는 새삼, 가시박도 연구대상인 것이다.

⑥ **열대(양지)식물은 100% 냉물이다.** 더운 곳에서 열물(발열물)을 가지고 있다면 과열로 죽고 말 것이다.

선풍기나 에어컨을 사용할 능력이 안 되면 자체적으로 열을 식히는 성분이 있어야 생존이 가능한 것이다.

바나나, 야자열매, 망고, 가지, 오이, 수세미, 참외, 수박, 복숭아, 배, 메밀 등은 냉물에 속한다. 그러므로 병약자에게는 이롭지 않다. 인체에 열이 떨어지면 만병의 근원이 되는 것이다. 아픈 곳에 열이 나는 것은 인체의 자연 치유력이 작용하기 때문인 것이다. 열조차 못 내면 시체가 되는 것이고 산 사람이 열을 못 내면 무슨 재미로 살겠는가? 어릴 때 보약을 많이 먹어 열이 많은 사람과 양인(陽人)에게는 냉물이 도움이 된다.

⑦ **한대(음지)식물은 열물이다.** 얼어 죽지 않기 위해서는 스스로 발열물을 만들고 저장하기 때문이다.

인삼, 더덕, 마늘, 차가버섯, 주목열매, 겨우살이, 쑥뿌리 등은 발열물이다. 암은 열에 약하다고 한다. 그러므로 이들을 항암제로 쓰인다. 냉정한 사람은 암에 잘 걸린다. 그러므로 돌연사, 우울증, 심장병에 약하다. 추위에 심장이 식으면 어떻게 되겠는가? 북극곰, 펭귄 등은 참 좋은 열물인데 어떻게 해볼 수가 있어야지…. 참고로 봉래산은 쑥 봉, 쑥 래이다.

⑧ **암컷을 많이 거느리는 숫놈은 거느릴 수 있는 능력이 있어야 한다.** 그러므로 최음제, 정력제 성분을 가지고 있다. 그렇지 않다면 어떻게 암컷을 관리하겠는가?

물개, 바다코끼리, 들개, 추운지방 늑대, 야크 순록은 꽤나 괜찮은 건데 구하기가 쉽지 않다. 그러므로 비싸다.

⑨ **인체조직과 비슷한 조직을 가진 것은 괴사방지 및 치료기능이 있다.** 섭취했을 때에 소화가 잘 되고 비슷한 조직이기 때문에 괴사현장에 바로 투입될 수 있어서 병후회복이나 치료에 도움이 되는 성분을 가지고 있다.

어린이 소변, 대변(숙성된 것), 태아의 태반, 원숭이, 유인원류, 인분 먹는 개(황구) 등이다. 동물이 새끼의 태반을 먹는 이유를 생각해보시라. 동물의 본능은 조물주가 부여한 것이 아니겠는가? 우암 송시열은 어린이 소변을, 토정 이지함은 지네(오공) 즙을, 일부 김항은 생강을 장복하였다고 한다. 다만 이제마 선생이 밝힌 체질에 따라서 각자 효과가 다를 수 있다.

⑩ **길게 뻗는 식물은 순환에 강한 성분을 가지고 있다.** 끝부분까지 영양소를 운반하려면 필요한 동력이 있어야 하기 때문이다. 담쟁이, 인동초, 댕댕이, 갈순, 다래나무, 머루나무, 등나무, 바닥을 기는 갈대에서는 심장에 좋은 성분을 추출할 수 있을 것이다.

⑪ **한류 어종과 찬 공기 속에 고공으로 이동하는 철새 등은 저온에서도 굳지 아니하는 지방질이 있다.**

저온에 서식하는 동물의 몸에 있는 지방질이 만약 굳으면 어떻게 움직일 수 있겠는가? 청어, 정어리, 명태, 청둥오리, 기러기 등은 조물주께서 피조물에게 부여한 생존의 조건에 맞는 환경에 산다. 기러기의 혀는 강력한 해열성분을 가지고 있다. 깃털로 덮여 있어 장거리 이동 때에 해열할 수 있는 기관은 혀뿐이기 때문이다.

밤하늘을 날아 이동하는 기러기가 발성을 하는 것은 사람이 "후유"하는 것과 같다.

⑫ **선현들이 사물의 이름 앞에 "참"자를 붙여놓은 것은 몸에 이로운 성분이 있다.** 참나무, 참깨, 참나물, 참비름, 참꽃(진달래), 참조기, 참새 등이 있다. 키위를 참다래라고 이름 지은 것은 참 잘한 일이다.

특히 참나무는 어느 하나 버릴 것이 없다. 껍질은 콜크 마개, 잎은 탈취제, 나무는 양주 숙성할 때 쓰는 오크통, 숯 중의 숯은 참나무 숯, 열매는 도토리묵(중금속 해독), 썩어서는 좋은 버섯의 밑거름, 수액은 말벌 장수하늘소 등의 보약, 우린 물은 염료, 어디 이만한 나무가 있는가?

또 참새가 황소 등에 앉아서 황소 보고 뭐라고 했다더라?

⑬ **사철 푸른 나무는 추위를 견디는 성분이 있다.**

동백나무, 사철나무, 전나무, 주목, 편백나무, 월동 선인장 등은 좋은 내냉성분이 있다. 하기에 따라서는 획기적인 성분을 추출해낼 수도 있을 것이다. 맥문동, 국화, 에델바이스도 연구해보시라.

⑭ **육식으로 사용하는 고기 중 붉은 색은 열물, 흰색은 냉물 성분을 띈다.** 오리와 닭, 염소와 양, 소와 돼지, 말고기는 소고기보다 더 붉다. 개고기는 붉고 토끼고기는 희다. 식물도 색

깔에 따라 성분이 다르다. 요리사들이 강의할 때 색깔에 따른 공통점을 되씹어보시라.

이상과 같은 착안점을 잘 활용하여 관찰한다면 음식으로 못 고치는 병은 약으로도 못 고친다는 말이 왜 나왔는지 이해할 수 있으리라. 생약 개발이나 자신의 건강을 위한 양생법(well being, healing)으로 기발한 아이디어가 나오길 바란다. 학력에 따라 평균수명도 다르다는 연구결과가 나왔는데 과연 아는 것이 힘(수명)이 되는 것이다. 기타 더러운 곳(시궁창), 척박한 곳에 무성하게 잘 자라는 것에 눈길 주길 바란다. 어쩌면 그곳에 불로초 성분이 나올지 누가 알겠는가?

이름조차 알 수 없는 그 식물에 애정을 쏟아보시길 바란다.

⑮ **사계절이 뚜렷한 곳의 동식물은 바쁘다.** 그러므로 좋은 약성을 다양하게 가지고 있게 마련인 것이다. 즉 식물은 하지까지 수분을 위로 올려 보내고 입추가 지나면 수분을 밑으로 내려 보낸다. 사람도 늙기 시작하면 수분이 빠져 체중이 줄게 된다. 노년에도 살이 계속 찌면 좋은 현상이 아니다. 성인병 종합선물세트가 되는 것이다.

⑯ **식물의 어린 새싹과 태중의 어린 동물도 조류의 알과 같이 자력으로 생명을 부지할 수 있을 때까지 조물주가 배려가 있다.** 송치, 애저, 부화 직전의 알 등도 좋은 연구대상이 될 것이다.

생각해보시라. 조물주가 인간의 육체를 동물에 비해 상대적으로 연약하게 만든 것은 머리를 쓰라는 숨은 뜻이 있는 것이다. 병원에서 사형선고(?)를 받은 암환자들이 자연 속에서 씻은 듯이 나은 이유가 무엇이겠는가? 자연 속에 길이 있다. 머리를 쓰자. 머리를….

6

오설 천기누설

(吾說天機漏泄)

비봉산주 **박 재 락***

1) 신관(神觀)의 변혁(變革)

1) 생명(生命) 에너지를 창조의식(創造意識) 활동(活動)을 하는 에너지로서 창조주(創造主)로 보는 것이다(*최근에 줄기세포가 창조의식 활동을 한다는 것이 증명되었다).

2) 생명(生命) 에너지가 '심소(心素)'라는 대광명 의식(大光明意識) 에너지이며, '주인의식(主人意識) 에너지'라고 본다. 그러므로 인간(人間)에 예속(隷屬)된 것이니, 창조주(創造主)가 인간에 예속된다고 본다. 천지무인즉 공각(天地無人卽 空殼)인 것이다.

3) '진주(眞主)' 화생(化生)의 무극화 이론(無極化理論)을 주장하는 것이 처음이라 생각하며 이를 천기누설의 단초라 생각한다.

2) 사회관(社會觀)의 변혁(變革)

1) 심위차(心位差)의 정반이론(正反理論)은 경제발전(經濟發展)

---

* 이글을 쓴 안양 비봉산주(飛鳳山主) 박재락 선생께서는 본인이 예감한 대로 글 쓴지 6개월 만에 타계(2002)하셨습니다. 본인이 기독교인이셨으나 오랜 수도 끝에 깨우침의 글이다.

에 해독(害毒)이 아니며 사회 지도자(社會指導者)로부터 배격(排擊)받을 이유가 없다고 본다.

2) 현사회(現社會)를 경제적(經濟的) 방법으로 지상천국(地上天國)으로 만들겠다는 것은 불가능하므로 불생불멸(不生不滅)의 천국(天國)으로 개벽(開闢)해야 하고 그 시기가 도래되었다고 본다.

3) 현존인(現存人)이 승차 변혁(昇次變革)하여 천인화(天人化)된다는 이론(理論)은 몽상(夢想)이 아니며 배격(排擊)해서는 안 될 것이다.

이상(以上)이 천기누설(天機漏泄)에 대한 본인의 깨우침이며, 현재(現在)까지는 생물(生物)의 생로병사(生老病死)는 창조주(創造主)의 창조 이념(創造理念)에 의하여 일어나는 피창조물(被創造物)의 자연현상(自然現象)으로 치부(置簿)하여 왔지, 그 생물의 시원세포(始原細胞)부터 창조의식(創造意識) 에너지가 창조하며 창조주(創造主)가 자기(自己) 창조이념(創造理念)을 현실화(現實化)로 창조기능(創造機能)의 진화(進化)에 의하여 창조주 자신이 전지전능(全知全能)한 두뇌(頭腦) 심의식주(心意識主)로서 체심(體心)을 완성(完成)하여 실질적(實質的)인 천인생활(天人生活)을 영위(營爲)하겠다는 의도(意圖)에 의한 자연계의 실체(實體)를 인간두뇌(人間頭腦) 심의식주(心意識主)가 인식(認識)하여 주인(主人) 심의식(心意識)의 절대능력(絶對能力) 창조의식 에너지(創造意識 에너지)가 현실화현(現實化現) 작업(作業)을 하고 있다는 학설(學說)이 없었기 때문에, 무극화 이론(無極化理論)의 실증(實證)이 되는 자아 완성인(自我完成人)의 출현(出現)까지는 본 이론을 세상에 공표(公表)하는 것을 자제(自制)하여야 한다고 생각되며, 그렇지 않으면 인재(人災)의 큰 화근(禍根)이 발생(發生)할

우려(憂慮)가 다분히 있다고 보는 것이다. 또 아직은 대자연계(大自然界)가 물리력천(物理力天)을 갖고 있기 때문에 의식력천(意識力天)인 진천 내림(眞天來臨)까지는 인간의 물리력 행사(物理力行事)를 제어(制御)할 수 있는 시대(時代)가 아니므로 미래(未來) 자연계(自然界)의 변천(變遷)에 관한 정보(情報)는 천기누설(天機漏泄)에 해당(該當)된다고 생각되며, 조금은 두렵기도 하다.

7

무극화 이론(無極化理論)이란?

비봉산주 **박 재 락**

지구상(地球上)에 시생(始生)하는 자아 완성자(自我完成者)가 대아진주(大我眞主)가 된다. 진주(眞主)는 두뇌(頭腦)에서 심소(心素)의 시공 의식파(時空意識波)가 항시(恒時) 발산(發散)하여 진천 심소(眞天心素)의 시공 의식(時空意識)을 부여(賦與)하여야 의식 개안(意識開眼)이 되므로 심소(心素)가 심의식 활동(心意識活動)을 하게 되므로 진주(眞主)는 진천(眞天) 심의식 주재(心意識主宰)를 한다. 그러므로 진천(眞天)은 인간계(人間界)를 승차 변혁(昇次變革)하여 이상천국(理想天國)을 지상(地上)에 건설(建設)하게 된다. 인간이 진천인(眞天人)으로 승차(昇次)하는 체변(體變)이 무극차원(無極次元) 변혁(變革)이 된다. 만일 진주(眞主)가 지상에 화현(化現)되지 않으면 인류사회(人類社會)는 물리(物理) 에너지의 극한시대(極限時代)를 종점(終點)으로 멸망(滅亡)하여 원시반복(原始反復)을 되풀이하게 될 것이다. 이러한 막중(莫重)한 대자연 창조섭리(大自然創造攝理)를 저항(抵抗)할 수 있는 세력(勢力)은 물리력(物理力)을 장악(掌握)하고 있는 세력들이다. 그 세력은 지구 생물계(地球生物界)를 세 번 이상(以上) 소멸(消滅)시킬 수 있는 물리력과 생화학 무기(生化學武器)를 소유(所有)하고 있다고 한다. 현재의 하늘은 물리(物理)에너지 천(天)이다. 진천래림(眞天來臨) 이전에는 어떤 인간도 다 속수무책(束手無策)이다. 진천래림설(眞天來臨說)은 천기누설죄(天機漏泄罪)를 자연계(自然界)로부터 받게 되므로 이론 발설(理論發說)은 엄금(嚴禁)하여야 한다.

진리 탐구(眞理探究)는 우주내(宇宙內)에서는 두뇌 인간(頭腦人間)밖에는 없다. 인간의 의식진화(意識進化) 작용(作用)은 인간두뇌(人間頭腦) 속의 주인의식(主人意識)에너지가 주심(主心)에 의하여 진리(眞理)를 발굴(發掘)한다. 그 진리를 현실화(現實化)하는 것도 주인의식(主人意識) 에너지가 한다. 그래서 '일체유심조(一切唯心造)'가 된다. 무극화 이론(無極化理論)도 주인의식 에너지가 발굴(發掘)했고, 그것을 현실화(現實化)하는 것도 주인의식 에너지가 작업(作業)한다. 주인심(主人心)이 없으면 주인의식 에너지는 할 일이 없어진다. 그러니 주인(主人)이 모르는 진리(眞理)는 현실화(現實化)될 수 없다. 무극화(無極化) 승차변혁리(昇次變革理)가 인간 두뇌(人間頭腦)에서 개발(開發)되지 않으면 우주창조(宇宙創造) 이념(理念) 속에 있는 진리라 할지라도 세상에 현실화될 수 없다. 그래서 무극화(無極化) 반대 세력(反對勢力)이 실존(實存)하는 현실(現實)에서는 그 반대 세력이 무극화 이념(無極化理念) 두뇌(頭腦)를 '싹'이 자라기 전에 쉽게 소멸(消滅)시키려고 할 것은 뻔한 일이기에 새 진리의 의식광(意識光)을 외부(外部)에 비치지 않게 지하(地下)에 묻어두어야 한다. 그러니 나 외에도 그 빛을 찾아 묻어놓고 기다리는 도인(道人)이 상당수(相當數)가 있다고 본다. 그 이유(理由)는 대자연 자율 진성(大自然自律眞性)은 알고 가기 때문에 진성(眞性)을 찾아 자아 완성(自我完成)하려는 두뇌(頭腦)의 씨앗을 많이 배양(培養)하고 있다고 보아야 한다. 그래야 그중에서 하나라도 살아남아 결실(結實)하여야 하는 필연성(必然性)이 있기 때문이다. 그러므로 무극화 차원(無極化次元) 승차변혁 이론(昇次變革理論)을 완성한 사람은 중단전(中丹田)의 대아심주의식(大我心主意識)이 자아 주심(自我主心)에 의(依)하여 확립(確立)되고, 하단(下丹)의 진성 소유자(眞性所有者)의 자질(資質)이 있어야 한다고 보기 때문에 대아 주변(大我周邊)에 있는 장애요소(障碍要素)를 대아심주(大我心主)가 제거(除去)할 수 있는 절대 능력(絶對能力)이 있어야 하기 때문에 염려(念慮)할 것은 인간이 삼가야 할 것은 꼭 삼가야 한다. 몰라서 잘못되는 일은 반성(反省)으로 깨달아야 하며, 아는 일을 실천(實踐)하지 못하면 주인(主人)될 자질(資質)이 희박(稀薄)하다고 보아야 한다. 무엇인가 마음속에 부당(不當)한 욕심(慾心)이 도사리고 있기 때문이다. '나'라는 사심(私心)은 사심(邪心)이다. 특히 권위의식(權威意識)이나 명예욕(名譽慾)은 자기(自己)를 인격 저하(人格低下)시키는 자아 완성(自我完成)에 대적(大敵)이 되는 사심(邪心)이다. 삼가고 또 삼가야 한다. 천지 대자연(天地大自然)은 인간의 숭앙(崇仰)을 받기 위하여 존재(存在)하는 것이 아니다. 스스로 사명(使命)을 다하며 갈 뿐이다. 그 성품(性品)이 '대광명 자율 진성(大光明自律眞性)'이다. 인간이 자아 심의식(自我心意識)을 완성한다는 것은 대자연(大自然)의 성품(性品)을 공유(共有)하고 대자연에서 부여(賦與)한 사명(使命)을 수행(遂行)하며 전자유(全自由)와 행복(幸福)을 느끼고 살아갈 뿐이지, 남의 숭앙(崇仰)의 대상(對象)이 되려는 마음은 추호(秋毫)도 없어야 '0'자리에 정립(正立)하게 된다고 본다. 안전 자유(安全自由)와 행복(幸福)을 향유(享有)하는 것이, 생명의식(生命意識)의 진화목적 달성(進化目的達成)이라고 보아야 한다. 진천시대(眞天時代)는 전연 예속(全然隷屬)됨이 없는 자율성 시대(自律性時代)가 된다고 본다. 누구나 대광명 의식(大光明意識)을 갖고 있기 때문이다.

8

무심행광 조명천하
(無心行光 照明天下)

비봉산주 **박 재 락**

두뇌심(頭腦心) 작용 없이 행하는 의식(意識)은 대자연(大自然)의 대광명 자율진성(大光明自律眞性)의식 에너지뿐이다. 그 대광명 자율진성 에너지가 생물의 체세포(體細胞)를 창조하는 의식 에너지가 된다. 두뇌 이목구비(頭腦耳目口鼻) 없이 세포생명(細胞生命)의 시종(始終)을 일관(一貫)하여 체창조(體創造)와 세포역할(細胞役割)을, 세포중핵(細胞中核)의 'DNA'의 각본대로 창조운용(創造運用)하는 절대능력(絶對能力) 발휘(發揮)가 '무심행(無心行)'이다. 미세한 세포시공(細胞時空) 속에 갇혀서 일만 하던 대광명 자율진성 의식(大光明自律眞性意識) 에너지가 외부 공간(外部空間)에 그 진광(眞光)을 조명(照明)할 수 있는 때가 왔다는 신호(信號)를 작일(昨日) 덕천거사(德泉居士)의 전화(電話)로 '무심행광(無心行光)'을 알게 되었다. 대자연에 지애(至愛)로운 성모상(聖母像)의 화신(化身)이었던 무심행* 보살(無心行菩薩)님의 빛이

---

* 무심행(無心行): 대구 팔공산에 살았던 대도인(大道人)이다. 무문(無文)이었으나 부친의 수도 공덕을 물려받았는지 결혼 후 세 아이를 둔 어느 날 갑자기 깨침을 얻어 대도인이 되었다. 당대 내로

세상을 밝혀 주는 것은 우주 대자연의 자율진성 의식화 현상(自律眞性意識化現像)으로 보아야 한다.

인간의 진성은 자애 포용심(慈愛包容心)이다. 그것이 지모(地母)의 성격이며, 생명창조 능력(生命創造能力)의 원천(源泉)이 된다. 그 수치(數値)는 시원(始元) '0'이 승차(昇次)한 '10'수(數) 성모(聖母)의 성품(性品)이다. 그것이 인간의 본원성(本源性)이 되어 있다. 인간이 그 본원성을 찾아 의식활동(意識活動)을 하게 되면 대자연성(大自然性)과 합일(合一)되어 인생행로(人生行路)를 대광명 의식조명(大光明意識照明)으로 자율성행(自律性行)하게 된다.

이런 '자율성행'이 '무심행(無心行)'이 된다. 무심행의 능력 발동(能力發動)은 성모(聖母) '10'수(數)가 세상사(世上事)에 관여(關與)하는 것이 된다.

현재까지의 '10'수 사명(使命)이 '십심기(十心器)'가 되어서, 생명체(生命體) 세포창조(細胞創造) 역할(役割)을 끝마치고 귀원(歸元)하는 성자(聖子)를 포용(包容)하여 심소서환체(心素瑞環體)로 유입(流入)하는 역할에서 세상 일에 간섭(干涉)하게 된다면 창조 역할 수행(修行) 중인 자체(子體)를 지애(至愛)의 모정(母情)으로 '십심기(十心器)'가 되어 포용하므로 무극화(無極化)로 승차 변혁(昇次變革)하여 인간 완성(人間完成)시키는 일대변혁(一大變革)의 주역(主役)을 수행(遂行)하게 되므로 진천래임(眞天來臨)으로 지상천국(地上天國)을 화현(化現)시키게 된다.

라하는 도인들은 무심행을 모르는 사람이 없었을 정도로 유명했고, 특히 성철 스님과는 각별한 도반이었다고 한다. 때가 아님을 알고 스스로 정기를 흩어 화천했다고 한다. 부군 덕천(德泉) 거사는 무심행을 열심히 수종하였고 능력을 부여받아 제령(除靈)과 기순환을 터주는 일에 종사하여 해외까지 알려진 분이다.

이렇게 되는 것은 성모성자(聖母聖子) 화합 일체화(和合一體化)로 성취(成就)된다는 것이니, 우주대아(宇宙大我) 생명체의 심의식(心意識) 완성하는 짐조(朕眺)의 예시(豫示) 같다.

우주대아(宇宙大我) 생명체의 두뇌이화(頭腦理化) 의식진화(意識進化)의 종극(終極)에서 흉부심화(胸部心化) 의식(意識)의 핵심(核心)에 있는 자율진성(自律眞性)이 두뇌중추(頭腦中樞)로 승차(昇次)하여야 사마요령(邪魔妖靈)을 소멸(消滅)시키고 진성의식주재활동(眞性意識主宰活動)이 표면화(表面化)되는 세상이 지상천국(地上天國)이 된다.

이러한 변혁은 생명계(生命界)의 차원(次元)이 한 단계(段階) 승차(昇次)하는 것이기 때문에 대아 생명창조(大我生命創造) 섭리하(攝理下)에 시행(施行)되는 절대 차원(絶對次元)이므로 인간은 순응(順應)할 뿐이다.

무심행(無心行)은 진성(眞性)의 자율성행(自律性行)이 되므로 대자연계(大自然界)의 자율진성의 호응(呼應)을 받게 된다.

무심행 보살(無心行菩薩)의 '보배의 문'은 진성발로(眞性發露)이므로 대자연계(大自然界)의 호응을 받을 수 있는 법문(法文)이라고 본다. 자연계의 호응을 받으려면 '무심행'을 찾아라.

대자연(大自然)의 자율진성(自律眞性)의 상대(相對)는 인간계(人間界)의 심의식계(心意識界)가 된다.

인간의 심의식도 과학두뇌 진화(科學頭腦進化)와 더불어 병행(竝行)하여 가야 하는데, 대다수의 두뇌의식(頭腦意識)이 역행(逆行)하고 있어 인간창조 섭리(人間創造攝理)는 우주의 두뇌 역할(頭腦役割)로 성장(成長)시켜 왔는데 인간다운 인간의 성품(性品)은 버리고 물질(物質)의 노예(奴隷)가 되어 금수(禽獸)의 심성(心性)보다 저하(低下)된 인간으로 타락(墮落)하여 대자연의 자율진성에 역행하는 도(度)가 극한(極限)에 달하게 되면 자연 발생적(自然發生的)인 인재(人災)는 물론 천재지변(天災地變)이 속출(續出)하게 된다.

이러한 재난(災難)은 물리력(物理力)으로 시행(施行)하게 되므로 일률적(一律的)으로 수난(受難)을 받게 된다.

그것을 면(免)하는 길은 인간본성(眞性)을 지켜야 흉중(胸中)의 '대아심주(大我心主)'가 수난을 면하도록 인도(引導)하게 되는 것이다.

명심(銘心)하여야 살아남는다고 본다.

무심행을 찾아라. 그것이 자율 진성행(自律眞性行)이 된다. '심(心)'은 상대성 의식(相對性意識)이다. '무심(無心)'은 상대성을 화합(和合)하여 단일화(單一化)한 성품이다. 그것이 '10'수에 해당하는 성모(聖母)의 진성(眞性)에서 오는 대자애심(大慈愛心)이다.

1에서 9까지의 각이(各異)한 성품을 '10'수가 포용하므로 대극수(大極數, 1+9=10, 2+8=10, 3+7=10, 4+6=10)가 성모 '10'수와 합일(合一)된다.

진성대해수(眞性大海數)에 용해(溶解)가 되어 진성화(眞性化)되는 원리(原理)가 되며, '0'이 '10'수로 승차 포용(昇次包容)하여 성취(成就)된다.

천지부모(天地父母)와 인간(人間)이 하나가 되면 인간 완성(人間完成)이 된다.

천지 대자연(天地大自然)의 성품(性品)이 '진성(眞性)'이다.

인간이 천지부모가 주신 '진성'을 찾아 천지 중축(天地中軸)이 되면 천지인(天地人)이 하나가 되어, 중축 두뇌(中軸頭腦)에 의하여 운행(運行)하게 된다.

천지중축 두뇌(天地中軸頭腦)의 회전력(回轉力)의 원천(源泉)이 천지부모(天地父母)의 진성(眞性)에서 온 인간 본원성(人間本源性)이 된다. 그러므로 인간 진성은 천지 진성을 발동(發動)시키는 절대능력 화현(絶對能力化現)의 원천이 된다.

그렇게 되는 원리에 의하여 인간이 대아(大我) '진주(眞主)'의 자질(資質)을 갖고 있다. 그것이 인간 본원성이다.

인간 본원성(人間本源性)은 무슨 욕심(慾心)이 있겠는가?

'진(眞)' 그대로가 본원성이다. 그러니 세상 진리(世上眞理)는 본원성에서 '샘물'처럼 솟아나온다. 그 '샘물'은 만병통치약(萬病痛治藥)이 된다. '진성(眞性)'을 찾아서 '무심행(無心行)'이 되라. 이것이 인간이 인간되는 사명(使命)이다.

* 이 법문을 이해하는 도인이 많이 있기를 기대해 본다.
* 생명 공학도에게도 도움이 되리라 생각된다.

9

자유(自由)와 행복(幸福)

비봉산주 **박 재 락**

자유(自由) 없는 행복(幸福)은 존재(存在)하지 않는다.

인간(人間)의 생존경쟁(生存競爭)도 궁극적(窮極的)으로는 자유와 행복을 향유(享有)하는 데에 있다고 보아야 한다. 그래서 많은 희생자(犧牲者)를 무릅쓰고 정상에 오른 절대 권력자(絶對權力者)가 과연(果然) 자유와 행복을 향유하였다고 볼 수 있겠는가? 오히려 완전(完全)히 자유를 박탈(剝奪)당한 '새장 속의 새'로 전락(轉落)하게 된다. 호위(護衛)라는 장막(帳幕) 속에 갇히게 되는 것이다. 세속 인간(世俗人間)은 그래도 그것이 좋다고 그렇게 되는 것을 지상(至上)의 인생목표(人生目標)로 보는 사람이 많은 것 같다.

인간의 완전한 자유와 행복은 그와 정반대(正反對) 쪽에 있다. 높이 올라갈수록 운신(運身)의 폭은 좁아지고 자유(自由)는 박탈(剝奪)당하는 것이 피할 수 없는 필연으로 보아야 할 것이다. 마음의 위치(位置)가 최저(最低)의 '제로' 자리에 놓여 있어야 완전한 자유와 행복을 느끼고 살 수 있다. 선성(先聖)의 교화(敎化)도 거기에 있었다. 그 '제로' 자리가 참다운 인간의 인간이 되는 자리라고 본다. 현재까지는 세상에 살아남기 위하여 싸워 온 것이 먹기 위해서였다면, 먹고 살게 된 이제는 자유와 행복을 물리력에 의존하지 말고 '마음'의 '제로' 자리를 찾아가야 완전한 자유와 행복을 얻을 수 있다는 것을 깨달아야 할 때가 왔다고 생각된다.

인간의 지상 목표(至上目標)는 마음의 '제로' 자리에 있다 '9' 수까지 올라가면 죽게 된다. 그러나 '0'자리는 죽음이 없는 자리이다. 올라가는 데는 많은 힘이 들지만 '0'자리는 누구나 갈 수 있는 자리이다. 이기심(利己心)을 버리면 쉽게 갈 수 있는 마음의 행복자리가 '제로' 자리이다. 물리력(物理力)의 수치(數值)는 높을수록 좋다고 심신(心身)을 다하여 쫓아가지만 인간의 무한욕구(無限慾求)는 결국(結局) 자승자박(自繩自縛)의 사멸(死滅)로 귀결(歸結)된다. 그 무한욕구로 얻은 업적(業績)은 사회(社會)에 남는다 하지만, 인간의 무한욕구(無限慾求)가 인간사회(人間社會)를 진화(進化)시켜 가긴 하지만, 그 종말(終末)은 멸망(滅亡)으로 귀결(歸結)된다.

반대로 어차피 가야 할 짧은 인생(人生)이지만, 갈 때까지 일하여 인류사회(人類社會)에 공헌(功獻)하는 것이 인생의 보람이 아니겠는가? 이것이 인간만이 할 수 있는 '살신성인(殺身成仁)'에 해당되는 것으로 인간에게 주어진 자유의지(自由意志)의 완성이라고 보아야 할 것이다. 자기(自己)의 고귀한 생명을 인류사회에 바치고 간다는 것은 인간 최고의 사명에 대한 완수가 아니겠는가? 자아완성(自我完成)을 위하여 세상을 등지고 수성(修誠)하는 도생(道生)은 인간의 완전한 자유와 행복의 길을 터줄려고 평생(平生)을 희생(犧牲)하고 겨우 얻은 '제로' 자리를 지키다 가신 많은 분들이다. 이 세상에서는 빛은 못 보았지만 부활(復活)할 수 있는 심주건극(心主建極)은 되었으리라 본다. 현실사회(現實社會)에서 어느 정도 지위(地位)를 높게 가진 분들이라 할지라도 심위(心位)를 '0'위(位)에 놓고 일하면 크게는 성군(聖君)이 되고 작게는 '송덕비(頌德碑)'라도 서게 되겠지만, 인간은 본능적(本能的)으로 무한욕구 작용(無限慾求作用)이 있어서 물욕(物慾)에서 벗어나기는 거의 불가능(不可能)하다고 보아야 한다. 혼탁(混濁)한 사회에 대한 정화(淨化)는 성자(聖者)의 힘으로도 불가능하다고 본다.

그래서 오랫동안 이 불합리(不合理)한 사회의 흐름과 인간을 창조한 천지 대자연(天地大自然)의 생명체(生命體) 창조(創造) 본연성(本然性)의 성리(性理)를 추구(追求)해온 나의 결론(結論)은 무극화 차원(無極化次元)으로 승차 변혁(昇次變革)하는 진리(眞理)를 각성(覺醒)하게 되었고, 그 이론이 「대아진주(大我眞主) 화생리(化生理)」이다. 이 세상에 '진주(眞主)'가 화생(化生)하면 이상천국(理想天國)을 우리 지구상(地球上)에 화현(化現)할 수 있고, 그것이 의식 생명계(意識生命界)를 창조(創造)한 목적(目的)이라는 것을 알게 되었다. 그리하여 본 이론을 세상에 공개(公開)할 필요성(必要性)이 지금(只今)은 이르다는 것도 알게 되었다. 무극화 변혁(無極化變革)은 창조 차원(創造次元)의 변혁이 되기 때문에 인간 능력(人間能力)의 부도처(不到處)에 있는 것으로 공개하였다 하여 믿지도 않겠지만, 인류사회(人類社會) 조류(潮流)에 역행(逆行)하는 것으로 오해(誤解)할 소지(素地)가 있기는 하나 큰 물줄기에 샘물 한 줄기는 흔적도 없이 씻겨 가게 되어 있으니 표면화(表面化)할 시기(時機)가 아니라고 보는 것이다.

* 비봉산주를 비봉산 석굴에서 생애 처음 단 4시간 정도 면담하였는데도 천기누설이 아니라는 회신을 하지 못한 것이 가슴을 짓눌러 눈물을 솟게 한다. 봉은 날아가 버렸다.

10

석가모니 부처님의 마지막 가르침

(The last teaching of Shakyamuni Buddha)

❶ Beneath the sala trees at Kusinagara, in his last words to his disciples, Buddha said:

"Make of yourself a light. Rely upon yourself: do not depend upon anyone else. Make my teachings your light. Rely upon them: do not depend upon any other teaching.

Consider your body: Think of its impurity. Knowing that both its pain and its delight are alike cause of suffering, how can you indulge in its desires? Consider your 'self'; think of its transiency; how can you fall into delusion about it and cherish pride and selfishness, knowing that they must all end in inevitable suffering? Consider all substances; can you find among them any enduring 'self'? Are they not all aggregates that sooner or later will break apart and be scattered? Do not be confused by the universality of suffering, but follow my teaching, even after my death, and you will be rid of pain. Do this and you will indeed be my disciples."

❶ 석존은 쿠시나가라의 교외 사라나무 숲속에서 마지막 가르침을 설하셨다.

"제자들이여! 그대들은 각자 스스로를 등불로 삼고, 스스로를 의지처로 삼아야 한다. 남을 의지해서는 안 된다. 이 법을 등불로 삼고 의지처로 삼아야 한다. 다른 가르침을 의지처로 삼아서는 안 된다."

"자신의 몸을 관찰하여 얼마나 더러운가 깊이 깨달아서 그에 탐하지 말며, 괴로움과 즐거움이 모두 괴로움의 원인이 된다고 생각하여 집착하지 말며, 스스로의 마음을 관찰해서 그 속에 나라고 할 만한 것이 없음을 생각하여 그것들에 미혹되어서는 안 된다. 그렇게 하면 모든 괴로움을 끊을 수가 있다. 내가 이 세상을 떠난 뒤에도 이와 같이 가르침을 지킨다면 이 사람이야말로 나의 진실한 제자이다."

❷ "My disciples, the teachings that I have given you are never to be forgotten or abandoned. They are always to be treasured, they are to be thought about, they are to be practised. If you follow these teachings you will always be happy."

"**The point of teachings is to control your own mind.** Keep your mind from greed, and you will keep your behaviour right, your mind pure and your words faithful. By always thinking about the **transiency of your life**, you will be able to resist greed and anger, and will be able to avoid all evils."

"if you find your mind tempted and so entangled in greed, you must suppress and control the temptation, be the master of your own mind."

"A man's mind may make him a Buddha, or it may make him a beast. Misled by error, one becomes demon; enlightened, one becomes a Buddha, Therefore, control your mind and do not let it deviate from the right path."

❷ "제자들이여! 지금까지 그대들에 설한 나의 가르침을 언제나 떠올리고 생각하고 닦아야 하며 저버려서는 안 된다. 가르침대로 행하면 언제나 행복으로 넘칠 것이다."

"**가르침의 요점은 마음을 닦는 데 있다**. 그러니 탐욕을 억제하여 스스로를 이기고자 노력해야만 한다. 탐욕을 멈추고, 화를 내지 않으며, 악을 멀리하고, **늘 덧없음**을 기억해야 한다."

"마음이 사악함에 이끌리고 탐욕에 사로잡히려 하면 억누르고 다스려라. 마음에 끌리지 말고, 마음의 주인이 되라."

"마음은 사람을 부처로 만들기도 하고 짐승으로 만들기도 한다. 미혹하여서 귀신이 되거나 깨달아서 부처가 되는 것은 전부 이 마음 때문이다. 그러므로 마음을 바르게 하고 진리에 어긋나지 않도록 노력해야 한다."

❸ "You should respect each other, follow my teachings, and refrain from disputes; you should not, like water and oil, repel each other, but should, like milk and water, mingle together."

"Study together, learn together, practise my teachings together. Do not waste you mind and time in idleness and quarreling. Enjoy the blossoms of Enlightenment in their season and harvest the fruit of the right path.

"The teaching which I have given you, I gained by following the path myself. You should follow these teaching and conform to their spirit on every occasion."

"If you neglect them, it means that you have never really met me. It means that you are far from me, even if you are actually with me; but if you accept and practise my teachings, then you are very near to me, even though you are far away."

❸ "제자들이여! 그대들은 이 가르침을 바탕으로 하여 서로 화합하고 존경하라. 무슨 일이 있어도 다투지 말라. 물과 젖처럼 화합하라. 물과 기름처럼 상극해서는 안 된다."

"모두 함께 나의 가르침을 지키고 같이 배우고 같이 닦으며 서로 노력하여 진리의 기쁨을 함께 나누어라. 부질없는 일에 마음을 쓰거나 쓸데없는 일에 시간을 낭비하지 말며, 깨달음의 꽃을 따고 진리의 열매를 거두어야 한다."

"제자들이여! 나는 스스로 이 진리를 깨달아 그대들을 위하여 설하였다. 그대들은 이것을 잘 지켜서 한 순간이라도 이에 따라 행동해야 하리라."

"그러므로 이 가르침대로 행하지 않는다면 그는 나를 마주하고 있어도 나를 만나지 못하고 있는 자요, 나와 함께 있어도 나에게서 멀리 떨어져 있는 자이다. 또 이 가르침대로 행한다면 그런 사람은 나에게서 멀리 떨어져 있어도 나와 함께 있는 자이다."

❹ "My disciples, my end is approaching, our parting is near, but do not lament, Life is ever changing; none can escape the dissolution of the body. This I am now to show by my own death, my body falling apart like a dilapidated cart."

"Do not vainly lament, but realize that nothing is permanent and learn from it the emptiness of human life. Do not cherish the unworthy desire that the changeable might become unchanging."

"The demon of worldly desires is always seeking chances to deceive the mind. If a viper lives in your room and you wish to have a peaceful sleep, you must first chase it out."

"You must break the bonds of worldly passions and drive them away as you would a viper. You must positively protect your own mind."

❹ "제자들이여! 나의 마지막이 이미 가까워졌다. 머지않아 헤어져야 한다. 그러나 부질없이 슬퍼하지 마라. 세상은 덧없으니 태어나서 죽지 않는 자는 없다. 지금 내 몸이 낡은 수레처럼 부서지는 것도 이 무상의 도리를 몸으로 나타내는 것이다."

"부질없이 슬퍼하지 말 것이며, 이 무상의 도리를 알아서 인간 세상의 진실한 모습에 눈을 떠야만 한다. 변하는 것을 변하지 않게 하려는 것은 무리한 바램이다."

"번뇌라는 적은 항상 그대들의 약점을 엿보며 그대를 쓰러뜨리려고 하고 있다. 그대들의 방에 독사가 있다면 쫓아버려라. 그러지 않고서는 마음 놓고 그 방에서 잠들지 못하리라. 번뇌의 적을 쫓아버려야 한다. 번뇌의 독사를 내쫓아야 한다. 그대들은 삼가 그 마음을 지켜야 한다."

❺ "My disciples, my last moment has come, but do not forget that death is only the end of the physical body. The body was born from parents and was nourished by food; just as inevitable are sickness and death."

"But the true Buddha is not a human body; - it is Enlightenment. A human body must die, but the Wisdom of Enlightenment will exist forever in the truth of the Dharma, and in the practice of the Dharma. He who sees merely my body does not truly see me. Only he who accepts my teaching truly sees me."

"After my death, the Dharma shall be your teacher. Follow the Dharma and you will be true to me."

"During the last forty-five years of my life. I have with held nothing from my teachings. There is no secret teaching, no hidden meaning; everything has been taught openly and clearly. My dear disciples, this is the end. In a moment, I shall be passing into Nirvana. This us my instruction."

❺ "제자들이여! 지금은 나의 마지막 시간이다. 그러나 이 죽음은 육신의 죽음임을 잊지 말아라. 육신은 부모로부터 생겨나서 음식으로 유지되는 것이기에 어쩔 수 없이 병들고 상처 나고 부서지는 것이다."

"육신이 부처의 본질은 아니다. 본질은 깨달음이다. 육체는 이 자리에서 멸하지만 깨달음은 영원히 법(法)과 진리 속에 살아 있다. 그러므로 나의 육체를 보는 자가 나를 보는 것이 아니고, 나의 가르침을 아는 자만이 나를 보는 자이다."

"내가 죽은 뒤에는 내가 남겨놓은 법이 그대들의 스승이다. 나를 섬기듯 이 법을 잘 지키고 소중히 지녀야 한다."

“제자들이여! 나는 내 삶의 후반 45년 동안 설해야 할 것은 모두 다 설했으며, 해야 할 일은 다 하였다. 나에게는 이제 아무런 비밀이 없다. 안도 없고 밖도 없이 모두 다 완전히 설해버렸다. 제자들이여! 이제 나의 최후의 시간이 다 가왔다. 나는 지금부터 열반에 들리라. 이것이 나의 마지막 가르침이다.”

재)불교전도협회.「부처의 가르침」중에서

* 영어와 한글 해설을 같이 쓴 것은 능력 있는 분이라면 사전을 찾더라도 영어가 나타내는 그대로 읽고 느껴보시길 바란다. 번역 한 번에도 조그만 틈새가 있음을…. 번역에 번역이 겹치면 어떻게 되겠는가? 너무도 인간적인 부처의 가르침을 느껴보시길….

11

선종(禪宗)의 창시자 육조혜능(六祖慧能)에 대하여

역자(譯者)* **김 현 진**(金炫辰)

석가모니의 염화미소(拈花微笑)로부터 탄생한 선(禪)은 마하가섭에게 전해지고 그 뒤로 쭉 27대에까지 이른다. 그리고 28대인 보리달마가 선의 특수 사명을 띠고 동쪽인 중국으로 가져온다. 중국에 온 후 그는 중국 선종의 1조(一祖)가 되고 이어 6대를 거쳐 6조(六祖) 혜능(慧能)에 이르러서야 중국 선종(禪宗)의 진정한 모습이 나타나며 활발한 전개가 시작된다.

그러면 그 당시 혜능은 선을 어떻게 이해한 것일까?

혜능에 의하면 선은 '자기의 본성을 보는 것(見性)이다'. 이 점은 또한 선학 발전사상 가장 중요한 말이기도 하다. 선은 바로 견성(見性)을 중심으로 형성되어 왔기 때문이다.

물론 전등록(傳燈錄)에 쓰여진 달마에 관한 부분에 이 말이 출현하긴 하나, 앞서 사용했던 그 자신도 그것을 선의 본질로 보지는 않았다. 한편 혜능은 그 의미를 완전히 이해하여 청중의 마음

* 역자로 쓴 것은 저자 채지충(蔡志忠)의 만화 육조단경의 번역 서문을 옮긴 것임.

속에 조각하듯 깊게 새겨 넣어 준 것이다. 그가 맨 처음 인종(印宗) 법사가 강론하는 곳으로 가서 했던 매우 중요한 말이 있다.

"우리는 견성(見性)만 얘기할 뿐 선정(禪定)이라든지 해탈(解脫)따위는 얘기하지 않는다."

이것이 바로 선(禪)의 요지며, 그의 설법 또한 이 관념을 중심으로 뻗쳐 나가게 된다.

그 결과 탄생한 것이 남종의 돈교(頓敎)이다. 이른바 견성(見性)의 견(見)이란 마음으로 단번에 진리를 움켜쥘 때의 그 찰나적 활동 즉 순간적 깨달음(頓悟)이다. 여기에는 하등의 정도 차이도 없고 연속되는 전개도 없다. 단경(壇經)에 나타난 대로 내심(內心)만 장악한다면 어떤 욕념(慾念)도 없고 어떤 외물(外物)도 날 더럽히지 못한다. 이것이 바로 견성이다. 마음의 집착을 버리면 어떤 것에도 얽매이지 않는다.

혜능이 5조(五祖) 홍인(弘忍)에게서 인증을 얻어 법왕이 되어 달마가 인도에서 가져왔던 석가의 의발을 받아 도망을 치는데, 혜명(惠明)*이 쫓아와 의발을 뺏고자 하여 혜능이 내주었으나 그것을 들 수가 없었다. 이때 혜명이 벌벌 떨며 진리를 가르쳐 달라며 엎드린다.

"선(善)을 생각 말고 악(惡)을 생각 말라. 단지 지금의 네 본래의 모습(本來面目)만을 보라. 이 본래의 모습은 네가 세상에 낳기 전부터 있었던 것이다."

혜능의 방식은 인도식이 아닌 완전한 중국식이다. 그는 어떤 추상적 술어나 또는 낭만적 신비주의를 띄지 않은 직접적이고 명백하면서 구체적이고 실용적인 말로 이끈다.

---

* 혜능은 어린 소년이었고, 혜명은 5조 흥인 밑에 수종하던 장정이었다.

그의 언어에는 불교적 교의가 나타나 있지 않다. 자신의 원시적이고 창조적인 체험을 근거로 표현하기 때문이다.

혜능 이전의 선(禪)의 체험은 그 언어와 방법에 있어 지나치게 추상적이며 개념적이었다. 그의 단순성은 학문이나 철학적 논리에 의해 부서지지도 않으면서 직접적으로 진리를 붙잡고 있다.

혜능의 손에 완성된 선(禪)은 그가 간 후 여러 개의 파(派)로 갈라져 오늘날 현대문화의 위기 속에서도 영원히 살아 있다.

「육조단경(六祖壇經)」에서

* 이 책은 ○○신학대학 신학부 도서관에도 비치될 만큼 간결하고 이해하기 쉽도록 표현되었다.
* 교외별전(敎外別傳) 불립문자(不立文字) 직지인심(直指人心) 견성성불(見性成佛)

달마에 대한 자료는 서기 645년 당(唐) 나라 학자 도선(道宣)이 쓴 고승전(高僧傳)과 서기 1004년 송(宋) 나라 초기에 도원(道原)이 엮은 전등록(傳燈錄)에서 찾아볼 수 있다.	이 중 도선의 고승전은 선(禪)이 아직 하나의 종파를 이루어지기 전에 쓰인 것이요, 전등록은 선이 불학(佛學)에서 완전한 한 종파로 인정된 후의 시기에 선사(禪師)가 쓴 것으로 내용상에 차이를 보인다.

5조 홍인이 역시 말하길 "499명이 모두 불법(佛法)을 이해하나 유독 혜능만은 예외다. 그는 일반적으로 표준으로 비견할 자가 아니다. 그래서 가사를 그에게 전해준 것이다"라고 하였다.

그는 불법이란 것을 아예 알지 못한다. 그는 다른 것도 알지 못한다. 아는 것이라곤 유일한 그 길 하나뿐이다. 이는 마치 불법에 관한 모든 지식을 부정한 듯 보인다.

12

의상*조사 법계도문

(義湘祖師 法界圖文)

해인사 소장

일미진중 함시방 일체진중 역여시
一微塵中 含十方 一切塵中 亦如是

무량원겁 즉일념 일념즉시 무량겁
無量遠劫 卽一念 一念卽是 無量劫

구세십세 상호즉 잉불잡란 격별성
九世十世 相互卽 仍不雜亂 隔別成

초발심시 변정각 생사열반 상공화
初發心時 便正覺 生死涅槃 相共和

이사명연 무분별 십불보현 대인경
理事冥然 無分別 十佛普賢 大人境

능인해인 삼매중 번출여의 불사의
能仁海印 三昧中 繁出如意 不思議

우보익생 만허공 중생수기 득이익
雨寶益生 滿虛空 衆生隨器 得利益

시고행자 원본제 회식망상 필부득
是故行者 遠本際 回息忘相 必不得

---

* 의상(義湘, 단기 2958~3035): 신라의 승려. 화엄종의 시조. 『화엄일승 법계도』에서 편의상 글자만 발췌한 것이다. 법계도문이라 하였음.

무연선교 착여의 귀가수분 득자량
無緣善巧 捉如意 歸家隨分 得資糧

이다라니 무진보 장엄법계 실보전
以陀羅尼 無盡寶 莊嚴法界 實寶殿

궁생실제 중도상 구래부동 명위불
窮生實際 中道床 舊來不動 名爲佛

법성원융 무이상 제법부동 본래적
法性圓融 無二相 諸法不動 本來寂

무명무상 절일체 증지소지 비여경
無名無相 絶一切 證智所知 非餘境

진성심심 극미묘 불수자성 수연성
眞性甚沈 極微妙 不守自性 隨緣成

일중일체 다중일 일즉일체 다즉일
一中一切 多中一 一卽一切 多卽一

* 숙독하시면 천부경과 상통하는 부분을 발견할 수 있을 것으로 생각된다.

13

금세기(今世紀) 선지식(善知識) 경봉(鏡峰)의 오도(悟道)

"심우장(尋牛莊), 어디서 소를 잃었습니까" 선문(禪問)에 "털·뿔도 안생겼거니 어찌 얻고 잃나" 답시(答詩) "콩 6말 물 36동이 소금 2가마 반" 간장 담근 기록도

고 광 직 기자

"스님 가시면 보고 싶습니다. 어떤 것이 스님의 참모습입니까"고 물으니 "야반삼경(夜半三更)에 대문 빗장 만져 보거라"하고 입적(入寂)했다는 금세기 선지식(善知識) 경봉선사(鏡峰禪師, 1892 ~1982)가 1927년 12월부터 1975년까지 거의 반세기 가까이 써서 남긴 『삼소굴일지』가 3주기를 앞두고 출간되어 일반에 공개됐다. 매일 일기 끝에 그날 감회의 일단을 다시 게송으로 읊어 적어 놓은 이 일지는 세상에서 흔히 쓰는 일기와는 바탕이 다르다. 그러나 그가 근 백 년 한국불교의 산 증인이었다는 점에서 이 일지는 사적인 기록을 넘어 일제 때의 저명한 스님들의 면모, 승가의 가풍, 절 살림살이의 양상을 살필 수 있는 한국불교사의 귀중한 자료로서 가치도 지니고 있다. 『삼소굴일지』를 통해 경봉선사의 인간적인 면모와 은밀한 내면세계를 더듬어본다.

일지를 기록하기 시작한 1927년 12월은 그의 생애 중에서도 가장 뜻있는 시기였다 통도사(通度寺) 극락암 무량수각에서 21일 동안 화엄산림법회를 열어 설법과 용맹정진을 하던 중 마침내 불법을 깨친 해이기 때문이다. 감격적인 그날의 일을 그는 다음과 같이 기록 놓았다.

"1927년 12월 13일 맑음(음 11월 20일) 상오 2시 30분에 조사선의(祖師禪義)을 깨닫다.

내가 나를 온갖 것에서 찾았는데/눈앞에 바로 주인공이 나타났네/허허 이제 만나 의혹 없으니/우담발화 꽃 빛이 온 누리에 흐르는구나."

『삼소굴일지』(三笑窟日誌)에는 방한암(方漢巖), 한용운(韓龍雲) 등 저명한 스님들과 선문답(禪問答)을 나눈 내용들이 많이 들어 있다. 당시 스님들의 멋과 진지했던 수도정신을 엿보게 해주는 내용들이다.

경봉(鏡峰)은 서울 성북동 심우장(尋牛莊)에 있던 한용운에게 서신으로 이렇게 물었다.

"심우장 목부(牧夫) 화상이여, 어느 날 어디서 소를 잃었습니까. 집 이름을 심우장이라 한 것을 보면 소를 잃음이 분명하고 사람 이름을 목부라 한 것을 보면 없던 소를 얻어서 기르는 것이 분명하나이다. 만약 본래 잃지 않았으면 어찌 소를 찾는다 하며, 또 만일 소를 잃었으면 어떻게 소를 기른다 합니까. 심우장 목부화상이여, 이러한 때를 당해서 소를 찾고 있습니까. 소를 기릅니까. 찾고 기르는 것을 함께 잃었습니까. 한 구절 법을 보이십시오."

경봉의 질문에 대하여 한용운의 짤막한 답시(答詩) 또한 걸작이다.

"털과 뿔이 생기지도 않았거니 어찌 얻고 잃겠나/목부가 일이 많아서/부질없이 심우장을 지었네."

이 답에 대해 경봉은 "목부가 일을 많이 하였으니 가히 일등 훈장을 받을 만하오"라고 답했다고 적고 있다(1938년 1월 8일).

1931년 경봉(鏡峰)이 울산교당(蔚山敎堂)에 머물다가 이규명(李圭明)의 집에 가서 예수의 성경(聖經)을 본 뒤 진리가 하나인 것을 깨닫고는 "하늘이냐 부처냐/풍월이 함께 화창하네/장안의 소식은/눈이 안 열리면 못 보네"라고 '예수영찬'을 기록해 놓기도 했다.

1941년 3월 일본 불교 시찰차 일본에 가서 쿄토(京都) 청수사(淸水寺)를 돌아보며 조선 불교의 부진과 부처님의 은혜를 생각하며 비관하여 눈물을 흘렸다는 이야기도 적어 놓았다.

1930년 3월 7일에는 낙산사 홍련암에 머물면서 이렇게 적고 있다.

"수선(修禪)하다가 비몽사몽간에 백의(白衣) 관음보살께서 푸른 물결 위로 걸어오신 걸 보고 기쁘고도 놀라서 깨어보니 꿈인데 정신이 새로워지더라. 의상대 앞에 소나무 한 그루 심다."

1944년 2월 22일에는 이런 기록도 있다.

"오전에 간장 담그다. 콩 6말 물 36동이에 소금(청염) 2가마 반, 동이마다 소금 고두 1되 넣는다. 메주가 98개, 독마다 큰 독엔 29개, 작은 독엔 28개가 들어갔다 백소금이면 고두 2되가 적당하다."

그의 세밀하고 자상한 면모를 엿보게 하는 단면이다. 어떤 때의 일기에는 여행지의 거리와 소요시간과 여비, 얼마 쓰고 얼마 남았다는 내용까지 아주 상세하게 기록하고 있다.

46세 때(1937)인 어느 날에는 "축음기를 34원에 사다"라고 적었고 1942년 9월 12일에는 "오늘은 어머님 제삿날인데 참석치 못하여 멀리서 절하였다"고 기록했다.

1966년(75세) 윤달에 몇몇 신도들이 자신의 수의(壽衣)를 짓는 날은 다음과 같은 쓸쓸한 감상을 적었다.

"의복이라도 수의라고 칭하게 되니 대중의 마음도 이상하게 섭섭한 감이 든다하고, 내 생각에도 본래 거래생멸(去來生滅)이 없지만 세상 인연이 다해 가는가 싶으니 무상(無常)의 감이 더욱 느껴진다. 금년 병오년에서 무진년을 생각하면 39년간인데 그동안 부고(訃告)를 타인에게서 받은 것을 대략 보니 6백40여 명이다. 이 많은 사람들이 어디로 다 갔는지, 한번 가곤 소식이 없구나. 야반삼경에 촛불 춤을 볼지어다."

경향신문 1985년 第6728호

14

원각경(圓覺經)의 요체는 정각(正覺)

탄허(呑虛) 스님 월정사(月精寺)* 특강법회(特講法會)

임 연 철 기자

전국 제방(諸方)에서 불교대(佛敎大) 교과(敎科) 이상을 마친 승려 60여 명과 일반대학을 졸업하고 불경에 조예가 있는 신도 6, 7명 등 70여 명은 지난해 11월 15일부터 오는 15일까지 현존 원로스님 중 불경해석의 최고권위인 탄허 스님으로부터 불경의 진수를 배우기 위해 신년연휴도 마다하고 정진(精進)하고 있었다. 지난 3일부터 이번 주에 배운 과목은 사교(四敎)의 마지막 경전인 원각경(圓覺經).

"일심(一心)이 삼덕(三德; 법신(法身)·반야(般若)·해탈(解脫))이요, 삼덕(三德)이 일심(一心)이라면 일(一)만 있고 이(二)가 없어도 원(圓)이 아니며, 이(二)만 있고 일(一)이 없어도 또한 원(圓)이 아니다. 일(一)을 들 때에 삼(三)이 갖추어지고, 삼(三)을 말할 때에 체(體)가 일(一)이 된 것이라야 비로소 원(圓)이 되는 것이다."

---

* 오대산(五臺山)의 명찰 월정사(月精寺)는 이번 겨울 동안거(冬安居)를 더욱 뜻깊게 지키고 있다. 조실(祖室)인 탄허 대종사(呑虛大宗師)가 지난해 불교의 교과서라 할 수 있는 「초발심자경」(初發心自警)에서부터 사교(四敎; 부처님의 일생 설법을 넷으로 나눈 것, 장교(藏敎), 통교(通敎), 별교(別敎), 원교(圓敎)의 총칭)까지를 국역(國譯)한 기념으로 특강법회를 열어 자신의 불교경전에 관한 지식을 제자승려들에게 전해주고 있는 것이다.

탄허 스님은 원각경(圓覺經)의 요체를 설명하며 '정각(正覺)이 곧 원각(圓覺)'이라고 말했다. 올해 고희(古稀)면서 칠판 가득히 원각경 강의를 설명하는 큰 스님의 말씀을 빠뜨리지 않고 듣기 위해 수강하는 스님들 중 10여 명은 카세트 녹음기까지 동원, 녹음하고 있었다. 잠깐 쉬는 틈에 만난 한 스님은 "본래 4년 과정의 교육을 2개월만에 가장 요점만 가르쳐 주는 것이어서 강의 수준이 무척 높아 녹음이라도 해서 계속 되씹어 보는 수밖에 없다"고 녹음기까지 동원한 이유를 설명했다.

수강생 중에는 회색 장삼을 입었으나 머리를 땋아 내린 여신도도 있고 평복의 일반인도 눈에 띄었다.

이틀째 강의를 듣고 있다는 독일 출신의 요가 선생으로 서울 응암동에서 요가 교실을 열고 있다는 '다다 우마사운카르'씨도 위에는 털옷 밑에는 자루 같은 치마차림으로 청강하고 있어 눈길을 끌었다.

탄허 스님이 이번 특강을 하게 된 동기는 출판기념의 뜻도 있지만 요즘 젊은 승려들이 경전을 바로 이해하지 못하고 또 가볍게 생각하는 경향이 엿보였기 때문.

"옛 선인(先人)들이 배웠던 동양의 학문은 이른바 성인(聖人)의 학문이라 해서 우주관·인생관이 포함된 근본이 있었어요. 그러나 요즘 속학(俗學)에는 종지(宗旨)가 없어요. 대학을 나왔어도 삶의 기술은 배웠지만 인생의 근본이 무엇인지는 터득하지 못하고 말기 때문이지요. 이번 특강 기간 중 제가 가장 중요시한 것이 경전을 읽으면서 근본 뜻을 알라는 것이었습니다."

15일이면 특강이 끝나므로 제자들 중 몇 명이나 깨우치고 있는 것 같느냐고 묻자 손으로 꼽을 수 있는 몇 명을 제외하고는 큰 실력이 없는 것 같다고 평했다.

"이번에 배운 것을 토대로 한 10여 년 파야 됩니다. 또 경전을 배우는 승려라면 정신적으로 육체적으로 여유가 있어야 해요. 그런 여유가 없으면 선(禪)에 몰두해야지요. 일반에게 경전을 가르치는 것은 여유 있는 승려나 가능한 일입니다."

탄허 스님은 최근 불교계에는 경전 몇 구절 얻어 들은 실력으로 일반신도를 가르치려는 '무식위종(無識爲宗)의 승려'가 있다며 경전 공부의 중요성을 강조했다.

『주역』(周易)을 우리말로 번역하기도 했던 스님은 "올해를 내년을 준비하는 성실한 한해로 온 국민이 임했으면 좋겠다"고 말했다. 스님의 풀이에 따르면 내년은 갑자년(甲子年)으로 우리나라에 큰 시운(時運)이 돌아오는 해라는 것.

"하루의 계(計)는 인시(寅時), 한해의 계는 봄, 일생의 계는 부지런함에 있지 않습니까. 올 한해 열심히 준비하면 내년 갑자년은 대한민국에 큰 덕이 올 것으로 내다보고 있습니다."

끝으로 지난해 조계종(曹溪宗)을 소용돌이 속에 몰아넣었던 '대처육식'(帶妻肉食)에 대해 묻자 불교계 원로들도 개인적으로 얘기할 때에는 찬성하는 측이 많은데 막상 공식적으로 거론하려면 강경 반대파에 부닥치는 것 같다고 설명했다.

남방불교를 보면 오정육(五淨肉)은 승려도 먹을 수 있도록 개방하고 있더라고 들려주었다.

오정육(五淨肉)이란 '죽는 모습은 안본 것'(不見殺), '죽는 소리를 안들은 것'(不聞殺), '자사(自死)', '새나 짐승이 먹다 남긴 것'(鳥殘), '나를 위해 죽지 않은 것'(不爲我死) 등이라고.

탄허 스님은 다시 한 번 '정각(正覺)이 원각(圓覺)'이라며 새해는 모든 사람이 바로 깨우치는 한해가 되도록 하자고 당부했다.

동아일보 1983년 1월 7일

15

성철 스님의 법언

이성철* 종정 법어 모음

1) "붉은 해가 서쪽에서 떠오르네"(조계종 종회 법어)

불교 조계종(曹溪宗) 제8대 종회가 31일 상오 10시에 개원됐다. 이성철(李性徹) 종정은 "곳곳마다 광명이요, 시시각각 법문이라, 기는 짐승 나는 새들 태평을 노래하네. 어허 이 무슨 이치인고, 붉고 둥근 해가 서쪽에서 떠오르네"라는 내용의 종회개원 법어를 내리고 화합체제 지향의 종단운영을 간곡히 당부했다.

지난해 8월 신흥사(神興寺) 사건 후 격동의 1년을 보내고 새롭게 출범한 종계종단 새 출발의 첫걸음인 제8대 종회개원은 개원식에 이어 의장단을 선출, 종회구성을 마친 후 폐회됐다.

중앙일보 1984년 8월 31일

2) 캄캄한 밤중 붉은 해 높이 뜨니 선돌바위 좋아라고 춤을 추네(신년 법어 발표)

이성철(李性徹) 불교 조계종 종정은 26일 상오 신년법어(新年

---

* 성철 스님은 "산은 산이요 물은 물이로다"로 시작되는 의미심장한 법언을 많이 남기셨다. 위 법언은 탄허 스님이 갑자년(1984)을 중요한 해라고 한 것과 일치한다는 것을 발견할 수 있다.

法語)를 발표, "캄캄한 밤중에 붉은 해가 높이 떠서 우주를 밝게 비치니 선돌바위 좋아라고 덩실덩실 춤을 추고, 펄펄 끓는 용광로에 찬물이 흘러넘쳐 천지에 가득하니 마른 나무에 꽃이 울긋불긋 피어 있다"고 말하고 "새해에는 허망한 꿈속의 욕심을 용감하게 버리고 영원한 진리인 본모습을 빨리 보자"고 강조했다.

이 종정은 "노자(老子)와 공자(孔子)는 손을 잡고, 석가와 예수는 발을 맞추어 뒷동산과 앞뜰에서 태평가를 합창하니 성인·악마 모두가 사라지고 천당과 지옥은 흔적조차 없다"고 설파한 후 "끊임없는 욕심에 눈이 가리워 빛나는 본모습을 보지 못한 채 암흑세계를 헤매며 엎치락뒤치락 참담한 비극을 계속 연출하니 참으로 안타까운 노릇"이라고 세속 중생들의 삶을 개탄한다.

이 종정은 "욕심에 가리워져 있는 인간의 본모습은 먼지에 덮여 있는 구슬과 같아서 먼지를 닦아내면 본래의 깨끗하고 아름다운 구슬로 천추만고(千秋萬古)에 빛이 날 것"이라고 말했다.

중앙일보 1985년 12월 26일

3) "들판에도 공장에도 부처님이…"(불탄일의 법어)

대한불교 조계종 이성철(李性徹) 종정은 불기 2503년 부처님 오신 날(5월 16일)에 즈음한 법어를 1일 발표했다. "교회에서 찬송하는 경건한 부처님들, 법당에서 염불하는 청수한 부처님들, 들판에서 흙을 파는 부처님들, 우렁찬 공장에서 땀 흘리는 부처님들, 자욱한 먼지 속을 오고가는 부처님들, 교실에서 공부하는 부처님들, 오늘은 당신네의 생신이니 축하합니다"라고 법화경(法華經) 중 '모든 만물에는 불성(佛性)이 있다'는 불교의 가르침을 강조했다.

법어는 또 "천지는 한 뿌리요, 만물은 한 몸이라, 일체가 부처님이요, 부처님이 일체이니 모두가 평등하며 낱낱이 장엄하다"고 불가(佛家)의 평등사상과 인간의 존엄성을 상기시켰다.

조선일보 1986년 5월 2일

* 재가 도통, 각자 도통에 관한 법언이 아닌가 하는 생각이 들게 한다.

4) 교조 말씀이 장애

우리는 모두가 깨끗하고 빛나는 마음을 가지고 있어서 천추만고에 영원히 변함없으니 설사 천 개의 해가 일시에 떠올라도 이 빛보다 밝지 못하나니 이것을 본마음이라고 한다.

넓고 가없는 우주도 이 본마음에 비하면 본마음은 바다와 같고 우주는 바다 위에 떠있는 좁쌀 하나만 하다. 이 본마음은 생각이 미치지 못하고 말로써 형용할 수 없으니 이런 보물을 가지고 있는 우리는 참으로 영광중의 영광이다.

그러므로 깨끗하고 밝은 본마음을 보려면 성인도 닦아내고 악마도 털어버려야 한다. 더욱이 각 종교의 절대적 권위인 교조들의 말씀은 본마음에 가장 큰 장애와 병폐가 되나니, 불교를 믿는 사람은 석가를 버리고 예수를 믿는 사람은 예수를 버려야 한다. 오직 우리의 본마음을 보기 위해 석가·예수를 빨리 털어버리자. 어허! 석가·예수가 누구인가? 성인 악마 다 잊고서 홀로 앉았으니 산위에 솟은 달은 더욱더 빛이 나며 담 밑에 국화꽃은 향기롭기 짝이 없네.

중앙경제신문 1989년 12월 30일

5) "붉은 해 허공에 빛나 광명만 가득 영웅호걸들도 한바탕 웃음거리"(새해 법어)

조계종 이성철(李性徹) 종정은 26일 불기(佛紀) 2535년 원일(元日) 법어를 발표, "붉은 해가 높이 솟아 시방세계를 비추니 남극의 펭귄과 북극의 곰들이 떼지어 환호하며 이 해가 푸른 허공에 빛나 험준한 산과 아름다운 꽃밭을 골고루 비추니 암흑이란 찾아볼 수 없으며 오직 광명만 가득 차 있다"고 말했다.

성철 종정은 이어 "악마와 부처가 한 몸이요, 공자와 노자가 함께 가며 태평가를 높이 부르니 희유한 성인 세상이란 이를 말함"이라며 "향기 가득한 황금 독의 술을 앞집의 장 선생과 뒷집의 이 선생이 백옥 잔에 가득 부어 서로서로 권할 적에 외양간의 송아지와 우리속의 돼지가 함께 춤을 추니 참으로 장관"이라고 말했다.

성철 스님은 또 "광대무변한 대천세계 속에 티끌 같은 지구상의 성인 달사와 영웅호걸들이여, 만리장성 높이 쌓고 천만세를 장담하던 진나라 시황제도 풀끝의 이슬이요, 천군만마를 질타하며 세계를 짓밟던 나폴레옹도 절해의 고혼이니 다시 무엇을 그다지도 뽐내며 구구해 하는가, 한바탕 웃음거리"라고 반문하면서 "일천부처와 일만조사는 붉은 화로 위의 한 송이 눈이로다. 한숨자고 머리를 들어보니 지는 해가 푸른 산에 걸렸구나"고 말했다.

동아일보 1990년 12월 26일

16

구약 속 아브라함의 연대

김 기 령 장로*

1) 아브라함의 연대

아브라함의 연대는 B.C. 2300년부터 B.C. 1700년 사이까지 다양하지만 일반적으로 B.C 2000년으로 인정하면 대략 다음과 같다.

아담의 연대는 B.C. 4000년경, 헬라어역에 의하면 B.C. 5500년경, 사마리아역의 모세 5경에 의하면 B.C. 4300년경이 된다.노아 홍수의 연대에는 B.C. 2400년경, 헬라어역에 의하면 B.C. 3300년경, 사마리아역의 모세 5경에 의하면 B.C. 3000년경이 된다.

그러나 여기서 고려되어야 할 점은 일반적으로 알려진 연대가 우리의 한글성서 부분과 대체로 부합되는 것 같으나 연대를 더 오래 잡고자 하는 주장도 있으므로 좀더 새로운 연대의 자료수집이 요청된다.

2) 성서의 연대와 현대과학

오늘날 널리 알려진 학설에 의하면 인간은 성서가 가르쳐 주

* 한길교회 김기령(연세대 의대 교수) 장로가 엮은 「예수 그리스도의 이력서」에서

고 있는 연대보다 훨씬 전부터 지구상에 존재했다고 한다.

가장 오래된 두 가지 문명은 바벨론과 애굽의 문명이다. 성서를 떠나서 순전히 고고학적 증명에 의하면 바벨론 역사의 시작은 B.C. 5000년과 B.C. 2400년의 사이로써 대체로 B.C. 3400년경이다. 애굽 역사의 시작은 5500년과 B.C. 2000년 사이로 대체로 B.C. 3000년경이다. 이 두 나라의 선사시대에 관한 학설은 수세기로부터 추측할 수 없는 먼 연대까지 다양하다.

유브라데(Euphrates)강과 나일(Nile)강 유역은 아주 고대로 잡는 B.C. 7000년이 아니라, 비교적 오래지 않은 것으로 지금 알려지고 있다. **고고학과 역사는 이 유역에 처음부터 매우 문명이 발달한 민족이 갑자기 나타난 것을 말해 준다**. 그러나 성서의 전설적인 8000~6000년보다 그 전부터 지상에 인간이 있었다는 결정적인 증명은 아직 없다고 많은 학자들은 생각한다.

3) 천년안식(Millennium-Sabbath)설

기독교의 초기에 써진 「바나바 편지」(The Epistle of Barnabas, 90~120년 또는 130년경에 기록되었으며 알렉산드리아의 클레멘스가 사도 바나바에게 보낸 편지, 시내 사본의 신약성서 끝에서 발견됨)에는 그 당시 생각하고 있던 다음 학설이 수록되어 있다.

아담에서 아브라함까지 2000년, 아브라함에서 그리스도까지 2000년인 것처럼 그리스도의 시대도 2000년일 것이고, 6일간의 천지창조 후에 안식일이 있는 것처럼 안식의 1000년이 있을 것이다. 지금은 그리스도 시대의 2000년이 끝나가고 있으므로 곧 이 생각이 옳은지 판명될 것이다. 지금은 우리가 생각하는 것보다 더 많은 그 큰 날의 징조가 있는 것 같다.

17

성경에서의 공(空)과 무(無)

김 기 령 장로

1) 성경(성서)에서의 공(空)과 무(無)

다윗(David)의 아들로서 그 시대에 세계에서 가장 유명했고 강했던 왕이었으며, 또한 가장 지혜롭고 부유하며 문학적 식견이 높았던 예루살렘 왕이며(왕상 4:29~31) 전도자인 솔로몬(Solomon)이 기록한 전도서(傳道書)는 처음(1:2)부터 "헛되고 헛되며 헛되니 모든 것이 헛되도다"라고 기록되어 있다.

이와 같은 헛되다(공허 또는 허무하다)는 관념의 주제는 구약·신약성경을 통해서 이곳에서만 나오는 이색적인 말이라 하겠다.

물론 이밖에도 욥기 7:16 '내 날은 헛것'과 시편 39:5 '나의 일생은 진실로 허사뿐' 14:4 "사람은 헛것 같고 그의 날은 지나가는 그림자 같다" 및 로마서 8:20 "피조물이 허무한데 굴복하는 것은 자기 뜻이 아니요, 오직 굴복케 하시는 이로 말미암음이라" 등에서도 헛것이나 허사라는 말이 나오기는 하지만 이들의 뜻이 이곳 전도서 1:2에서의 뜻과 꼭 같은 것으로 볼 수는 없겠다.

전도서의 저자인 솔로몬(Solomon왕, B.C. 971~931)은 매우 지혜로운 자요, 철저한 현실주의자로 알려지고 있다. 그는 자신의 생활체험을 토대로 해서 인간생활의 최고 복리를 구함을 목적으로 이 전도서를 쓴 것으로 보인다. 그는 다음에서 인용한 말들에서와 같이,

부귀와 재산에도(5:11- 재산이 더하면 먹는 자도 더하나니 그 소유주가 눈으로 보는 외에 무엇이 유익하랴), 정치에도(4:13~14- 가난하여도 지혜로운 소년은 늙고 둔하여 간함을 받을 줄 모르는 왕보다 나으니 저는 그 나라에서 나면서 가난한 자로서 옥에서 나와서 왕이 되었음이니라), 정의에도(7:15~17, 20- 내가 내 헛된 날에 이 모든 일을 본즉 자기의 의로운 중에서 멸망하는 의인이 있고 자기의 악행 중에서 장수하는 악인이 있으니 지나치게 의인이 되지 말며 지나치게 지혜자도 되지 말라, 어찌하여 스스로 패망케 하겠느냐, 지나치게 악인이 되지 말며 우매자도 되지 말라 어찌하여 기한 전에 죽으려느냐… 선을 행하고 죄를 범치 아니하는 의인은 세상에 아주 없느니라), 관심이 없었고, 미래의 희망이나(8:7- 사람이 장래 일을 알지 못하나니 장래 일을 가르칠 자가 누구이랴), 지혜와 지식에도(1:18- 지혜가 많으면 번뇌도 많으니 지식을 더하는 자는 근심을 더하느니라) 기대하지를 않았다.

이와 같이 솔로몬이 이 세상의 사물에 대하여 모든 면에서 비웃고 업신여기며 부정적으로 일관하고 있음이 참으로 도통한 전도자답게 보인다. 한편으로 생각할 때 이런 내용의 말과 글이 어떻게 성경 속에 함께 수록될 수 있었는지 의심마저 든다.

좀더 전도서의 내용을 살펴보면 마지막 장(12:8)에서까지 역시 "헛되고 헛되도다 모든 것이 헛되도다"라고 일관하면서도 결론적으로는(12:13~14) 그런 헛된 가운데서도 오직 홀로 참되시고 영원하시며 우리의 희망되시는 "하나님을 경외하고 그 명령을 지킬지

어다 이것이 사람의 본분이니라"고 가르치고 있음을 볼 수 있다.

그런 대로 이 전도서가 솔로몬 왕의 생활체험에서 우러나온 속죄록이요 산 교훈이라고 본다면 이것도 피조물인 인간으로서 창조자이신 하나님을 믿는 자들에게는 좋은 온고지신의 교훈이 될 것으로 믿어진다.

2) 성경과 불경에서의 공(空)과 무(無)

창세기 1:1~5에서 기록된 바 "태초에 하나님이 천지를 창조하시니라 땅이 혼돈하고 공허하며 흑암이 깊음 위에 있고 하나님의 신은 수면에 운행하시니라. 하나님이 가라사대 빛이 있으라 하매 빛이 있었고 그 빛이 하나님의 보시기에 좋았더라. 하나님이 빛과 어두움을 나누사 빛을 낮이라 칭하시고 어두움을 밤이라 칭하시니라 저녁이 되며 아침이 되니 이는 첫째 날이니라"라는 말씀은 존재치 않는 무의 상태에서 천지라는 유를 창조하였다는 뜻이다.

이것은 한자(漢字)로는 같은 무(無)이지만 영어로는 formless and desolate 즉 무형, 혼돈과 허적(虛寂), 공허라는 뜻이다. 그러나 같은 무라고 하더라도 부정적인 뜻인 공허나 허무와는 그 뜻이 다르며, 또한 때로는 불경에서의 공이란 사상과도 혼동되기 쉽지만 이것들과도 실제로는 같다고 볼 수가 없다.

불경의 반야심경(般若心經)에서 볼 때 색즉시공 공즉시색(色卽是空 空卽是色)에서의 공이란 인(因), 연(緣), 과(果)의 사상인 즉 연기(緣起)를 말한다. 이는 또한 제행무상(諸行無常)과 만물유전(萬物流轉)을 뜻하는 것이다.

어떻게 보면 공은 성경이나 불경에서 같은 진리로 해석할 수 있겠으나 창세기에서의 공은 무로부터의 창조요, 욥기, 시편, 전도서 및 로마서 등에서의 허(虛)와 무(無)는 하나님 앞에서 인간의 무력한 존재를 뜻한다고 볼 수가 있다.

그러므로 사상의 공통점은 있을지언정 불경에서의 제행무상을 곧 성경에서의 공과 무와 같이 볼 수는 없겠다.

또한 창세기의 기록(羅典語) 시대(B.C. 1500)에 무로부터의 창조라는 발상이 과연 있었겠는 지에 관해서는 따로 성경학자들이 논할 문제라 하겠다. 본래가 공이란 숨을 쉬는 기식, 즉 호흡하는 숨결이라는 뜻이 있으며 본문을 계속해서 읽어보면 우리가 호흡하듯 '반복하는 공허의 영속'이란 의미로 해석된다.

이밖에도 솔로몬 왕(B.C. 971~931)이 기록한 전도서가 완성되어 세상에 널리 전해지게 된 것은 그로부터 500여 년이 경과한 기원전 250~200년경이라고 전해진다.

이 시대는 유대인들이 큰 고난 속에서 살았던 시대로서 거의 모든 유대인들이 허탈감에 젖어 하나님을 경외하는 데 소홀했던 때이기도 했다. 이와 같은 시대적 배경 속에서 움튼 것이 전도서에서 기록된 바와 같이 공허사상이었다.

끝으로 전도서에서의 한 가지 큰 특징으로 주목되는 것은 이 책에서는 성경의 다른 지혜서와는 달리 하나님에 대한 찬양이나 평화에 대한 내용이 아주 부족한 편이다.

또한 1:14의 "내가 해 아래서 행하는 모든 일을 본즉 헛되어 바람을 잡으려는 것이다"는 말씀에서와 같이 '해 아래서'라는 특징적인 구절이 29번이나 나오는 반면에 전도서의 총 12장 222절 가운데 단 한 번도 여호와(Jehovah, 야웨, Jaoue, YHWH, Yahweh)라는 말이 없이 오직 하나님(1:13, 2:26, 3:11, 12:7, 14)이라는 말이 있을 뿐이다.

18

전도서(Ecclesiastes)

한영대역성경에서

1장 기자는 먼저 자신의 신분을 밝힌 후 만물이 헛되다고 하는 본서의 주제를 제시한다(1-3절). 그가 헛되다고 하는 것이 인간사 전부와 만물의 존재 자체에 대해서라는 점에서. 그리고 그는 온갖 부귀와 공명을 다 누려본 이스라엘의 왕이요 전무후무한 지혜를 소유한 사람이었다는 점에서 이 주제의 심각성이 있다.

2장 전도자는 쾌락을 즐겨보았고 부귀를 누려도 보았다. 하지만 그런 것들이 허무한 마음을 채워 주지는 못했다. 또한 자랑스럽게 여겼던 지혜를 소유한 자신도 죽으면 한 줌 흙으로 돌아가야 한다는 사실이 허무했다.

3장 전도자는 범사에 기한이 있고 모든 목적이 이루어질 때가 있음을 역설한다.

4장 전도자의 허무 의식을 부추긴 것은 바로 이 세상에 두루 만연해 있는 억울한 사연들과 부조리였다. 소외계층(1-3절). 외로운 자들(8절) 등이 대표적인 사례였다. 어떤 사람은 비천한 신분을 극복하여 왕의 자리에 올라 만백성 위에 군림하기도 했지만, 전도자의 눈에는 그의 일생 역시 허무할 뿐이었다(13-16절).

5장 진지하지 못한 예배와 성급한 맹세를 책망하고 하나님을 올바르게 섬길 것을 권고하고 있다(1-7절). 이어지는 내용은 재물을 탐하는 것이 얼마나 헛된 일인지를 지적한다(10-17절). 18-20절은 본장의 결론에 해당한다. 하나님께로부터 받은 은총에 자족하며 맡은 바 사명에 충실하는 것이 바로 복된 삶이다.

6장 본장에서 전도자는 인간의 행복과 만족이 외적인 번영과 성공 여부에 의해 결정되는 것이 아님을 강조한다. 높은 지위와 풍부한 재물을 얻었다고 해도 염려와 불안이 끊이지 않는다면 그는 낙태된 자만도 못하다. 또한 일백 자녀를 낳고 천 년의 갑절을 산다고 해도 낙을 누리지 못한다면 그 역시 낙태된 자만도 못하다.

7장 초상집에 가는 것이 잔칫집에 가는 것보다 더 나은 이유는 인생의 비극을 통해 진지하게 삶을 돌아볼 기회를 가질 수 있기 때문이다. 한 평생을 살아가면서 슬픈 일도 만나고 기쁜 일도 만난다. 하나님이 두 가지 일들을 번갈아 겪게 하시는 것은 이러한 갖가지 일들을 통해 지혜롭게 대처하는 법을 배우게 하시기 위함이다.

모든 것이 헛됨

1 다윗의 아들 예루살렘 왕 전도자의 말씀이라
2 ○ 전도자가 가로되 헛되고 헛되며 헛되고 헛되니 모든 것이 헛되도다
3 사람이 해 아래서 수고(受苦)하는 모든 수고가 자기에게 무엇이 유익한고
4 한 세대는 가고 한 세대는 오되 땅은 영원히 있도다
5 해는 떴다가 지며 그 떴던 곳으로 바로 돌아가고
6 바람은 남으로 불다가 북으로 돌이키며 이리 돌며 저리 돌아 불던 곳으로 돌아가고
7 모든 강물은 다 바다로 흐르되 바다를 채우지 못하며 어느 곳으로 흐르든지 그리로 연하여 흐르느니라

8 만물의 피곤함을 사람이 말로 다 할 수 없나니 눈은 보아도
족함이 없고 귀는 들어도 차지 아니하는도다
9 이미 있던 것이 후에 다시 있겠고 이미 한 일을 후에 다시
할찌라 해 아래는 새 것이 없나니
10 무엇을 가리켜 이르기를 보라 이것이 새 것이라 할 것이 있
으랴 우리 오래 전 세대에도 이미 있었느니라
11 이전 세대(世代)를 기억함이 없으니 장래(將來)세대도 그 후
세대가 기억함이 없으리라

- 중 략 -

Everything Is Meaningless

1 The words of the Teacher, "son of David, king in
Jerusalem:
2 "Meaningless! Meaningless!" says the Teacher. "Utterly
meaningless! Everything is meaningless."
3 What does man gain from all his labor at which he
toils under the sun?
4 Generation come and generation go, but the earth
remain forever
5 The sun rises and the sun sets, and hurries back to
where it rises.
6 The wind blows to the south and turns to the north;
round and round it goes, ever returning on its course.
7 All streams flow into the sea, yet the sea is never
full. To the place the streams come from, there they

return again.
8 All things are wearisome, more than one can say. The eye never has enough of seeing, nor the ear its fill of hearing.
9 What has been will be again, what has been done will be done again; there is nothing new under the sun.
10 Is there anything of which one can say, "Look! This is something new?" It was here already, long ago; it was here before our time.
11 There is no remembrance of men of old, and even those who are yet to come will not be remembered by those who follow.

- ellipses -

모든 것의 때

3 천하에 범사가 기한(期限)이 있고 모든 목적이 이룰 때가 있나니
2 날 때가 있고 죽을 때가 있으며 심을 때가 있고 심은 것을 뽑을 때가 있으며
3 죽일 때가 있고 치료시킬 때가 있으며 헐 때가 있고 세울 때가 있으며
4 울 때가 있고 웃을 때가 있으며 슬퍼할 때가 있고 춤출 때가 있으며
5 돌을 던져 버릴 때가 있고 돌을 거둘 때가 있으며 안을 때가 있고 안는 일을 멀리할 때가 있으며

6 찾을 때가 있고 잃을 때가 있으며 지킬 때가 있고 버릴 때가 있으며
7 찢을 때가 있고 꿰맬 때가 있으며 잠잠할 때가 있고 말할 때가 있으며
8 사랑할 때가 있고 미워할 때가 있으며 전쟁할 때가 있고 평화할 때가 있느니라

- 중 략 -

A Time for Everything

3 There is a time for everything, and a season for every activity under heaven;
2 a time to be born and a time to die, a time to plant and a time to uproot,
3 a time to kill and a time to heal, a time to tear down and a time to build,
4 a time to weep and a time to laugh, a time to mourn and a time to dance,
5 a time to scatter stones and a time to gather them, a time to embrace and a time to refrain,
6 a time to search and a time to give up, a time to keep and a time to throw away,
7 a time to tear and a time to mend, a time to be silent and a time to speak,
8 a time to love and a time to hate, a time for war and a time for peace.

19

마음그릇을 비우는 20가지 길

바하 우딘의 가르침 중에서

① 일시적 충동으로 남을 가르치지 말라.
② 자신의 내적 경험을 너무 신뢰하지 말라.
③ 깨달음의 지식을 추구하려고 함부로 여행을 떠나지 말라.
④ 어느 개인이나 공동체의 가르침을 무턱대고 맹종하지 말라.
⑤ 스승의 질책이나 칭찬에 크게 좌우되지 말라.
⑥ 가난한 자를 본받는다고 함부로 고행하지 말라.
⑦ 모든 신념이란 종이 한 장 차이임을 삶 속에서 바로 깨우치라.
⑧ 한 가지 신념도 깨달음의 정도에 따라 옳기도 하고 그릇되기도 함을 깨우치라.
⑨ 깨달음의 지식을 인식하고 배양함이 첫눈에 되는 것이 아님을 깨우치라.
⑩ 한 순간의 기준으로 모든 것을 판단하지 말라.
⑪ 자신이나 이웃이나 책, 어느 하나에 치우쳐 사고하지 말라.
⑫ 책에 근거할 때는 경험을, 경험에 근거할 때는 책을 반추하라.
⑬ 제자가 된다는 것 하나로 깨달음의 경지에 들지 못함을 자각

하라.

⑭ 깨달음의 길이라면 아무리 사소한 것이라도 붙잡고 정진하라.

⑮ 자신의 영역 밖에 있는 의심은 과감히 떨치라.

⑯ 쓸데없는 편견으로 스승을 판단하지 말라.

⑰ 고행이나 수행을 능력으로 착각하지 말라.

⑱ 깨달음과 무관한 감성은 되도록 빨리 교정하라.

⑲ 스승의 언행으로 용기를 내거나 절망하는 것은 자신의 감성이 평정을 잃은 결과임을 깨우치라.

⑳ 깨달음의 이해 그 자체와 깨달음의 지식은 진리의 영역에선 별개임을 항상 명심하라.

* 이 가르침대로 산다면 대과 없는 일생이 되리라.

20

수도인의 다짐

1. 일에는 하느님을 섬기는 일보다 더 큰 일은 없고, 행함에는 도를 행하는 것보다 더 귀함이 없다.
2. 태양이 비록 밝아도 깊은 동굴 속까지는 비치지 못하고, 하늘의 은혜가 비록 크다지만 신앙심이 없는 자에게까지는 미치지 못한다.
3. 방울방울 떨어지는 물이 끊어지지 않으면 단단한 바위도 구멍이 뚫리고, 적은 정성도 쉬지 않으면 천심이 감동한다.
4. 적은 양의 물로는 큰 불을 끌 수가 없고, 적은 정성으로는 큰 복을 얻을 수 없다. 그러나 물은 반드시 불을 끄는 것과 같이 반드시 응보가 있으리라.
5. 향기로운 꽃에 벌과 나비가 많고 단 열매에 오작이 많이 모인다. 인덕과 의로운 행실에 인망이 많고 신명의 도움이 많으리라.
6. 남의 착한 일을 보거든 나 또한 진작 이와 같이 착한 일을 하기 원하고, 남의 악을 보거든 나 또한 혹시 이와 같은 잘못이 없는가 반성하여 행하지 않는 것이 옳으리라.
7. 한 치도 못되는 개미도 높은 나무에 기어오르면 백 척 높이의 공중에 오를 수 있고, 용렬하고 어리석은 속인도 천리와 성인의 도를 의존하면 능히 성현과 위인이 될 수 있으리라.

21

수도시 구비요건 (修道時具備要件)

1. 무욕청정(無慾淸淨)한 마음으로 임하여야 한다.
2. 정신일도(精神一到)할 수 있는 대상(對象)이 있어야 한다.
3. 조용하고 청정한 공간(空間)이 있어야 한다.
4. 수도자의 안전을 돌보는 수호인이 있어야 한다.
5. 정확한 시간에 실시하여야 한다.
6. 집중할 수 있는 주문(呪文)과 자기 주성(呪聲)이 자기 몸을 온전히 감쌀 수 있어야 한다.
7. 정신을 수렴(收斂)할 정도의 어둠이 있어야 한다.
8. 천기를 자기 몸에 전달할 매개체(정화수)가 있어야 한다.
9. 작은 촛불과 향을 피워야 한다.
10. 척추를 똑바로 세운 정좌(正坐), 지향(指向)은 북(北), 정신은 미간(眉間) 15° 위쪽으로 모은다.
11. 수도(修道) 중간에 졸지 아니할 만큼 전진 속도가 있어야 한다.
12. 한 시간 이상, 삼 인 이상, 같이하면 금상첨화라.
13. 지기(地氣)가 응기된 곳이면 얼마나 좋겠는가.

* 기도의 대상이 부처면 부처, 예수면 예수, 산신령이면 산신령이 내림(降)할 것인즉 거지 초상화를 모셔놓고 기도하면 무엇이 내림(來臨)하겠는가?

22

우주변화의 원리도

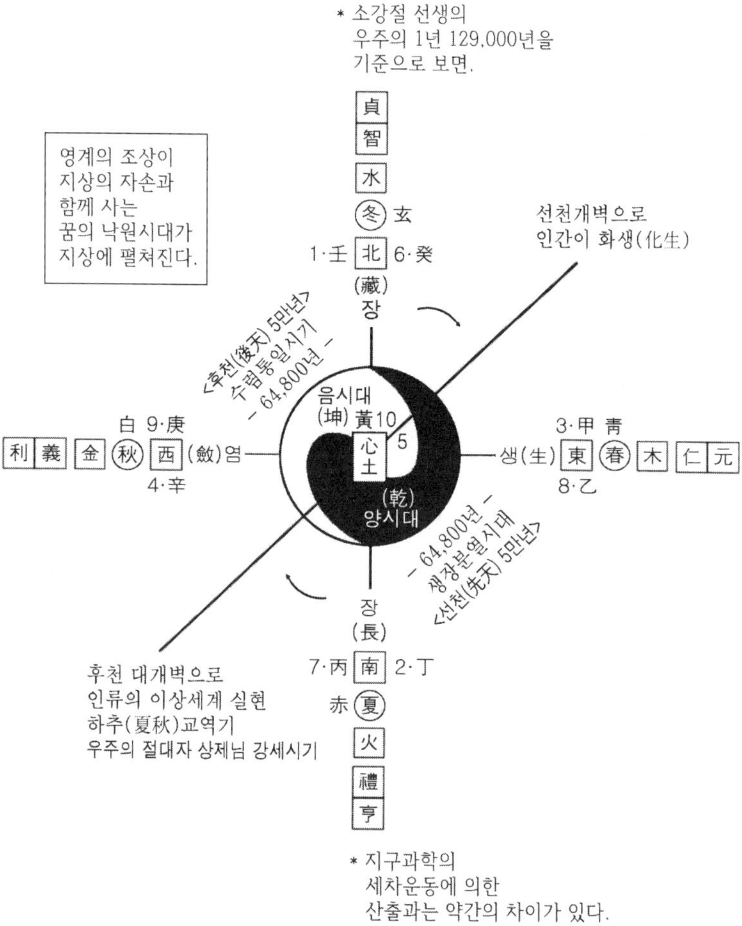

* 중앙: 黃, 戊己五十, 辰戌丑未, 四季

23

역(易)의 기초(基礎)

천도영부삼우회(天道靈符三友會)

1) 도수(度數)

도(度)는 일월성신(日月星辰)의 운행을 척도하기 위하여 천체(天體)의 일원(一元)을 360도로 등분한 새김을 말함이니 도수(度數)는 천체운행의 정도를 나타내는 단위이다. 천체(天體)는 우주(宇宙)의 중심을 향하여 360도 회전을 하고 있다.

이러한 천체운행(天體運行)의 질서를 알고 지금의 시점(時點)이 어떠한 운행의 노정(路程)을 가고 있는 것을 아는 것이 바로 자기의 근원을 아는 것이다.

천지(天地)가 형상이 구족되어 운행을 할 때에는 도수(度數)에 따라서 그 중심의 역할이 나타나는 정도(程度)가 다르기 때문이다. 이러한 천체의 도수에 따라서 지상의 문화(文化)가 다르게 나타나는 것이다. 도수는 일원(一元) 360도를 나타내는 것이므로 그 주기가 360도(度)가 기준이 된다.

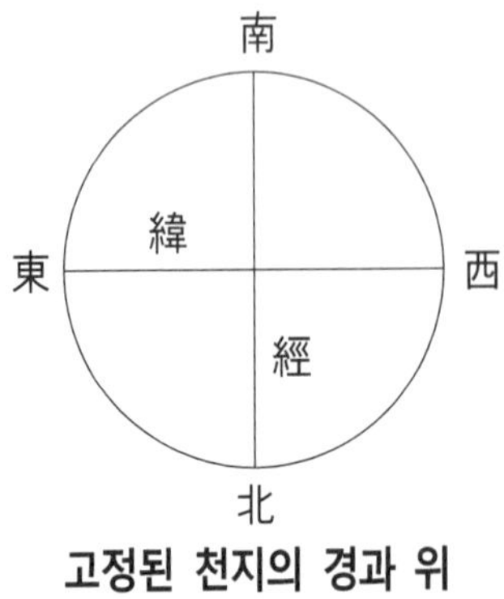

고정된 천지의 경과 위

일원상(一元上)에서 중심을 360도(度)로 돌아가는 것을 나타내는 가장 기본의 기준이 경선(經線)과 위선(緯線)으로 구분한다. 경선은 남북을 나타내는 축(軸)이 되고 위선은 동서를 나타내는 선이 된다.

이것은 고정된 형상을 기준으로 보는 개념이고 변하는 형상에서의 경선과 위선은 착종(錯綜)이 되어 나타난다.

본래 하늘은 움직이고 땅은 고요하며 하늘이 생명을 내고 들이고 하는 경(經)이 되고 땅은 생명을 기르는 위(緯)가 되지만 만물의 형상이 이루어져 변화하는 것은 땅위에서 일어나므로 땅위의 인간의 오감(五感)에는 형상이 움직이고 변화하는 것으로 나타나니 변화하는 기준이 지평선(地平線)이 되므로 그 변화의 기준이 되는 것은 평면을 기준으로 할 수밖에 없다.

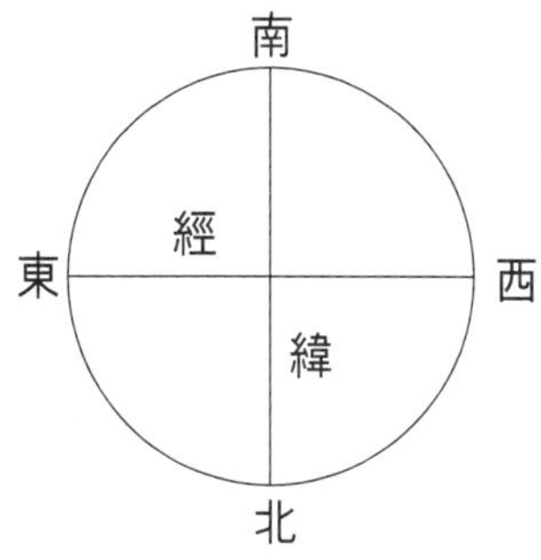

변화하는 천지의 경과 위

따라서 본래의 경과 위가 서로 다르게 나타나니 하늘과 땅이 서로 상대적으로 나타난다. 그러므로 변화의 기준선이 되는 것은 평면도(平面圖)의 동서(東西)가 된다.

동서(東西)의 경(經)은 태양(太陽)의 중심을 지나는 천적도(天赤圖)를 나타내므로 지구의 변화는 이 경을 기준으로 하여 승강(乘降)의 작용을 하는 것이다. 경선(經線)을 기준으로 남쪽 180도 북쪽 180도로 구분을 하는 것이다. 이 경선을 기준으로 변화하는 정도를 나타내는 것이 위도(緯度)가 된다.

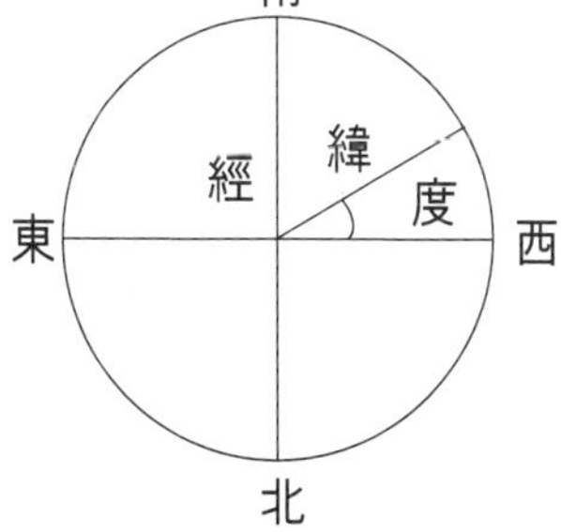

이 위도가 정남(正南)에 오면 경과

위가 완벽한 상대로 나타난다. 태양(太陽)을 기준으로 보는 것은 형상(形像)의 변화를 나타내는 것이다. 형상에서 형상 이전의 근원을 나타내는 것은 태음도(太陰度)인 위가 나타낸다. 변화하는 형상의 기준인 위도는 본래의 경의 위치이므로 태음도가 형상 이전의 근원적인 변화를 나타낸다.

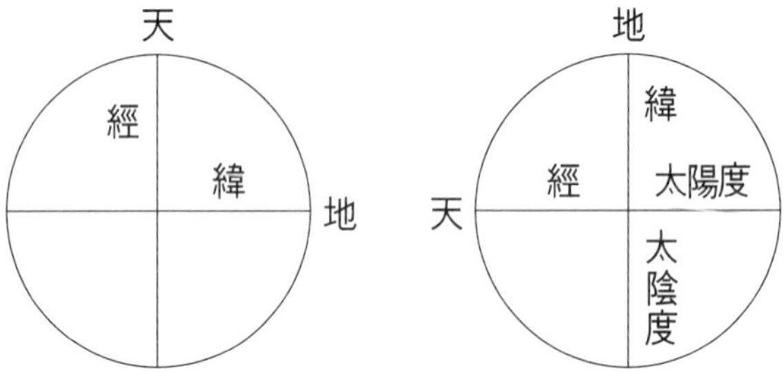

고정된 천지 변화하는 천지

2) 천간(天干)

이제 천지도수(天地度數)의 변화인 경위(經緯)의 삼차원적인 변화의 분석을 하여보자.

천지의 변화는 하늘과 땅의 개념이니 어느 하나가 성립을 하지 않으면 변화라는 개념이 성립되지 않는다. 변화는 천지가 일으키고 이 변화를 인식하며 의미를 부여하는 것이 사람이니 하늘 땅 사람의 삼도(三道)가 이루어지는 것이다. 천지변화는 시(時)와 공간(空間)의 변화를 나타내니 이것이 시간(時間)이다.

변화의 기준선인 경(經)이 동서남북중앙(東西南北中央)을 나타내는 평면으로 나타나 이 평면은 지평선이 기준이므로 땅의 상대인 하늘의 모습으로 나타나니 하늘을 나타내는 부호인 천간(天干)으로 나타낸다.

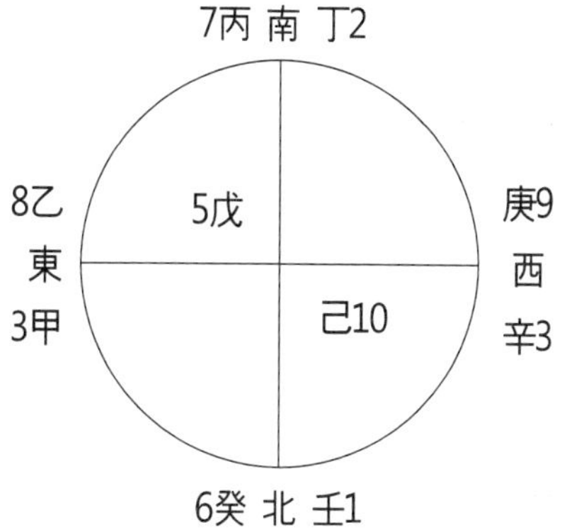

天干十 = 甲 乙 丙 丁 戊 己 庚 辛 壬 癸

方位 = 東 甲乙三八木. 南 丙丁二七火. 中 戊己五十土

西 庚辛四九金. 北 壬癸一六水.

동서남북중앙(東西南北中央)의 다섯 가지의 방위(方位) 특성을 나타내는 기준이 오행(五行)으로 목(木)에도 갑(甲)=양(陽)이니 양목(陽木)이요 을(乙)=음목(陰木) 병(丙)=양화(陽火) 정(丁)=음화(陰火) 무(戊)=양토(陽土) 기(己)=음토(陰土) 경(庚)=양금(陽金) 신(辛)=음금(陰金) 임(壬)=양수(陽水) 계(癸)=음수(陰水)

天 干						五行	水	火	金	木	土
陽	甲	丙	戊	庚	壬	陽	壬一	丙七	庚九	甲三	戊五
陰	乙	丁	己	辛	癸	陰	癸六	丁二	辛四	乙八	己十

이 평면도의 천간(天干)은 무(戊)가 중심이 되었을 때는 지평선을 기준으로 하여 경(經)을 나타내어서 만물의 형상변화를 나타내고 음(陰)인 기(己; 十)가 중심이 되는 때는 만물의 형상이 나오기 전인 근본 즉 불변의 절대 평면을 나타내는 천적도(天赤道)와 일치한다.

3) 지지(地支)

천간(天干)은 평면의 변화를 나타내고 공간의 변화를 나타내는 것은 지지(地支)이다.

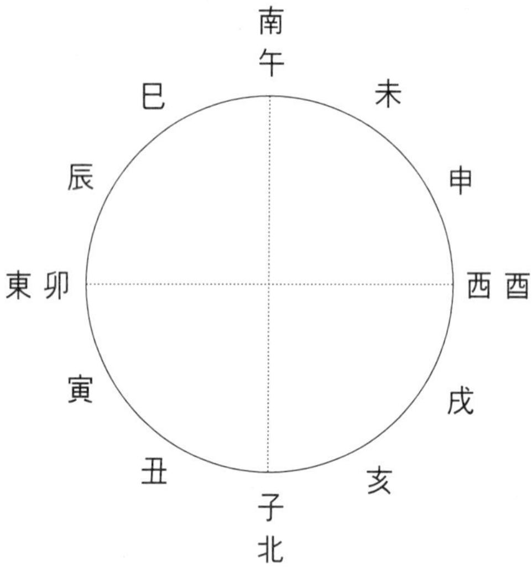

地支 = 子 丑 寅 卯 辰 巳 午 未 申 酉 戌 亥

지지는 만물의 변화하는 기운을 나타내니 변화상을 나타내는 주기는 모두 12지지로 나타낸다. 모든 변화는 땅에서 일어나므로 기준선인 평면도는 하늘(天干)이 되고 변화를 나타내는 것은 땅(地支)이 나타낸다. 서로 착종*되어서 만물을 변화시키고 있는 것이다. 그러므로 하루의 변화주기를 나타내면 12시간으로 나타나고 일 년의 공전주기를 나타내면 12개월로 나타난다. 어떠한 변화이든지 그 주기는 12지지의 주기로 분석이 된다. 모든 변화상이 12로 분석이 되는 원인을 살펴보면 다음과 같다.

---

* 착종(錯綜): 복잡하게 뒤얽힘.

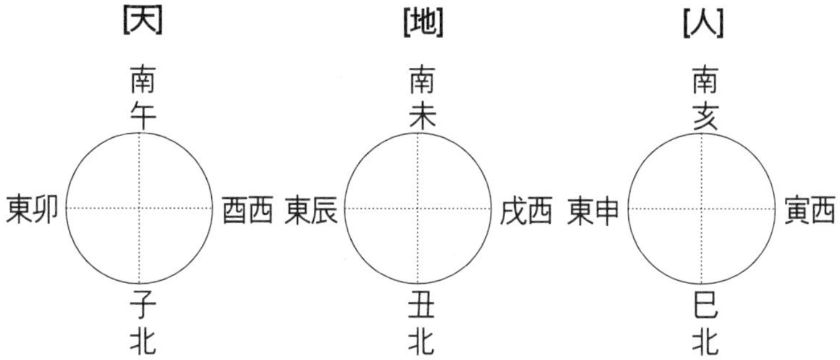

천지인(天地人) 삼계(三界)는 형상으로 구분하면 4가지의 기준점이 성립이 되므로 천지인 삼계의 변화는 12가지 기준점에서부터 시작되니 가장 근원적인 변화를 나타내는 것이 12지지(地支)이다. 12지지의 변화가 평면도를 기준으로 승강(乘降)작용을 하면서 만물을 생성 변화시킨다. 이것은 하루를 나타내면 지구의 자전(自轉)이요 일년을 나타내면 지구의 공전(空轉)을 나타낸다.

자축일양(子丑一陽) 인묘이양(寅卯二陽) 진사삼양(辰巳三陽) 건삼연(乾三連)이 되어 하늘의 변화를 나타내고 오미일음(午未一陰) 신유이음(申酉二陰) 술해삼음(戌亥三陰) 곤삼절(坤三絶)이 되어 땅의 변화를 나타내어 건곤(乾坤)의 변화가 바로 동정(動靜)의 변화로서 만물이 변화인 것이다.

4) 우주(宇宙)의 구성원리(構成原理)와 변화원리(變化原理)

우주(宇宙)의 기본 구성은 천지인(天地人) 삼(三)이다. 인간은 하늘을 이고 땅을 밟고 서서 천지(天地)의 가운데를 점유하고 있는 것이다. 천지인은 삼을 구분이 되나 항상 같이 공존하므로 셋(三)이자 하나(一)이다. 이것이 우주의 기본구성 원리이다.

우주는 형상을 지니고 있으므로 이차원(二次元) 평면에서 가장 원만한 상인 정원(正圓)으로 표시를 한다. 원(圓)으로 구분하면 중심과 원주와 내용이 삼으로 구분된다. 중심과 원주, 내용 모두 합하여 원이라 하므로 삼(三)이자 일(一)이 되는 것이다.

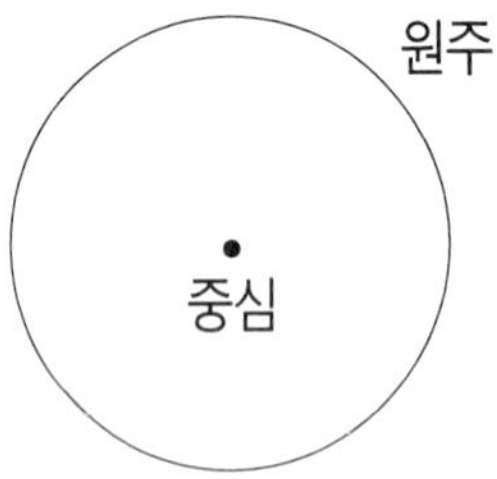

우주는 삼차원(三次元)의 공간에서 변화를 하므로 입체(立體)에서 나타내면 구(球)로 표시된다. 평면(平面)인 원에서는 오중(五中)이 나타나지만 입체(立體)인 구(球)에서는 칠중(七中)이 나타난다.

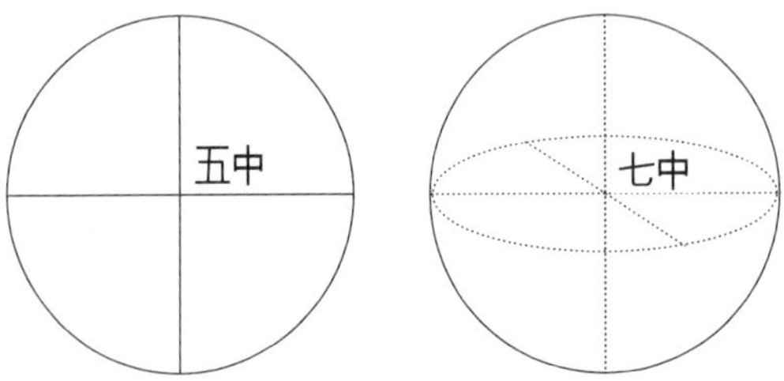

圓 球

우주(宇宙)의 형상(形像)은 모두 입체인 구(球)로써 나타난다. 따라서 모든 물상(物像)은 같은 형상과 같은 원리(原理)로 상호 변화작용을 한다. 그러므로 대우주(大宇宙)는 천지인(天地人) 세 개의 구(球)가 하나로 복합된 형상이 되는 것이다.

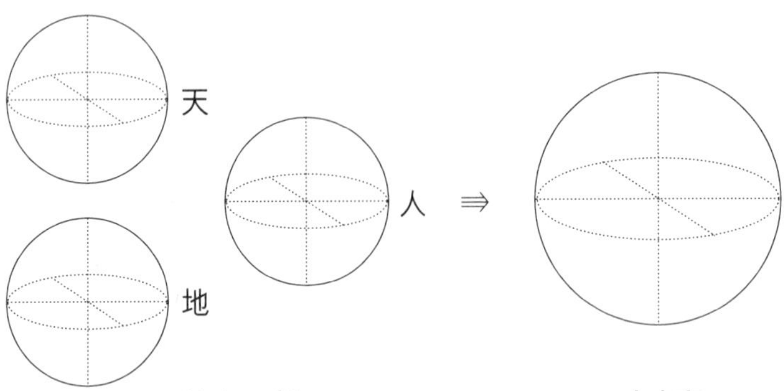

天地人 三極 大宇宙

우주만물은 모두 중심을 가지고 있다. 어떤 물건이건 중심이 없는 것은 없다. 모든 물상(物像)의 중심을 구별하는 것은 인간이 하는 것이다.

그것은 인간에게는 변하지 않는 중심(自性)이 있으므로 변하는 물상의 중심과 변화상을 인지할 수 있는 것이다. 물체인 인간 속에 우주의 중심과 하나가 되는 중심(自性)이 있으므로 만상을 구분 지을 수 있고 이 구분 짓는 작용을 마음(心)이라고 한다.

그러므로 모든 구분의 시작은 마음의 근원인 자성에서 하므로 변하지 않는 자성인 일(一)에서부터 구분을 지어가고 수천 수만의 구분을 지어도 종국에는 일로써 귀결되어진다.

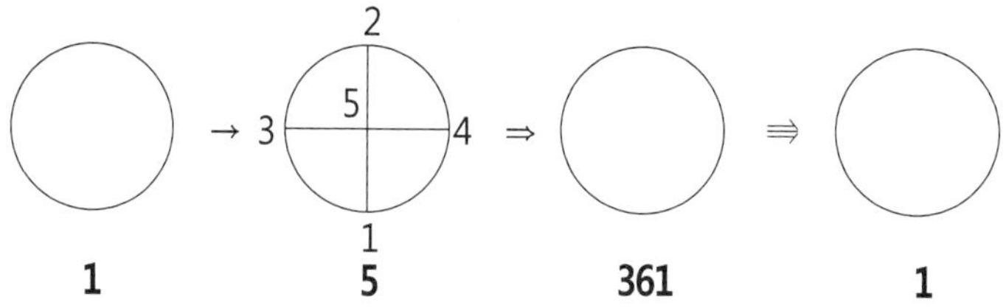

천지인(天地人)을 도형으로 표시하면 ○(圓), □(方), △(角)으로 표시한다. 원은 360도(度)로써 천(天)을 나타내고 방은 360도로써 지(地)를 나타내고 각은 180도로써 인(人)을 나타낸다. 이 세 가지 도형이 우주(宇宙)을 나타내는 기본원리이다.

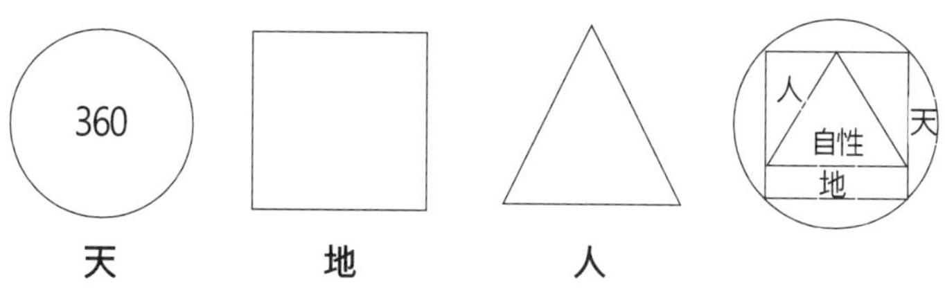

인간의 육신도 하나의 물체이다. 그 속에 자성(自性)의 변화인 마음(心)이 작용을 한다. 그러나 육신을 가지면서 자성이 가리워져 자성을 늘 사용하면서도 자성의 실체를 망각하고 있는 것이 인간이다. 모든 물체는 자성을 갖지 않은 것이 없으므로 물체를 중심으로 분석하면 눈에 보이지 않는 자성을 발견할 수가 있다. 그러므로 상(像)의 분석으로부터 출발을 하기로 한다. 공간 속의 물체는 모두 축(軸)을 가지고 있다. 축을 기준으로 변화를 하는 것이다. 그러므로 대우주(大宇宙)는 천지인(天地人) 세 축으로 구성되어 있다. 이를 도형화하면 아래 그림과 같다. 세 축으로부터 중심에서의 중이 칠중(七中)으로 나타난다. 구(球)의 중(中)은 칠중(七中)으로 나타난다. 육중(六中)에서 중심을 볼 때 중심은 칠(七)로써 존재하나 이것은 물상(物像)의 중심이다. 구(球)에서는 육중(六中)의 어느 위치에서 보아도 똑같은 원만상으로 나타난다. 즉 육중은 모두 십(十; 위선과 경선)의 중(中)을 나타난다.

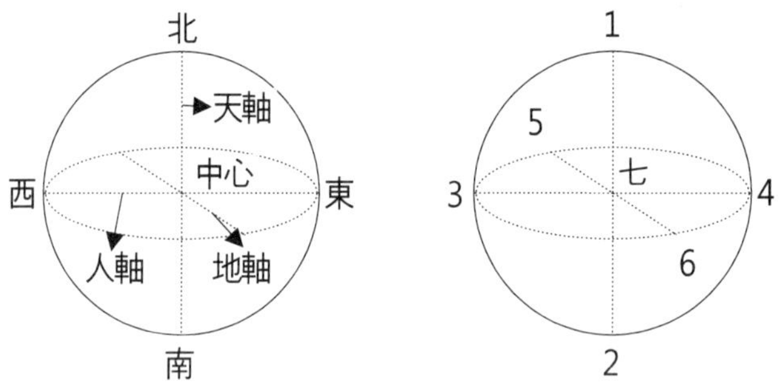

우주(球)를 구분 지으면 세 축으로 일탁(一度)에 삼계가 벌어진다. 일탁(一度)에 삼계가 벌어진다는 것은 상(像)이 면(平面)으로 나타나는 것을 말한다. 삼계(三界)를 면으로 구분해보면 다음과 같다.

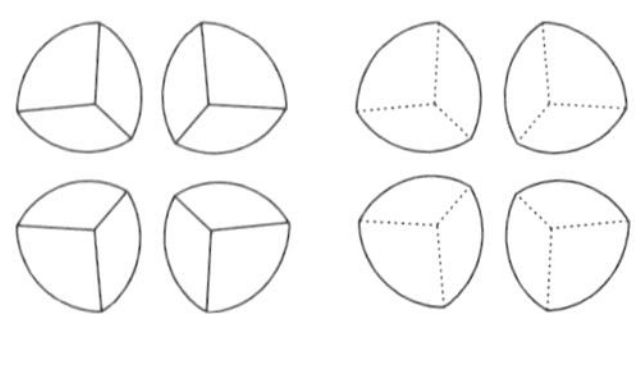

지혜의 칼로써 북(北)에서 경(經)으로 한 번, 위(緯)로 한 번, 두 번 자르고 동(東)에서 한 번 더 자르면 일탁(一度)에 삼계(三界)가 벌어지는 동시에 개체로는 팔개(八個)로 된다. 구(球)를 일탁(一度)에 삼계로 벌리면 8조각으로 나누어진다.

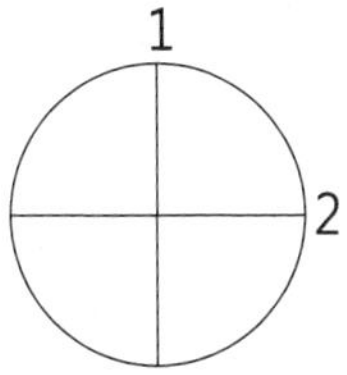

北平面圖

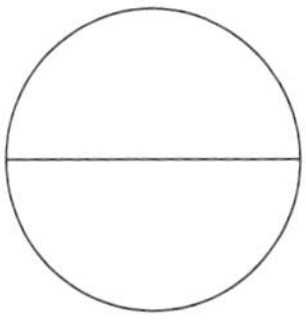

東平面圖

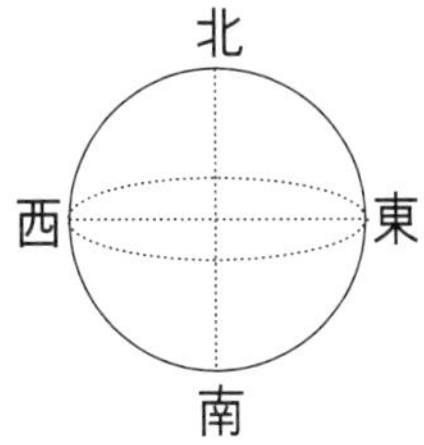

즉 천(天)의 사상(四像), 지(地)의 사상(四像)으로 나누어지는 것이다. 그러므로 물상(物像)의 최소 구분은 팔(八)이 되며 상(像)을 재는 기본수로써 팔괘(八卦)가 된다. 여기서 숙고하면 구(球)를 육중(六中)에서 볼 때 물상의 중심인 칠(七; 天中)은 삼계(三界)를 구분하고 보면 8개의 개체도 형상은 원만한 구(球)가 아니나 이(理)는 상(像)의 이(理)를 지니고 있으므로 구(球)와 같은 방법으로 구분되어진다. 즉 우주만상(宇宙萬像)은 이(理)에서는 모두 같은 구(球)가 되는 것이다. 8은 전체의 칠중(七中)이 사라졌으나 전체의 중(中)인 칠(七)을 포함하고 팔(八)을 내포하는 구(九)로 구(球) 전체를 나타내는 것이다.

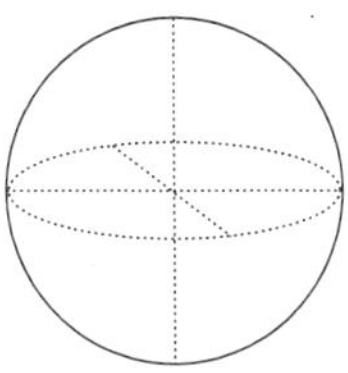

⇒ 九

다시 원점에 논해보면 구(九)를 일(一)로 보았고 삼계(三界)를 나누어보면 삼(三)으로 보았고 물상(物像)의 마지막 부분에서는 구(九)로써 보았다.

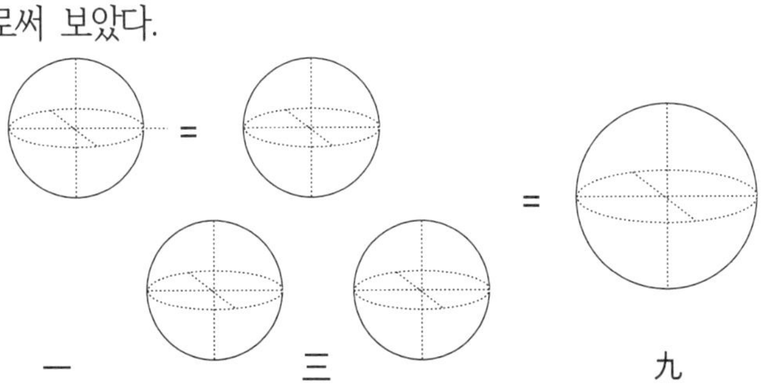

一 = 三 = 九가 된다.

여기까지는 입체(立體)의 구분을 논하였고 이제는 구분의 시초인 평면(平面)을 구분해 보자. 삼계(三界) 일탁(一度)에 벌어진 형(形)을 육중(六中)에서 보면 아래의 상(像)이 6개 나타난다.

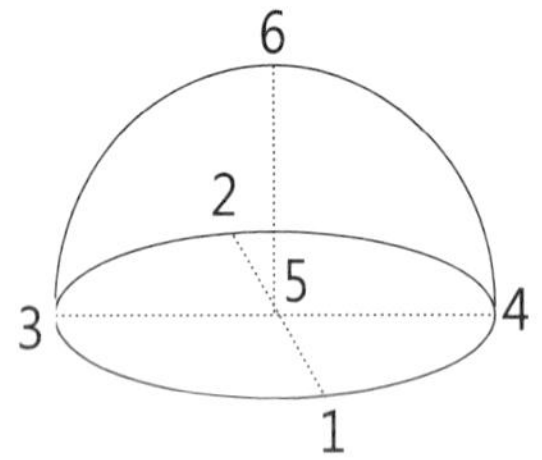

육중(六中)에서 평면도를 나타내면 2차원 평면의 원(圓)이 된다. 원을 중심으로 경위(經緯)로써 구분하면 4중(四中)이 생기고 중심은 5중(五中)이 된다. 이런 원이 입체에서는 6개가 중첩된다. 여기서 원을 다시 관찰하면 다음과 같다. 원(圓), 방(方), 각(角), 종(縱), 횡(橫), 점(點)은 이차원 평면의 모든 변화상을 나타낸다.

4중(四中)을 선으로 이으면 □이 형성되고 □은 면으로 나타난 상(像)이고 360의 이(理)를 간직하고 있다. 그러므로 4각(四角)인 면으로 나타난 입체는 육면체만 존재한다. 구분된 입체는 정육면체, 모(方)는 8개 모서리는 두 면이 만나는 곳은 12지지(地支)가 형성(形成)된다. 삼계(三界)가 일원화(一元化)되면 8×3=24방(方)이 형성되고 면(面)으로는 6×3=18면이 되고 모서리는 12×3=36궁(宮)이 형성된다.

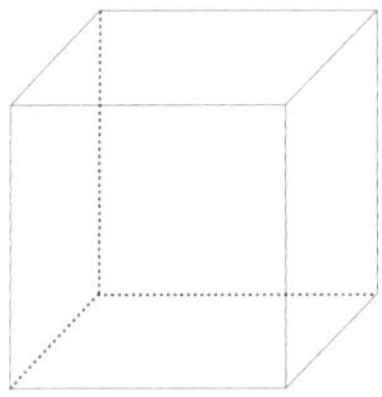

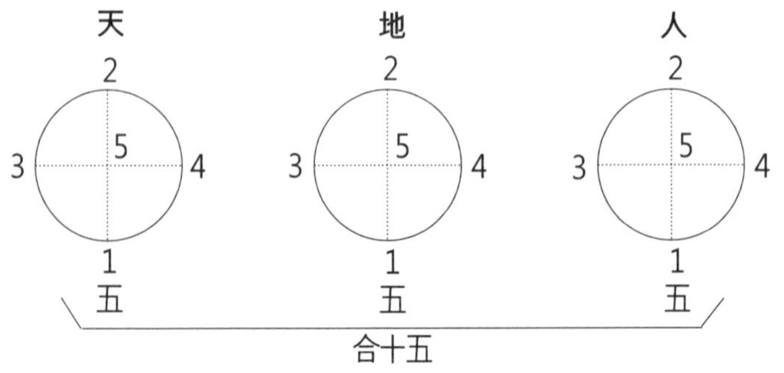

선천(先天) 삼계(15, 낙서)를 삼계(三界)를 평면차원에서 본 것이고 후천 삼계(後天三界)(활용수; 活用數) 18(龍潭)은 삼계를 입체차원에서 본 것이다.

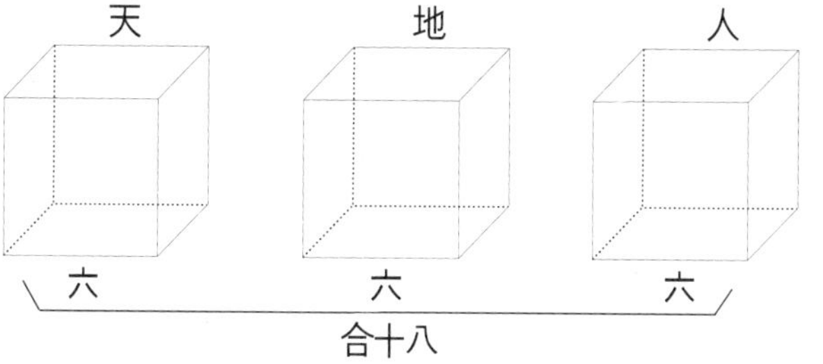

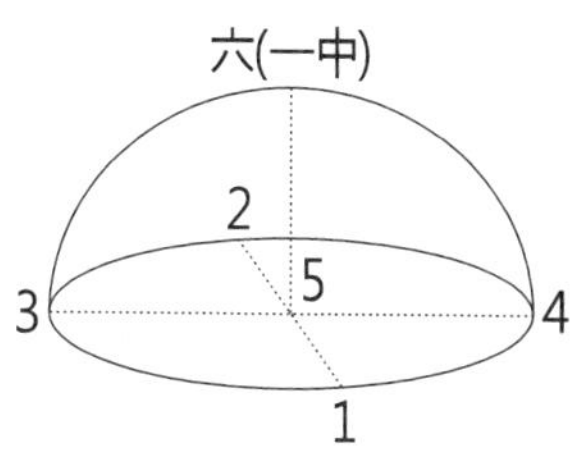

다시 육중(六中)에서 본 평면도(平面圖)를 고찰하면 다음과 같다. 평면이 중오(中五)를 입체화시키는 것이 육(六)이다.

구(球)에서는 평면(平面)의 오(五)가 육중(六中) 모두에 나타나므로 오(五)가 여섯 개째가 되고 칠중(七中)의 중(中)에서 오(五)는 일곱 개째의 오(五)가 되는 것이다. 그러므로 평면의 오(五)가 육중(六中)의 매개작용을 거쳐서 오·칠두수(五·七斗數)로 입체가 구성된다. 이를 수식으로 나타내고 5×7=35로 이차원(二次元)이 칠차(七次)로 꼬여서 삼원(三元)의 구(球)가 된다. 따라서 5×7=35는 만물의 변화를 나타내는 공식이며 우주(宇宙)는 삼계(三界)가 공존하므로 5×7=35, 35×3(삼계)=105 이를 선수(仙數)라고 한다.

선(仙)은 변화를 나타내는 것으로 인간 마음의 변화작용이다. 5와 7이 변화를 하면 육중(六中)이 생성(生成)의 매개자가 되어 상대가 없는 중(中)이 되므로 자체가 스스로 변하니 6×6=36궁(宮)이고 삼계를 화하니 36궁×삼계=108로 불수(佛數)가 되고 내

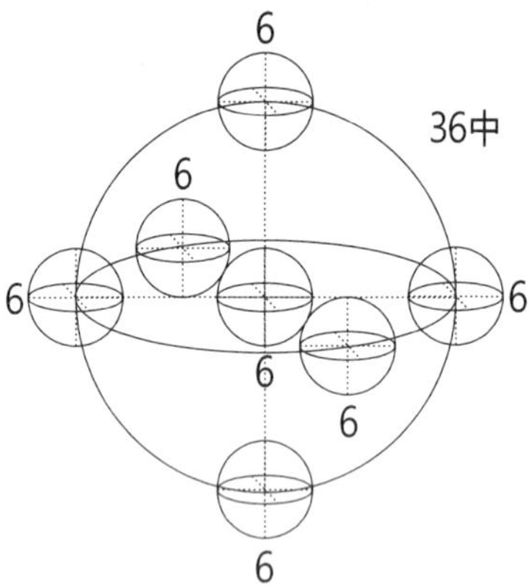

36中 내용은 35
佛 仙

마음의 중심 자성(自性)이 된다.

이러한 불(佛)의 이(理)에 따라 나타나는 선(仙)의 변화질서가 유(儒)로 나타나는 것이 시공(時空)으로 인간이 활용을 하게 되는 것이다. 다시 구(球)의 구분에서 시작을 하면 일(一)에서 시작하여 삼(三)을 거쳐 구(九)에 도달하면 형상(形像)의 구분은 끝이 난다. 여기서 구(九) 형상(形像)을 유(有)로 보고 형상의 원인을 무(無)로 보아서 유무(有無)의 상대로 본다. 물론 이것은 자성(自性)에서 구분한다. 상(像)은 중(中)인 구(九)에서는 중심으로 되돌이키는 방법밖에 없다. 구(九)에서 칠중(七中)으로 돌이키면 이때에 물상(物像)의 중(中)인 칠(七)이 무형(無形)의 천지인(天地人) 삼축(三軸)과 공존하는 무(無; 十)가 되어 상(像)이 사라져 버리나 무(無; 十)에서도 천지인(天地人) 삼축(三軸)의 중심(中心)이 공존하고 그 중에서도 인축(人軸)의 중(中)이 십일(十一)로써 자성(自性) 자리를 나타내어 구(九)와 십(十) 유무(有無)를 구분하여 놓는다. 이제는 물상의 중(中)인 칠(七)이 삼계실중(三界實中)인 십일(十一) 자성(自性)으로 뒤집어진다. 중심이 십일(十一)이 되니 물상(物像)의 중(中)인 구(九)는 십삼(十三)이 되고 물상 팔(八)인 내용은 십이(十二)가 된다. 따라서 우주의 변화는 십삼차원(十三次元)의 절대극(絶對極)으로 존재하고 중심은 십일(十一)인 인간의 자성이고 물상의 극(極)인 구

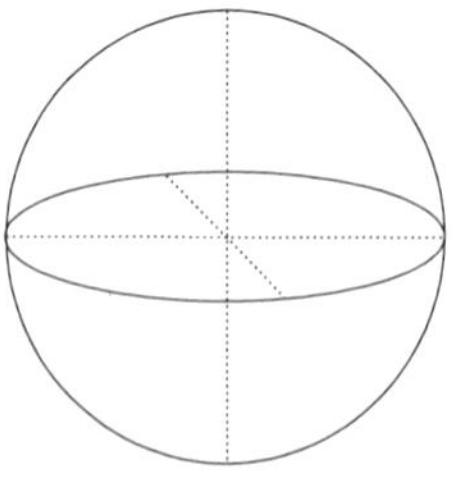
九

(九)에서 중(中)으로 십(十)을 뒤집으면 십(十)은 시방세계(十方世界)로 우주의 공간(空間)을 형성(形成)하고 주(宙) 십이(十二)는 공간에서 우(宇) 삼계가 공전하는 것을 나타낸다. 따라서 십(十)은 천간(天干)으로 갑을병정무기경신임계(甲乙丙丁戊己庚辛壬癸)의 십자(十字)로써 시방세계를 형성하며 방위는 평면에서 나타나므로 아래 표와 같이 나타난다.

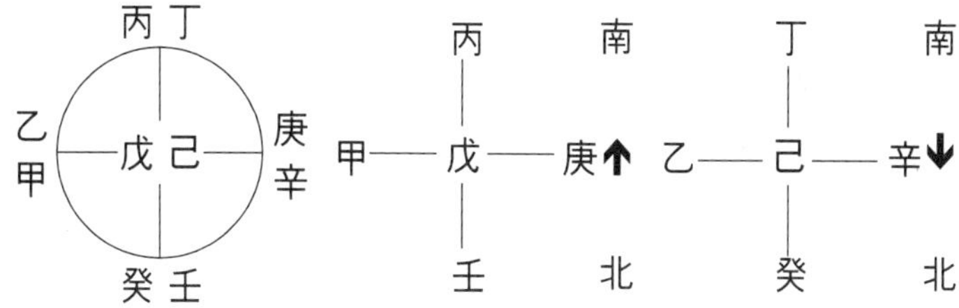

五 行　　**北에서 南으로 보는 시각**　　**南에서 北으로 보는 시각**

십이(十二)는 천지인(天地人) 삼구(三球)의 동서남북(東西南北) 4중(四中)을 나타낸다.

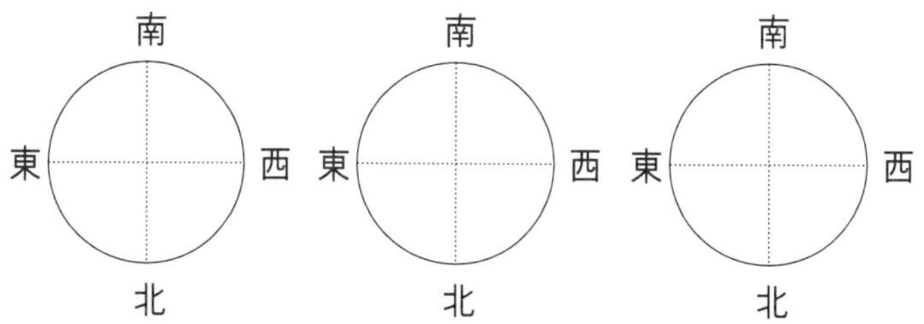

天　　**地**　　**人**

여기서 삼계(三界)의 변화는 12지지(地支)로써 나타낸다.

인간은 지구의 표면에 위치하며 입체의 육중(六中)과 중심의 2단 변화를 함으로 6×2=12가 되고 이를 문자로 나타내면 다음과 같다.

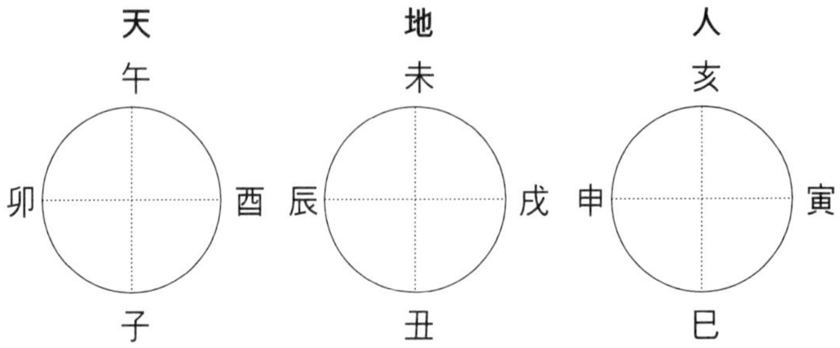

삼계(三界)의 변화(變化)가 12지지(地支), 즉 육기(六氣)이다. 따라서 삼계의 변화는 천간(天干) 10자(字)와 지지(地支) 12자로 써 모든 변화상을 나타낸다. 이러한 삼계 형상의 근본은 팔(八)이므로 평면(平面)에 나타나는 팔방(八方)의 체(體)에서 삼계의 변화를 구분하는 기준이 된다.

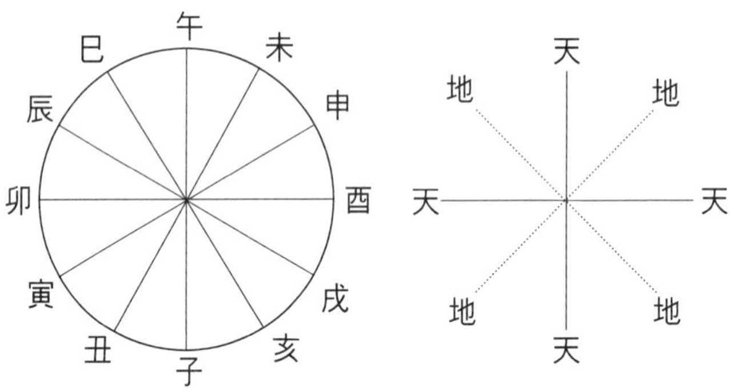

천사상(天四像)과 지사상(地四像)을 인중(人中)에서 구분하여 지(地)를 사유(四維)로 표현하였다. 위의 그림처럼 팔괘(八卦)에서 삼계(三界)를 동시에 나타내고 있다. 구(球)의 구분에서 일(一)에서 구(九)하여 십(十)까지의 구분은 구분의 시초인 평면의 오(五)가 육(六)의 매개작용으로 생성의 변화를 하는 것이 십(十)이다.

이(理)가 형상으로 변해가는 과정을 구변(九變)이라 하며 선천

(先天)의 변화이고 형상(形像)에서 이(理)로 되돌아가는 것을 구복(九復)이라 하며 후천(後天)의 변화이다.

<table>
<tr><th colspan="5">生 數</th><th colspan="5">成 數</th></tr>
<tr><td>一</td><td>二</td><td>三</td><td>四</td><td>五</td><td>六</td><td>七</td><td>八</td><td>九</td><td>十</td></tr>
<tr><td colspan="8">--⇒</td><td colspan="2">九變</td></tr>
<tr><td colspan="2">九復</td><td colspan="8">⇐--</td></tr>
</table>

시천주 현무경(侍天主 玄武經)에서

* 위 글을 읽고 새겨보면 천부경을 이해하는 데 큰 도움이 될 것으로 생각됨.

24

한반도에 대도약의 기운이 몰려오고 있다

이 충 용 (서울대 교수·전자공학)

요사이 3,000년 만에 형성되는 성좌(星座)가 이루어지고 있어 한반도에 기가 모이고 있다고 말하는 사람이 가끔 볼 수 있다. 이러한 내용은 책에서도 접하게 된다. 예로부터 우리나라에서는 '기가 통한다', '기를 모은다' 등 기가 무엇인지 확실한 개념 없이 기라는 말을 여러 경우에 자주 써오고 있다.

그러면 '기'란 무엇인가. 기를 과학적인 용어로 표현하면 '에너지의 흐름' 또는 '에너지'라고 말할 수 있고, 형태는 전기(Electric Energy), 자기(Magnetic Energy), 공기(Air Energy), 열기(Thermal Energy) 등 무수히 많이 존재한다.

천기와 지기가 모여서 뭉치게 되면, 사람도 되고 나무도 되고 새도 되어 우리가 구체적으로 감지할 수 있는 물체가 된다. 사람이 죽거나 나무가 죽으면 기가 흩어져 우주 공간으로 돌아간다. 우주 공간에 들어 있는 에너지의 양, 즉 기의 절대량은 항상 일정하다.

사람이 태어나서 죽고 나무가 돋아나 자라서 고목이 되어 없어지는 것은 기가 뭉치고 흩어지는 현상, 다시 말해서 기가 형태를 바꾸어 가며 변화하는 현상이라고 볼 수 있다.

기(氣)의 집산 따라 만물은 생성·소멸

그러면 한반도에 기가 모이고 있는 현황을 살펴보기로 한다. 이 지구상의 인간을 비롯한 생물 및 무생물은 하늘로부터 오는 에너지, 즉 천(양)기와 땅으로부터 지(음)기가 서로 만나 뭉쳐서 형성되었다.

또 땅에서 하늘로부터의 기를 받더라도 천(양)기를 받는 위치에 따라 그 효과가 크게 달라진다. 한반도에는 천(양)기를 받으면 지(음)기와 융합하여 인간을 비롯한 만물에 기(에너지)가 넘쳐흐르게 되나 중동이나 아프리카에서는 그렇지 못하다. 한반도에서 태어난 사람은 기가 너무 넘쳐흘러 새벽부터 밤늦게까지 공부 또는 일을 다이내믹하게 한다. 데모를 해도 조용히 못하고 화염병을 던지거나 큰 돌을 던져야 직성이 풀린다.

일제로부터 해방되었을 당시 우리나라에는 고급인력, 기술, 자본, 자원 등 모두가 거의 제로상태에 있었으며 더군다나 한국동란 3년 동안 전국토가 거의 초토화되었다.

그러나 1961년 한국의 공업화를 시작한 불과 32년의 짧은 기간에 경제, 산업, 과학 등 여러 분야에서 오늘날과 같은 기적적인 성장을 할 수 있었던 근본적인 원인은 한반도에 기가 모이고 있기 때문이다.

일반적으로 전기(Electric Energy)의 방전(Spark)은 뾰족한 데서 일어난다. 전기 스파크는 평평한 곳(넓은 평원)에서는 전하(기)의 밀도 낮아 일어나지 않는다.

따라서 한국은 지형이 길고 좁은 반도이므로 한반도의 남쪽

끝 부분에 기가 모이고 그 기가 강하다는 것을 알 수 있다. 그리고 중국같이 나라가 두루뭉술하고 큰 평원이 있는 땅에는 기의 밀도가 낮고 사람의 성격도 만만디(慢慢的)가 된다.

팔랑개비를 들고 있는 한국 어린이는 바람이 안 불면 팔랑개비를 들고 막 뛰어서 돌리나 중국 어린이는 바람이 불 때까지 마냥 서서 기다린다는 것이다.

기가 강해지는 데는 하늘에서 오는 기의 영향이 크다. 최근에 3,000여 년 전에 동이족(백두산 민족, 요순임금도 동이족임)이 중국의 중원까지 지배했던 전성기에 이루어졌던 성좌가 다시 이루어져 하늘의 기가 한반도에 모이고 있다.

예로부터 사람들은 '위인은 ○○산의 정기를 타고 난다'고 한다. 정기의 '정(精)'자는 '쌀 미(米)'자와 '푸를 청(靑)'자의 합한 글자로서 벼가 푸를 때 벼가 가장 강한 상태에 있을 때의 기라는 뜻이다.

정기는 만물을 생성시키는 원기, 다시 말해서 만물이 생겨나게 하는 근원이 되는 에너지를 뜻한다. 한국인 개별적으로 볼 때는 ○○산의 정기를 타고 났다고 말하지만 한국 민족 전체를 말할 때는 백두산의 정기를 타고난 민족이라고 말할 수 있다.

그러면 백두산의 정기(에너지)의 발생에 대해서 생각해 보기로 한다. 백두산의 높이는 해발 2,749.6m이고 천지의 수면은 해발 2,155m, 둘레는 13.11㎞, 최대 수심 383m이다. 천지에 담겨 있는 물의 무게는 약 40억 톤이다. 이 물의 70%는 빗물이고 30%는 땅에서 솟아오르는 물이라 한다. 즉 12억 톤이 땅에서 솟아나는 용수이다. 따라서 백두산 천지의 물은 항상 넘쳐흘러 웅대한 장백폭포(높이 68m)를 이루며 길이 1,927㎞의 송화강의 발원이 된다.

만일에 인간이 전기를 사용하여 이 12억 톤의 물을 2,155m 끌어 천지에 올린다고 생각하면 약 29조 kW의 전력이 소요된다. 이것은 백두산에서 엄청나게 큰 에너지(기)가 발생하고 있음을 말해준다. 이와 같이 거대한 기가 발생하는 산은 지구상에서 다른 곳에는 또 없다.

한반도의 기는 한민족의 영산인 백두산에서 발생하여 각 산맥을 통하여 전국으로 흐른다. 백두산에 생긴 기의 주류는 개마고원을 거쳐 태백산맥을 통하여 흘러오다가 산맥이 끊어지는 부산에서 멎는다. 태백산맥의 지맥인 소백산맥을 통하여 기는 호남지방으로 흐른다. 흐르는 기는 산맥의 종단에 모인다. 따라서 기는 산맥의 종단에서 최강 상태가 된다.

민족 영산 백두산은 거대한 발전기와 같아

이 기의 흐름과 산맥과의 관계는 전기와 전송로와의 관계로 비교유추(Analogy)를 취하여 생각하면 명료해진다. 산맥은 전기선로에 대응시키고 기는 전압에 대응시켜 생각한다. 백두산은 한민족의 기를 발생하므로 교류 발전기에 대응된다.

교류 발전기(백두산)에서 발생한 전기(기)는 전선(산맥)이 끊어져 있는 종단에서 전압이 최대가 된다. 이때 전류는 반대로 최소가 된다. 그리고 선로의 종단에서 발전기(백두산) 쪽으로 거슬러 올라가면 전압은 점점 떨어지고 전류는 점점 커진다.

전압(기)은 전하(사람 또는 돈)를 이동시키는 힘이고 전류는 전하가 이동하는 현상이다. 기는 산맥의 종단에서 가장 강하므로 사람을 드라이브하는 힘은 태백산맥이나 소백산맥의 종단 근접에서 태어난 사람에게 크게 생긴다. 그러나 서울은 전류가 최대가 되는 지점이기 때문에 한국 인구의 4분의 1이, 또는 돈의 대부분이 서울에 모여 있다.

고구려, 백제, 신라의 삼국시대에 고구려가 신라를 패망시키지 못한 것은 태백산맥의 종단 쪽이 기가 더 강하기 때문이다. 6·25 때도 대구, 부산 지역이 살아남은 것도 같은 맥락으로 생각할 수 있다.

큰 산맥의 종단(육지)에서 떨어져 있는 섬에는 유도 전기의 발생 원리에 의해서 육지와 반대 극성의 음기가 생긴다. 예를 들면 제주도에는 음기가 강하여 남자는 기를 펴지 못하고 여자가 주도권을 쥐게 된다. 따라서 제주도의 강한 음기를 다소나마 누르기 위하여 예로부터 하르방(남성의 상징물)이 사방에 서 있다.

태백산의 종단에서 좀 떨어져 있는 거제도와 소백산 종단 근처에 있는 하의도에도 음기가 발생한다. 이들 섬에서 태어난 사람은 지도급 야당 생활을 하게 되어 있다. 그러나 거제도의 경우는 좀 다르다.

거제도에는 1972년에 거제대교가 건설되어 육지의 기가 섬으로 흘러 들어가 거제도의 기는 음에서 양으로 바뀌었으며 또한 거제도가 태백산맥의 종단이 되게 되어 거제도의 기가 제일 강해졌다.

21세기엔 한국이 세계를 주도할 듯

그러면 백두산의 기의 변화주기, 즉 한반도에 발생한 기의 변화주기를 생각해 보기로 한다. 최근에 한반도의 기가 영의 상태에 있었던 때가 6·25동란이 났던 1950년이라고 볼 수 있다. 여기서 다시 과거로 올라가면 1592년 임진왜란이 나던 때이며 더

거슬러 올라가면 몽골의 1차 침략이 있었던 1231년이었으며 더 과거로 가면 고구려와 백제가 패망하고 기훤, 양길, 류긍순, 청길 등이 서방에서 난을 일으키던 889년이었다.

이상과 같이 기의 제로 상태와 제로 상태와의 시간 간격은 약 360년이며 180년은 기가 상승하고 나머지 180년은 기가 하강한다. 최근에 한국의 기는 1950년부터 올라가기 시작하여 이미 42년이 지났다. 따라서 앞으로 약 140년은 기가 상승하게 되어 있으므로 21세기는 한국의 기가 주도하는 세기가 되는 것이 명백하다.

한 나라가 강성하고 발전하려면 그 나라가 천기와 지기의 조화작용의 중심부에 들어 있어야 하는데 이 기의 중심은 3,000년 전에는 중국 대륙에 있었던 것이 점차적으로 유럽, 미대륙으로 옮겨져 목하 일본을 거쳐 한반도로 오고 있다. 이 기의 중심은 우주공간에 있는 성좌와 지구와의 상호작용에 의해서 생긴다. 우주의 성좌는 주기적으로 변화한다. 천기와 지기의 상호작용의 중심은 2,000년대 초에는 다시 한반도에 들어온다.

따라서 1995년경에는 한국의 남북을 가로막고 있는 장벽이 거의 무너지게 될 것이다. 이렇게 되면 만주의 200만 동포, 시베리아의 50만 동포, 이 지역의 무진장한 자원이 통일된 한국의 영향권에 들어오게 되며 기의 중심에 있는 한국은 다시 한 번 대도약을 하여 세계를 주도하게 될 것이다. 통일이 되어 만주, 시베리아까지 미치는 영역이 되어 확장되더라도 기는 한반도의 끝이 제일 강하므로 남한이 이니셔티브를 쥐게 될 것이다.

우리가 여기서 명심해야 할 것은 한국의 운세가 올라가고 있으므로 무슨 일이든지 성심을 다하여 열심히 하기만 하면 다 잘되게 되어 있다는 것이다. 우리는 한반도에 모여드는 기를 선용하여 모든 사람이 행복하게 잘 살도록 연구하고 노력하지 않으면 안 된다.

다시 말해서 기에는 물리적인 것과 정신적인 것이 있다. 전자를 X축, 후자를 Y축으로 놓으면 X축과 Y축의 길이기가 같을 때 이 두 축이 이루는 면적이 최대, 즉 인간이 가장 행복하게 된다. 이 두 축 중에서 어느 한쪽만 길면 인간은 불행해진다. 우리는 한민족의 행복을 위해서 이 점을 절대로 잊어서는 안 될 것이다.

1994년 12월 「열매」지에서

* 위 글은 1994년에 역학자가 아닌 전기공학 교수가 쓴 것이다. 18년이 지난 지금이 교수의 예언과 현실을 비교해 보자. 실로 명쾌한 비교가 놀랍지 아니한가?

25

한국저명대전집(총론)

韓國著名大全集(總論)

(격암유록 · 삼역대경 · 대순전경 합본)

신학자 **조성기**(趙聖紀)

1) 총 론(總論)

세계(世界) 속에 한국(韓國)을 건설(建設)하고 한국 속에 세계를 건설하려는 새 역사창조(歷史創造)의 새마을·새마음 운동은 한국민족을 역사적 필연성(必然性)을 띠고 단군성조신시(檀君聖祖神市) 창설(創設) 이래 오늘날까지 끊임없이 한민족(韓民族)의 활력소(活力素)가 되어왔다고 본다.

이 꿈은 인류(人類)의 꿈이요, 잃어버린 낙원(樂園)의 회복운동(回復運動)이요 하늘 세계에서만 맛볼 수 있으리라 생각했던 아름다운 세계를 이 지상에 건설하려는 지상선경(地上仙境)·지상낙원(地上樂園) 사상이었다. 우리의 선령(先靈)들은 일찍이 이상향건설(理想鄕建設)의 꿈에 부풀어 문필가(文筆家)·도학자(道學者)·명현군자(名賢君子)·제왕(帝王)들에 의해 면면(綿綿)히 추구(追求)해 왔던 지상낙원 사상이었다.

이 땅에 새마을·새마음 운동이 요원의 불길처럼 번져 가슴 뿌듯한 가운데 이 운동만이 우리의 살길이라는 신념이다. 본 주해자로서는 이 개명시대(開明時代)를 당하여 우리 선민(先民)들은 과연 어떠한 낙원을 이 땅위에 건설해 보고자 이상향 건설의 청사진을 어떻게 제시했나 고찰(考察)해 보는 중 격암유록(格庵遺錄)·삼역대경(三易大經)·대순전경(大巡典經)·에서 객관적인 공통점(共通點)을 발견하였다. 그 기쁨을 감출 길 없어 본서를 합본(合本)하여 우선 컬컬한 목이라도 축이는 격으로 난해절과 난해구절을 일부를 풀이하여 내놓는 바이다.

본서는 한국민족의 고유한 이상향 건설에 대한 미래상(未來像)이 청사진처럼 제시되어 있다는 데에 그 진가(眞價)를 발견하였기에 주해(註解)한 것이다. 또한 인류의 숙원이자 우주적(宇宙的)인 지상낙원(地上樂園)이 한국 땅에 출현된 성인에 의해 이 한국 땅위에 건설된다는 것이 합본서(合本書)의 핵심요체(核心要諦)인 것이다.

인간창조 이후 조물주(造物主; 상제)의 말씀에 불순종(不順從)하여 불노불사(不老不死)의 장춘세계(長春世界)의 낙원에서 추방되어 사망에 빠졌던 인류가 낙원을 되찾는 운동을 하는 것은 인류의 꿈이었으며, 이 꿈을 실현시켜 보려고 필생의 과업으로 여겨보았던 선현들은 그 얼마나 많았던고!

이번 제시한 합본도서는 분명히 증거(證據)하고 있다. 인간의 보금자리인 낙원(樂園)! 이상향의 회복이 바로 이 한국 땅에서 이루어질 것은 예언(豫言)했으며 그 낙원건설의 주인공(主人公)도 제시했다는 데 놀라움을 금할 수 없었다.

아무쪼록 본서가 제현(諸賢)들에게 읽혀지고 깨닫게 되기를 바랄 뿐이다. 그리고 한국인의 긍지와 자부심을 가지고 새마을·새마음 운동의 촉진제(促進劑)가 되어 수많은 선지성현(先知聖賢)들의 꿈에도 그리던 이상향 건설이 하루 빨리 이 땅에서 이루어지도록 합심진력(合心盡力)해야 될 때라 생각한다. 그리하여 먼저 알고 발견한 자의 기쁨을 함께 나누어보고자 역경 속에서 본서를 발간하게 된 것이다. 본서의 내용은 선경건설(仙境建設)에 있어 영적(靈的)으로 여러 가지 절차와 문제를 제시했고 그 이룩하는 과정에서 조건이 호악조건(好惡條件)으로 구별되었으나 여하한 조건일지라도 이 땅위에서 기필코 이룩하고야 말 것을 제시한 것이기에 통쾌(痛快)하기 짝이 없다. 그러나 위에 제시한 본서의 서술방법(敍述方法)은 그 당시는 개명시대(開明時代)가 아닌 봉건주의 왕권시대(王權時代)라 완벽하게 파자법(破字法)으로 되어 있기 때문에 천지도수 운행법(天地度數運行法)에 맞추어 보기 전에는 깨달을 수 없도록 비서(秘書)로 전수(傳授)되어 왔던 것이다. 지금까지 본서에 대한 연구저서(研究著書)가 없었으며 연구할 수도 없었으나 이제 개명시대를 당하여 고전의 진가를 탐색(探索)하게 된 것이다. 이 참서(讖書)에 정통한 체계원리(體系原理)에 의해 합본서의 그 내용에 구성된 주인공의 사명이 동일인물(同一人物)임을 밝혀두는 바이다.

2) 간행목적(刊行目的)

인류사상(人類史上) 어느 민족이나 그 민족 나름대로 고유의 종교풍습(宗教風習)과 생활양식(生活樣式)이 독특한 것만은 사실이다.

이제 우리 민족은 한민족으로서 특성을 가지고 성장하여 왔다. 유구한 역사 속에 면면히 흘러온 혈통(血統) 속에 담겨져 있는 신비로운 「새마음」 정신의 활력소가 바로 한민족의 고유민족 사상이라 하겠다. 이 민족사상은 슬기로운 지혜(知慧)와 창조적 문화예술품(創造的文化藝術品)으로 표현되어 왔기도 하고 또 유형무형(有形無形)의 문화양상과 종교의식 등등으로 발전하여 민족과 함께 호흡(呼吸)하며 성장했고 전통과 혈통 속을 관류(貫流)하여 오늘날 우리 후손에게 물려왔다고 하겠다.

그러기에 동방예의지국(東方禮儀之國)이요 단일 백의민족(白衣民族)으로 온 세계에 널리 알려져 왔음은 이 모두가 겨레의 훌륭하고 위대한 선조선령(先祖先靈)들이 민족지표를 제시하여 주셨음이리라. 특히 이번 간행하는 세 분의 유록(遺錄)과 경전(經典)은 유사 이래 서학성서(西學聖書; 舊約) 상 인물인 대선지자(大先知者)와 같이 일찍이 보기 드문 대종교가(大宗敎家)로서 심오광대(深奧廣大)한 진리의 등불을 밝혀주셨음이라 하겠다. 그러므로 이에 난해구절(難解句節) 일부를 주석(註釋)하여 우선 일집(一輯)을 출판(出版)하게 되었다. 이 편저(編著)는 신령(神靈)상 사실임을 밝혀두면서 우리 민족심령(民族心靈)의 방향을 찾도록 제시해 주고 있다.

남사고(南師古) 선생의 기록은 비서(秘書)로 전수되어온 격암유록(格庵遺錄) 외에 서울대학 규장각(奎章閣) 도서관에 남사고비록(南師古秘錄)과 고려대학 도서관에는 격암유고(格庵遺稿)가 각각 소장되어 있는 줄 안다. 여기 금번 주해 간행하는 편저는 국립도서관에 소장 중인 삼역대경(三易大經)과 그리고 전수되어 온 예언의 격암유록과 여러 제현선배 선생(諸賢先輩先生)님께서 많은 저서로 보급하셨던 대순전경(大巡典經)을 합본하기로 하였다. 격암유록, 삼역대경, 대순전경 순으로 합본한 것은 다음에 이유를 간단히 설명하기로 하고 차서(次序)는 연대별(年代別)로 하였고 대순전경에 있어서 원본(原本) 22혈(頁; 쪽) 11매(枚)가 누락되었고 유록(遺錄)과 경전 원문에 독자의 편의를 위하여 한글로 토를 달았으며 편찬과정에서 차위(差違)됨이 없지 않을 줄 사료(思料)되니 혜량(惠凉)하시여 아낌없는 지도(指導)와 편달(鞭

撻)을 아울러 부탁드리는 바이다.

3) 합본 이유(合本理由)

여기에 듣기에도 생소(生疎)한 듯하나 삼역대경(三易大經)과 대순전경(大巡典經)은 오래 전부터 알려져 왔고 격암유록(格庵遺錄)은 조선 명종대(朝鮮明宗代)이므로 수세기 동안 비장(秘藏)되어 있던 문헌으로 가해편자(可解編者)가 별로 없어 발굴주석(發掘註釋)하여 인생구원(人生救援)의 신앙좌표(信仰座標)로 삼고 신구약(新舊約) 성서말세론(聖書末世論)과 일치하는 점과 신령상(神靈上) 사실(事實)도 묵시록(黙示錄)의 천년세계(千年世界)와 천년선경(千年仙境)이 한국 땅에서 이루어지며 말세의인(末世義人; 眞人)인 영부인(靈符人) 즉 십승인(十勝人) 곧 이긴 자도 우리나라에서 나타날 것을 증거하였음도 우연의 일치가 아니고 표현방법이 다소 다르나 그 내용과 근본은 동일하므로 몇 가지를 요약 설명함으로써 합본하게 된 취지를 밝혀두는 바이다.

그 예로서,

(1) 지상선국(地上仙國; 千年城)은 한국에 건설

신약묵시록(新約黙示錄) 20장에 첫째 부활(復活)에 참여한 자들이 그리스도와 더불어 살아서 천 년 동안 왕 노릇하리라 하였다. 이는 한국 땅이라는 지적은 없다. 그러나 구약 이사야 41장, 60장, 65장을 세찰(細察)하면 동방의인(東方義人)과 천년성 건설하는 주인공은 분명히 한국 땅 즉 동북우지역(東北隅地域) 동방땅 모퉁이에서 일으킬 것을 대예언하셨다.

(2) 영적 말세의인(靈的末世義人; 眞人, 君子) 출현

구약 이사야 41장 동방 땅끝 모퉁이에서 죄인을 불러 주의 은혜로 구속함을 얻어 의로 불러 세워 말세에 인생의 타작기계와 같은 역할(役割)할 하나님의 사람이 나타날 것을 대예언(大豫言)하셨다. 여기에 동방 땅끝 모퉁이요, 섬은 잠잠하라 하였으니 분명히 한국 땅이다.

(3) 의인을 통하여 이슬같은 주의 보혈(寶血)이 내림도 한국

구약(舊約) 호세아 14장에 내가(여호와 하나님) 이스라엘(승리자, 이긴 자)에게 이슬과 같이 임하리니 바로 이슬같은 이 은혜가 주의 승리하신 세 증거(불과 물과 피 요일 5:8)가 이슬같이 임하여 죽은 자가 아름답게 피어 구원받는 증거를 보여주며 이 은혜가 내리면 티끌에 거하는 인생이 일어나리로다 하였으니(이사야 26장) 말세를 말함이다. 그러나 내세(來世)가 됨으로 이슬같은 주의 보혈이 내리는 것이 아니고 이긴 자 의인(義人)이 나타남으로 이슬같은 은혜가 내려 말세(末世)가 된다. 이로 보건대 나타날 인물은 분명히 진인(眞人; 義人) 군자(君子)로 표현하였으니 사명이 같은 동일한 인물로서 한국 땅에서 탄생하실 사실에 대한 대예언이다.

그러므로 천년선경 건설(千年仙境建設)이 우리나라에서 이루어진다고 한 공통된 점이다.

4) 성서와의 공통된 점

위 기록내용이 기독교 성서에 기인한 것은 아전인수격(我田引水格) 해석을 하였다고 지탄(指彈)이 있을 줄 사료되며 기독교가 우리나라에 들어온 것이 약 90여년 전인데 라고 반문이 없지 않을까 하여 다음과 같이 밝혀둔다. 우리나라에 선교사가 들어온지 약 90여 년이나 그 당시 사람과 성경이 동시에 들어온 것이고 원래 서양인* 이마두(利瑪竇)가 기 백 년 전 동양에 와서 천국을 건설하려고 하다가 뜻을 이루지 못하고 다만 서로 넘나들지 못하던 신명(神明)으로 하여금 서로 교통(交通)케 하고 사망하였다는 대순전경 원본(220쪽)의 고증(考證)을 보아 성신(聖神)은 선교사(宣教師)가 들어오기 전에 우리나라 유일신(唯一神) 하나님을 신봉(信奉)하는 민족에게 각별하신 은총(恩寵)이 있었다는 것을 상고(詳考)할 때 선조선령(先祖先靈)들이 성신을 받아 기록한 문헌인 줄 안다.

신약 4복음(新約四福音) 가운데 생명의 주님께서 병마(病魔)를 치리(治理)하시니 그 권능(權能)이 마신(魔神)을 힘입어 고쳤다 하며 주님을 핍박하였고 바울이 성신(聖神)을 받고 성신의 역사로 병자를 고치니 역시 사신(邪神)의 장난이라고 한 기록이 있다. 하나님의 아들이신 주님께서 당하신 모욕은 이루 다 기록할 수 없다. 그러므로 격암유록에는 의인(진인)은 극기마(克己魔)한 자요 성신검(聖神劍)을 획득(獲得)한 자라 하였고 삼역대경에는 옥추강항마지도(玉樞罡降魔之道)라 하였고 대순경전에는 강(姜) 선생님 자신이 성신을 받아 병을 고친다 하였고 또 4종마(四種魔)를 항복(降伏)시킨 후 천지공사(天地公事)를 자유자재로 하였다 하였으니 어찌 세 분의 기록이 마의 장난이랴. 그러므로 정당한 비판은 옳으나 역리순환 천의환심(易理循環天意還心)의 때를 모르고 넘기지 않기를 밝혀둔다.

* 이마두 : 마테오리치 신부의 한자 이름.

5) 동학과 서학

서학(西學)이라 함은 신구약성서(新舊約聖書)를 가리켜 서학이라 하겠다. 서학은 동학선교(東學仙敎)에 대한 등거리 신학(等距離神學)이 아니고 일체인데 다만 지역과 풍습과 언어와 문화에 따라 인생을 구원하고 교화하는 방법에 차이가 있을 뿐이다. 구약 이사야 59장에 서방에서는 여호와의 이름을 경외하고 해돋는 동편에서는 그의 영광을 경외하리니 하였다. 실로 동유대성인왈 동학(東有大聖人曰東學) 서유대성인왈 서학(西有大聖人曰西學), 동학생자녀 천민화(東學生子女天民化), 서학도시교민교화(西學都是教民教化)라 하였고, 또 동방일출 음양도(東方日出陰陽道)는 견이유(見以有)를 교화(教化)하고 서방음양 몽학도(西方陰陽蒙學道)는 불견무(不見無)를 교화한다고 하였으니 탈겁중생(脫劫重生) 없이는 인생구원(人生救援)이 없거늘 서학의 교화로는 도저히 따라올 수 없는 진가를 지니고 있는 동학선교요 즉 동방의인이 교화하는 십자가 보혈(十字架寶血)의 도로서 내용면에 있어 타종교에 비교할 바가 안 된다.

6) 동학의 정의

대순전경(大巡典經) 원본(89쪽)에서 강일순(姜一淳) 선생님은 동학에 대한 정의를 다음과 같이 말씀하셨다. 본문에 "나는 서양대법국천계탑 천하대순(西洋大法國天啓塔天下大巡)이라 동학주(東學呪)에 시천주 조화정(侍天主造化定)이라 하였으니 내가 천지(天地)를 개벽(開闢)하고 조화정부(造化政府)를 열어 인천(人天)의 혼란(混亂)을 안정(安定)케 하려 하여 삼계(三界)를 주시(周視)하다가 너의 동토(東土)에 그쳐 잔피(殘疲)에 헤매인 민중을 먼저 건지려 함이니 나를 믿는 자는 무궁(無窮)한 영복(寧福)을 얻어 선경락(仙境樂)을 누리리니 이것이 참 동학이라. 궁을가(弓乙歌; 십자가의 노래 찬송가)에 조선강산 명산(朝鮮江山名山)이라 도통군자(道通君子) 다시 난다 하였으니 이 일을 일컬음이니라 하셨다." 여기에서 대법국(大法國)은 유대국이요, 모세 율법(律法)으로 치리(治理)받는 나라를 말씀하였고 시천주(侍天主)는 하나님 모시고라는 말씀이며, 천계탑하(天啓塔下) 대순하는 강 선생님 자연인(自然人)을 말씀하신 것이 아니시고 강 선생님이 받으신 성신(聖神)과 주(主)의 신과 일체가 되어 주의 신이 내라고 하셨고 대순은 주님을 가리키신 말씀이시다. 그런데 또 동학이라 함은 동학란(東學亂)과 동학당(東學黨)을 말하게 되는데 큰 잘못이다. 최제우(崔濟愚) 선생님은 구령운동(救靈運動)을 하시다가 40세에 순교(殉敎)하신 분으로 바로 최 선생님이 동학을 주창포덕(主唱布德)하시고 정치에 일체 관여한 사실이 없는데 동학이란 이름으로 후일 조선폭정에 항거한 일이 있어 선생이 제창하신 조화선경(造化仙境) 건설의 숭고한 이념에 오점을 남겼다 하지 않을 수 없다.

예로써 신약에 바울과 베드로가 로마에서 내로 황제에게 처형순교(處刑殉敎) 당할 때 예수 믿는 자들이 로마 성에 불을 질렀다고 누명을 씌워 수만 명을 학살하고 나사렛 예수 악당들의 장난이라고 한 것을 보아 가히 짐작할 수 있다.

7) 유록과 경전의 저자

(1) 남사고(南師古) 선생

남사고(南師古) 선생은 호(號)는 격암(格庵) 또는 경암(敬庵)으로 경상북도 울진군(慶尙北道蔚珍郡) 영양인(英陽人)으로서 명묘조관 사직참봉(明廟朝官社稷參奉)을 지내셨고 또 천문학교수(天文學敎授)를 역임(歷任)하시었다. 소시적에 신인(神人)을 만나 비결(秘訣)을 받아 기록하였다고 전하여 내려왔고 또 풍수천문(風水天文)을 터득하시어 깨달았다고 한다. 공이(公以) 정덕(正德) 4년 기사생(己巳生)으로 탄생하시고 융경(隆慶) 5년 신미년(辛未年) 63세로 세상을 떠나셨다. 선생의 기록과 예언일화(豫言逸話)는 너무나 신기한 말씀이 많고 특히 우리나라 주체성(主體性)을 강력히 주장하였고 말세진인(末世眞人; 義人)이 우리 조국(남조선)에서 일어나실 것을 말씀하셨으니 이는 곧 성서 구약 이사야 41장에 섬은 잠잠하라 하였으니 섬은 제외한 땅 모퉁이에서 주의 은혜로 구속함을 받아 의(義)로 불러 인생의 타작기계(打作機械)로 삼겠다는 하나님의 말씀에 의한 동일한 의인의 탄생을 예언하시었다. 그러므로 이사야 대선지자(大先知者) 예언과 같이 예언의 인물로서 대선각자(大先覺者)이심을 밝혀두는 바이다.

(2) 최제우(崔濟愚) 선생

최제우(崔濟愚) 선생님은 호(號)를 수운(水雲)으로 1824년 순조(純祖) 24년에 경상북도 경주(慶尙北道 慶州)에서 탄생하시고 1860년 4월 중순경 어느 날 공부하시던 중 마음이 아찔아찔하고 온몸이 부들부들 떨리며 알 수 없는 선어(仙語; 하늘의 음성)가 들려와 물으니 나는 상제(上帝) 하나님이라 함으로 하나님이 이렇게 나타나시는 까닭을 물은 후부터 하나님을 증거하는 능력과 사명을 받아 증거하게 되었다라고 하시었다. 선생은 천도역리육도(天道易理六韜) 삼략중삼도(三略中三圖) 오십사궁 십일자(五十四宮十一字) 수운도수(水雲度數)의 인물로서 장차 지상선국 건설은 승기자(勝己者; 克己魔한 자) 십삼자(十三字) 육도중(六韜中) 오도(五圖) 목운도수(木運度數)의 의인이 탄생하시어 이룰 것을 예언하셨다. 자세한 것은 본문의 삼역대경(三易大經)에서 상고(詳考)하여 보기로 하겠다.

선생은 포덕(布德)하시다가 1864년 3월 41세로 대구 감영(監營)에서 순사(殉死)하시었다.

(3) 강일순(姜一淳) 선생

강일순(姜一淳) 선생님에게 대하여는 대순전경(大巡典經)이 자세하기 때문에 본문에서 상고하시기로 하고 대략 기술하여 참고하고자 한다. 선생은 모태(母胎)로부터 성신(聖神)을 받고 탄생(誕生)하시었으니 생이지지(生而知之)하신 분이다. 천도역리 육도삼략중 사도(天道易理六韜三略中四圖) 십이자(十二字) 화운도수(火雲度數)의 인물로서 장차 십삼자(十三字)의 몸으로 오리라. 십삼자는 주석하였으니 고찰하시기 바라고 굳은 기약 다시 오겠다. 또 재생(再生) 강일순(姜一淳)이라 하시고 재생월일(再生月日)을 밝히셨고, 자고로 인생으로서 선지성현(先知聖賢)이 거취를 밝히지 못하였거늘 예수님 재림 외에 다시 재생 또는 다시 오겠다는 것을 기약할 정도이면 허황되다는 말씀보다 경탄하지 않을 수 없다. 무엇이 어떻게 된 것인지 우리 조국 우리 민족 우리 강토에 이러한 인물이 탄생하시었다가 화천(化天)하신 발자취만이라도 위대하다 하지 않을 수 없다. 그럼 다시 오시겠다 하셨으니 세찰(細察)하여 보면 가히 짐작할 수 있으니 또 기쁜 일이 아닐 수 없다. 선생님이 다시 오신다고 재생월일까지 호언(豪言)하심으로 하루는 제자들이 선생님께 여쭈어보기를 그러면 다시 오실 때 강씨성(姜氏姓)으로 오십니까 물으니 대답하시기를 그때 하나님께서 가지고 나오는 성을 따라 오신다라고 전하여지고 있다. 그럼 어떤 성을 하나님께서 가지고 오셨는가를 알아야 한다.

선생님의 존함(尊啣)은 아명(兒名)이 용봉(龍鳳)이요, 명(名)은 일순(一淳), 자(字)는 사옥(士玉), 호(號)는 증산(甑山)이요, 도호(道號)는 요운(曜雲)이시니 이번 문집출판에 있어 선생의 존함을 일순으로 한 것은 탄생명과 재생명을 동일하게 말씀하셨기 때문에 강일순 선생님으로 하였으니 양해(諒解)하시기 바란다. 선생님에 관한 기사문헌은 여러 제현선배선생(諸賢先輩先生)님께서 저술하셨기 때문에 비판적 인식이 없도록 조심히 다루기 위하여 난해 구절술어 약간을 양해하였으니 대순전경 본문에서 정해하시기 바란다.

8) 성서문어 표현내용과 상반되는 어구해명

금반 합본하는 원문내용 문헌어구 중의 성서어의와 상반되는 점을 밝혀두어야 하겠다. 용(龍)은 성서상으로 볼 때 성서가 아니라도 마귀(魔鬼)요, 사탄이요, 사귀(邪鬼)요, 역신(逆神) 또 거역자(拒逆者)요, 대적자(對敵者)가 틀림이 없다. 그런 용 자(龍字)와 용 자가 붙은 술어(述語)와 유불(儒佛)의 사용하는 문자가 있다. 그러면 여기서 용이라 함은 천도역리 용마하도(天道易理龍馬河圖)와 낙구팔괘도상(洛龜八卦圖上)을 통하여 천리의 운행을 설명하자고 보니 여기에 용(龍) 자로 표시한 것은 도면을 보아서 방향을 지칭한 술어임을 알 수 있다. 그러므로 예를 들면 손계진용(巽鷄震龍) 또 용담(龍潭)같은 어구 전부가 동방 하늘의 영적 방향 위치임을 밝혀둔다. 이 문헌 원본 저술 당시는 우리나라 정치·사회·교육·문화·종교 분야가 전부 유불(儒佛)이 주장하였고 때에 따라 국교(國教)로까지 지정하였던 관계로 교화방법에 있어 문자만은 유불의 어의(語意)를 인용하지 않으면 시대적으로 보아 포교(布教)하기 곤란한 점을 발견하게 된다. 우선 유불의 학문에 의하지 않고는 의사표명과 전달이 극난(極難)한 실정이었다. 그러므로 대순전경 원본 4쪽을 보면 그 당시 우리나라 실상을 참작할 수 있으며 유불의 목적 대상한 사물은 전부 영적 상징표현에 불과하였으므로 영의 세계를 사물과 물형으로 표현하였다. 이러한 점이 성서와는 크게 차위되는 점이고 성서번역 당시도 우리나라 문학임을 밝혀둔다.

예(例)

① 하나님, 주(主)를 상제(上帝), 천주(天主), 천자(天子), 대순(大巡)으로 표현
② 성신(聖神)을 성신(聖神) 또는 신명(神明)으로 표현
③ 천당(天堂)은 낙원(樂園) 또는 천당(天堂) 옥경(玉京)으로 표현
④ 십자가(十字架)는 십자(十字) 궁궁(弓弓) 을을(乙乙) 배궁만칠가삼(背弓滿七加三) 등으로
⑤ 성서(聖書)는 단서(丹書)로 표현
⑥ 주(主)의 보혈(寶血)은 단주(丹朱), 비운진우(非雲眞雨), 감로우(甘露雨)로 표현
⑦ 용(龍), 마귀(魔鬼) 사귀(邪鬼), 역신(逆臣)으로 표현
⑧ 동방(東方) 또는 동북간(東北艮)을 진용(眞龍)으로 용화도장(龍華道場)으로 표현하였다.

1977년 7월 1일 태종출판사(太宗出版社)에서

* 주해자(註解者) 조성기씨는 기독교 신학자의 입장에서 서술하고 주해하려 애쓴 것으로 보인다.

26

지구 대재앙 예고

여성동아

지금도 세계 곳곳에서는 기상이변으로 수많은 사람들이 고통받고 있다. 유럽에서의 때 아닌 홍수, 중동지방의 유례없는 폭설과 도처에서의 극심한 가뭄, 그리고 자연 파괴의 틈새를 타 정체를 알 수 없는 바이러스에 의한 괴질, 불행하게도 예언자들은 시간이 갈수록 대자연의 이변은 그 강도가 훨씬 깊고 넓게 번져갈 것이라고 말한다.

인류는 지금까지 살아 있는 생명체인 지구에 상처를 입혀 왔고 현재도 그칠 줄을 모른다. 자연을 강탈하고 물과 공기를 오염시키며 음식물에 해독을 끼치고 파괴를 일삼는 장비를 만들어내며 숲을 베어 없앴다. 그리고 지금 그 대가를 혹독하게 치르고 있다.

지구의 파멸적 대변동을 막으려면 인간은 지금과 같은 파괴적 행동을 멈추어야 한다.

고대의 예언가들이 본 종말적 상황은 바로 인간이 스스로 불러일으킨 것에 대한 인과응보라고 할 수 있다. 이것은 또 인류가 반성하고 자연을 치유하면 반대로 종말적 상황에서 벗어날 수도 있다는 뜻이다.

전편 프로에서는 이집트 예언자들, 노스트라다무스와 말라카이 같은 16세기의 선지자들, 그리고 에드카 케이시와 스캘리온 같은 현대의 영능력자들의 예언을 집중적으로 다루었다. 그들은 이해되지도, 잘 알 수도 없는 4차원적인 힘을 빌려 미래의 일들을 투시했다.

여기에 소개하는 사람은 우리와 똑같은 아주 평범한 여성(로리)이 영계(영혼들이 모여 사는 다차원의 세계)의 지도자들을 만나는, 즉 4차원적인 존재를 직접 만나서 메시지를 전달받는 충격적인 내용을 담고 있다.

세 아이의 어머니인 한 평범한 여인과 명상으로 마음의 평화를 구하려는 또다른 한 사람이 미래를 투시했다고 한다. 그들에게 왜 그런 일이 일어났는지는 아직 미스터리로 남아 있다. 아마도 때때로 미래의 예언이 그런 순수한 사람들에게 나타나는 모양이라고 추측할 수밖에 없다.

1988년 어느 날 그 꿈 얘기를 전해들은 동네의 또다른 한 친구가 꿈을 다시 회상해보라고 했다. 그는 어쩌면 그 꿈속에는 사람들에게 중요한 사실들이 들어 있을지도 모른다고 말했다. 그래서 로리와 그 친구는 매일 아침 일찍 만나 명상법을 사용하여 꿈을 꾸어보도록 했다.

신비한 변화는 곧 닥쳐왔다. 꿈속에서 이전에 보았던 네 선지자가 로리에게 지도를 보여주며 미래를 알려주는 일을 반복한 것이다. 그 내용은 엄청난 파괴의 예언이었다. 그 내용이 한편으로는 재미있기도 해서 로리와 친구는 이 내용을 기록해야 한다고 생각했다.

그들은 80회 이상 이런 명상을 계속했다. 그런데 로리가 명상 상태에서 깨어났을 때는 신체에 이상한 변화가 있었다. 아침에 전깃불을 켜려고 할 때마다 전구가 터져버리는 바람에 전부 다 고장이 나버렸다. 전화 다이얼도 로리가 누른 번호와 다른 번호가 나오곤 했다.

어쨌든 로리는 친구의 도움으로 미래의 미국지도를 완성할 수 있었다. 그것은 아주 세밀한 지도였다. 로리는 변화된 미래의 미국지도가 나타나기 전의 여러 전조들도 보았다.

"하늘에서 큰 유성이 지구에 다가와 네바다주에 떨어지는 것입니다. 다음에는 2~4년 동안 호우와 그에 따른 지구 온난화 현상, 이어서 동북부 태평양지역에서 끔찍한 대지진이 일어납니다."

로리는 이 지진으로 미국 오리건주와 워싱턴주가 가라앉으며 바람과 비 그리고 혹독한 추위가 닥친다고 한다. 그리고 미국의 동부지역이 갈라지며 플로리다 남단도 홍수로 가라앉는다. 그 결과 미시시피강과 미주리강 폭이 4배로 늘어난다. 뉴욕시와 심지어 필라델피아까지도 모두 물속에 잠기게 되며 캘리포니아 일부, 유타 일부, 네바다주 일부, 아리조나주 북동부 일부만 남는다고 한다.

"그건 정말 극단적인 예언이었어요. 언젠가 제가 지도를 완성했을 때 꿈속의 선지자가 나타나서 제가 그린 지도의 해안선에 손가락을 대고 틀린 곳을 센티미터까지 자세히 수정해준 적도 있었지요. 저는 농장을 팔아 지도를 많이 사서 미래의 지도를 수천 장 만들었고 아이들과 방과 후에 사람들에게 나누어 주었습니다."

그러나 로리의 예언은 이걸로 끝나지 않았다. 한 남자가 같은 경험을 했는데 그는 나중에 로리의 두 번째 남편이 된 레너드 토이였다. 그들은 각자 명상상태에서 지도를 만들었는데 놀랍게도 두 사람이 그린 지도는 거의 똑같았다.

그들은 미국에서 엄청난 대변화를 겪은 뒤 유럽에도 대재앙이 닥친다고 했다. 유럽에 거대한 빙하와 폭풍이 닥쳐 해안과 가까운 유럽대륙의 도시들을 덮게 된다. 그리고 나서 지구온난화 현상 때문에 빙하가 녹아 바다의 수위가 높아지는 것을 막기 위해 유럽공동체 국가들이 합의 지중해지역에서 핵폭발을 일으키게 된다. 그러나 이 때문에 아프리카 북부와 중동지역이 지도에서 사라지는 비참한 결과 맞게 된다고 한다.

미래를 안다는 것은 그들에게 축복이기도 했지만 부담스러운 짐이기도 했다.

"사람들이 우리 얘기를 전해 듣고는 전화를 해서 놀라움과 슬픔을 토로하며 어떻게 하면 좋으냐고 걱정을 하지요. 소중한 가정과 아이들이 있는데 미래가 절망적이니 어쩌면 좋으냐고 말입니다."

로리가 본 미래의 변화에 대해 그 원인을 구체적으로 설명하는 예언자도 있다. 루스 몽고메리라고 불리는 그녀는 미국의 영능력자이며 여류 작가이다. 한때 통신사 기자로 정치 및 세계정세 분야의 정명 칼럼니스트로 활동하던 중 그녀는 여러 차례에 걸쳐 놀랄 만한 영적 현상을 체험했다고 한다. 그후 자기 자신이 영적 세계의 지혜를 이 세상에 알리기 위해 선택된 중매자라는 것을 알게 되었다는 것. 그녀는 매일 아침 뇌파가 알파상태가 되는 명상 상태에서 타자기 위에 손을 가볍게 올려놓으면 '영적인 자극'에 반응하여 손가락이 자동적으로 움직이면서 영계의 메시지를 타이핑하게 된다고 말한다. 타이프를 너무 많이 쳐서 원인을 알 수 없는 알레르기로 손가락에 물집이 생길 정도였다.

몽고메리는 이러한 자동기술(Automatic Writing) 방법을 통해 영계의 메신저들로부터 인류의 미래에 관한 대화를 나누고, 그 내용을 정리하여 「미래의 문턱」, 「우리들 사이의 이방인」 등 책으로 출판하기도 했다.

"영계의 메신저들은 전세계적으로 참혹한 전쟁을 거친 후 20세기 말 경 지축변동이 일어날 것이며 그것을 널리 사람들에게 알리도록 집요하게 주장했지요. 그런 내용들은 나를 전율케 했으며 처음에는 심한 저항감을 느끼고 짜증이 났습니다. 그러나 그 메신저들이 순수하며 인류를 사랑하고 있다는 감정을 느꼈기 때문에 받아들이기로 했지요."

몽고메리를 전율케 한 것은 지축변화와 관련된 대참상이었다. 그녀는 지구의 극이 이동하기 전에 지구에 여러 조짐이 나타나게 되는데 기상이변은 시간이 흐를수록 더 심해진다고 한다. 폭설, 폭풍, 홍수 등이 자주 발생하고 기온도 더욱 불규칙하게 된다. 특히 지중해 연안의 섬, 북미대륙, 캘리포니아에 산재한 오래된 화산에 폭발이 일어나며 곳곳에서 엄청난 규모의 지진이 발생한다.

현재의 기후변동은 바람 형태와 태양광선을 차단하는 대기중의 오염물질 때문에 일어난다. 오존층은 오염물질로 인해 파괴되며, 금세기 말이 가까워짐에 따라 이러한 상황은 지구상의 대다수의 사람들에게 악영향을 준다. 그 다음에는 원인을 알 수 없는 악성 유행병이 번지게 될 것이다.

지구의 극이 이동하면서 미국의 동부와 서부는 물이 범람하게 되고 하와이까지 바다 속으로 들어간다. 영국은 사라질 것이며 네덜란드와 인근 해안지역 역시 사라질 것이다. 반면 캐나다 일부와 러시아, 중국의 동북부지역들은 안전하고 남반구에서는 땅의 면적이 급속히 늘어난다.

이로 인해 남극은 남아메리카의 남쪽 부분이 될 것이며, 북극은 지적하기 어려운 태평양의 어느 곳이 된다. 러시아와 캐나다는 모두 기후가 온화하게 변한다. 이는 지구의를 굴려보면 알 수 있다.

몽고메리는 지축의 변화에 대한 여러 가지 신호는 90년대 후반에 나타나기 시작하는데 많은 과학자들이 새로운 장비를 이용해 태양 주위를 도는 지구의 궤도가 심하게 흔들리는 것을 발견할 것이라고 한다.

또 이러한 극이동은 지구 역사상 몇 가지 규칙성에 의해 여러 번 있었다고 한다. 거대한 매머드(mammoth)들이 풀을 뜯어먹다가 단 몇 초만에 얼어 죽었는데, 소화되지 않은 풀이 그 동물들의 위 속에 그대로 남아 있는 채 발견되는 것은 지구의 갑작스런 극이동을 보여주는 한 예라는 것이다.

한편 극이동은 자연의 섭리이기 때문에 인간의 의지로 예방할 수는 없으며 인간이 오염시킨 지구 자체의 자정(自淨)을 위한 필연적 과정이라고 설명한다.

영계의 메시지는 인류가 지축변동을 거친 후 다가오는 21세기는 행복의 시간대가 될 것이라고 한다. 살아남은 인간들은 파괴되어 엉망이 된 지구를 재건하고 지구의 풍요를 되찾기 위해 민족과 인종을 초월하여 합심할 것이라고 전한다.

마지막으로 그녀는 1990년대 말은 인간의 나약함을 시험하는 시기가 될 것이라고 한다.

"사람들은 잃어버린 영적 세계와 정신적인 세계를 되찾아야 하고 더욱 큰 내적인 자유를 성취하기 위해 노력해야 합니다. 지구의 극이동이 지구의 정화를 목적으로 한다는 것을 이해하듯이 인간 또한 자신의 정화를 위해 노력한다면 공포로부터 벗어날 수 있는 것입니다."

흔히들 '지구의 멸망'이라 하면 노스트라다무스*의 예언을 떠올리고, 해석하는 학자들의 견해를 따라 1999년을 대개벽의 시간대라고 쉽게 받아들인다. 그러나 이것은 하나의 견해에 불과함을 잊어서는 안 된다.

영능력자와 초인들은 각자 자기 나라, 자기 민족 중심의 예언에만 초점을 두고 있다. 그들의 예언만으로는 우리 한국의 미래를 알 수 없다.

우리들의 미래는 바로 우리 조상들이 남긴 문헌에 매우 자세히 기록되어 있다. 그리고 이러한 지구상의 대변혁에 대해서 왜 그런지, 한국 사람들은 어떻게 이 시기를 맞아야 하는지, 그리고 어떤 사명을 지니고 있는지에 대해서 언급하고 있다.

몽고메리뿐 아니라 노스트라다무스, 에드카 케이시, 스캘리온 등 위대한 예언자들은 한결같이 지구의 극이동과 지축의 변동을 예언하였다. 그러나 그들은 '왜 그런지'에 대해서는 침묵을 또는 애매한 말로 대신하고 있다.

그러나 이에 대해 명쾌하게 대자연의 이치를 밝힌 사람이 있다. 바로 역학을 공부하는 사람들 사이에서 성철(聖哲)로 받들어지는 일부(一夫) 김항(金恒, 1826~1898)이다. 손이 무릎 아래까지 내려오는 학체(鶴體)의 풍모를 지녔다고 하는 그는 18여 년간 각고의 노력을 기울인 끝에 우주 대개벽의 신비경을 「정역(正易)」으로 체계화시켜 놓았다. 김일부는 지구변화 원리를 8괘(卦)를 이용해 '정역도'라는 그림을 통해 암시했다. 이 그림에서는 불 기운을 중앙에 그려놓아 지구 속이 온난화되고 있음을 표현

---

* 노스트라다무스의 예언서 「모든 세기」의 서문에 보면 지구멸망의 예외를 기록해 두었다.

하고 있다. 현실적으로는 지구 속이 뜨거워져 지진이 발생하는가 하면 남·북극의 얼음이 녹아내려 많은 땅덩어리가 물에 잠기는 것으로 나타난다는 것이다. 일찍이 16세기의 예언자 노스트라다무스가 "지구 속의 불 기운에 의해 새로운 도시에 지진이 일어난다"라고 예언한 것과 일치한다.

정역8괘도

지구내부에 이천(二天) 칠지(七地)로 표시한 것은 음양오행 학설로 불기운(2와 7은 불을 나타내는 기호)이 작용해 지구의 변동을 암시한 것이다. 또 이 그림은 지축이 똑바로 선 상태를 8괘로 묘사한 것이다.

그리고 이것은 지구 자체의 일정한 운동법칙에 의해서 생긴다고 한다. 원래 지구는 음양오행 학설로 따지면 삼천양지(參天兩地) 운동과 양천삼지(兩天參地) 운동을 반복한다고 한다. 삼천양지란 하늘(天), 즉 양이 3이고, 땅(地), 즉 음2인 비율을 말하며 지구도 바다인 양이 3, 육지인 음이 2인 비율로 되어 있다.

그런데 지구가 삼천양지 운동에서 반대로 양천삼지 운동(양이 2이고 음이 3인 비율)으로 바뀌는 과정에서 지축이 바로 서게 되며 땅과 바다의 비율도 바뀌게 된다는 것. 쉽게 말해 상전이 벽해되고 벽해가 상전된다는 말이다. 정역에서는 우리나라의 경우 동남쪽은 물의 침범을 받아 잠기게 되며 서북쪽은 지각변화로 인한 융기가 일어나 땅이 늘어나게 된다고 한다.

한편 김일부는 현재 23도 정도 기울어진 지구의 자전축은 정남, 정북으로 똑바로 정립하게 된다고 밝혔다. 이에 따라 현재 1년 3백65일이 3백60일로 바뀌며 춘하추동의 계절 구분도 사라진다고 한다. 또 윤달이 없어지고 양력과 음력의 날짜가 일치하기 때문에 새로운 달력을 사용하게 된다는 것이다.

신라 10현 중 한 사람으로 향찰(이두) 문자를 집대성한 설총(薛聰)은 신라 경덕왕 때의 대학자이다. 잘 아시다시피 그의 아버지는 원효대사(元曉大師)이고 어머니는 요석공주(瑤石公主)다. 일찍부터 총명함을 나타낸 말년에 「설총결」이라는 비결서를 남겨두었다.

그는 한양의 운수가 다 끝날 무렵 즉, 서울에 나라를 세운 이성계의 조선시대가 운을 다할 무렵에 용화세존이 말대에 온다고 하였다. 또 금강산 1만2천봉에 후천의 새로운 도(道) 기운이 서려 있는데, 이 기운을 따라 1만2천 명의 도통군자가 한국 땅에서 나와 인류를 구원하고 새로운 문명의 꽃을 피울 것이라고 말했다.

재미있는 것은 금강산 1만2천봉에 서려 있는 영기를 보고 설총과 똑같은 예언을 한 중국 사람이 있다는 점이다. 그는 중국 명나라 때 진사 벼슬을 한 것으로 기록되어 있는 주장춘(朱長春)이라는 인물로 지리에 통한 도인이었다.

그가 남긴 「진인도통연계(眞人道通聯系)」에는 역사상 어떠한 예언과도 색다른 신비한 내용이 담겨 있다. 즉 이 세상에 나온 3대 성인의 도를 지리의 원리로 풀고 있으며 세계를 구원하는 마지막 도는 한반도에서 나온다고 정확히 명시하고 있다. 그 내용은 다음과 같다.

'지구상에서 산의 근원은 곤륜산(崑崙山)인데 이 산의 원래 이름은 수미산(須彌山)이다. 이 산은 크게 4개의 지맥으로 해서 만방에 뻗어나가게 된다. 제1지맥은 동해로 뻗어나가 유발산(儒拔山)을 이루고 유발산은 다시 니구산(尼丘山)으로 이어져 72개의 봉우리가 맺힌다. 그러므로 공자는 이 정기를 타고 육례(六禮)에 통달한 72명의 제자를 배출하는도다(공자의 부모는 니구산에서

기도해 아들 공자를 낳았으며, 그래서 니구산의 '구'를 따 이름을 '공구'라고 지었다고 함).

곤륜산의 제2지맥은 서해로 뻗어나가 불수산(佛秀山)을 이루고 이 산은 석정산(釋定山)으로 이어져 4백99개의 봉우리가 맺힌다. 그러므로 석가모니는 이 정기를 타고나 4백99명의 나한을 도통시키는구나(불가에서는 보통 5백나한이라고 말한다).

곤륜산의 제3지맥은 또 서쪽으로 뻗어 감람산(橄欖山: 올리브산)을 이루는데 12개의 봉우리가 맺혀 있다. 그러므로 야소(耶蘇: 예수)는 이 정기를 타고 와 12사도를 선임하는도다(예수의 12제자를 의미하며 예수는 감람산에서 승천하였다고 함).

마지막 곤륜산의 제4지맥은 동쪽으로 흘러 백두산이 생겨나고 백두산은 다시 금강산으로 이어져 1만2천 개의 봉우리가 맺힌다. 그 기운은 다시 천지의 출입문인 모악산(母岳山) 아래서 증산(甑山)이 나와 인류구원의 대도를 완성시키니 1만2천 명의 도통군자가 나오는구나'(모악산은 예전부터 후천기운을 품고 있는 산이라고 전해져 옴).

주장춘은 인걸은 지령(地靈)이라고 해서 위대한 인물들은 산의 정기를 받고 태어난다고 했다. 그의 말대로라면 한반도는 축복받은 땅이다.

구원의 길은 어디에 있는가

동양의 위대한 선지자들은 바로 이러한 때에 한결같이 무언가를 할 것을 주장하고 있다.

16세기의 선지자로 동양의 노스트라다무스라고 불리는 격암(格庵) 남사고(南師古)는 한국 사람들의 운명을 조선시대부터

6·25전쟁, 군사·독재정권의 출현 등 현대에 이르기까지 그 연도는 물론 월일까지 정확히 예언한 기인이다.

그는 말세를 당하면 괴상한 기운으로 중한 병에 걸려 죽고 울부짖는 소리가 그치지 않는다고 했다. 만물의 영장으로 윤리를 잃고 짐승의 길을 가는 자는 반드시 죽임을 당한다고 경고하면서 예(禮)가 아니면 듣지도 보지도 말라고 했다. 이는 괴질이 하늘에서 내린 재난 때문이라는 것.

그러면서 또 이런 대개벽기에는 하늘이 커다란 도(道)를 내려주는 때이기도 하니 자신을 살리는 길은 수도(修道)이며, 생명의 도를 깨치지 못하는 자는 죽게 된다고 한다. 그러나 도인의 길을 가면 날아다니는 불도 해치지 못하며, 귀신이 사람의 혼을 잡아가는 때에도 신명이 보호해준다고 한다.

이와 같은 예언은 우리나라 민중의 심성 속에 신앙처럼 자리잡은 정감록(鄭鑑錄)에도 나와 있다. 정감록에는 '나를 죽이는 것은 하늘이 내리는 신벌(神罰)이며, 나를 살리는 것은 도를 닦는, 즉 수도가 유일한 방법이며 그것은 산 같은 데 가서 닦는 것이 아니다'고 밝히고 있다.

한편 자하선인(紫霞仙人)이라고 불리는 이고(李皐)와 그의 제자로 팔공진인(八公眞人)이라고 불리는 유성성(柳成性)이 남긴 「신교총화(神敎叢話)」*(1983년 발간)에는 다음과 같이 전한다.

'예로부터 전쟁의 방법은 시대에 따라 변해왔다. 처음에는 손으로 싸우고 다음에는 나무로, 쇠로 마지막에는 공중에서 싸우는 경지까지 오르게 된다. 그때에는 사람과 가축이 모두 멸망하는 지경에 이르는데 인간구원의 도는 새로운 도로 개벽되어야만 가

---

* 신교총화: 한문 원본으로 약 45쪽 정도이나 도맥을 대단히 흥미롭고 후천세계의 전개를 명쾌하게 설명

능하다. 연후에 천지가 다시 광명을 회복하게 된다.'

종교학자 엘리아데는 그의 저서 「우주와 역사」에서 이 세상 어느 곳에나 사람들은 일정한 시간과 끝과 시작에 대해 무의식적인 관념을 가지고 있으며, 이러한 생각은 자연을 관찰함으로써 비롯됐다고 지적한다. 겨울이 지나고 새로운 봄이 올 때 우리의 마음이 참신해지듯이, 이 우주에도 거대한 시간의 변환대가 있으며 거기에 따라 우리의 마음과 생명도 묵은 것을 털고 새롭게 시작해야 한다는 것이다.

결론적으로 한국의 선지자들이 한결같이 수도를 강조한 것은 새로운 시간대를 맞이하여 새 생명의 마음을 가지라는 뜻이 아닐까.

1994년 11월 18일 보도된 미국 NBC-TV 속편과
동양의 예언을 여성동아가 1995년 2월호에
발췌 특집으로 소개

* 지축이 정남 정북으로 똑바로 정립하게 되면 4계절이 없어지고 나무의 나이테가 없어지며 사람의 나이테도 없어진다(?). 그러므로 불로불사(不老不死)의 세계가 되는 것, 파라다이스, 유토피아 세계가 되며 이는 지구 자체의 일정한 운동법칙에 의해 생긴다고 되어 있다. 그러나 예언자들은 어떤 분이 천지도수를 바꾸어 놓은 시간을 알지 못했다.

27

백림문 해의(百林文解義)

해청 **손경식***

<table>
<tr><td>休
쉴 휴</td><td>靜
고요할 정</td><td>僧
중 승</td><td>帥
장수 수</td><td>휴정 서산대사(西山大師)는 조선조 고승으로서 임진왜란이 일어나자 승병의 총수(總帥)로서 공을 세웠으며 선종의 일원화를 기하는 데 공헌하였다.</td></tr>
<tr><td>舜
순임금 순</td><td>將
장수 장</td><td>雄
수컷 웅</td><td>畧
꾀 략</td><td>충무공 이순신(李舜臣) 장군은 해전사상 가장 뛰어난 전적을 세운 명장으로서 오늘날 현충사에 장군의 업적을 높이 현양하고 있다.</td></tr>
<tr><td>再
두 재</td><td>祐
도울 우</td><td>勇
용맹 용</td><td>戰
싸움 전</td><td>망우당 곽재우(郭再祐) 선생은 천강 홍의장군(天降 紅衣將軍)이란 칭호를 받던 의병장군 중에 대표적인 인물로서 신출귀몰하는 전술로서 크게 공을 세웠다.</td></tr>
<tr><td>惟
오직 유</td><td>政
정사 정</td><td>能
능할 능</td><td>講
강론할 강</td><td>유정 사명대사(四溟大師)는 조선조 고승으로서 서산대사에게 승병총수를 이어받아 크게 공을 세웠으며 일본에 건너가 성공리에 강화를 맺었고 포로된 3천5백명을 인솔 귀국하였다.</td></tr>
<tr><td>許
허락 허</td><td>穆
화할 목</td><td>退
물리칠 퇴</td><td>潮
밀물 조</td><td>미수 허목 선생은 유학자이면서 선도에 능하였으며, 삼척의 퇴조비는 조수를 물리치는 불가사의한 기적을 남기었다고 한다.</td></tr>
<tr><td>時
때 시</td><td>烈
매울 렬</td><td>緣
인연 연</td><td>廟
사당 묘</td><td>우암 송시열 선생은 대학자로서 청주에 만동묘(萬東廟)를 세운 것이 장차 우리나라에 천자국(天子國)을 세우는 인연(因緣)을 만들었다고 선각자는 말하고 있다.</td></tr>
<tr><td>水
물 수</td><td>雲
구름 운</td><td>彰
드러낼 창</td><td>道
길 도</td><td>수운 최제우(崔濟愚) 선생은 무극대도(無極大道)의 진리를 대각하여 신천지 개벽에 따른 인류구제 이념으로 포덕광제 보국안민(輔國安民)을 주창하였으니 국조의 홍익이념을 계승하였으며 뒷날 동학혁명과 삼일운동이 그의 이념에 기초하였다.</td></tr>
<tr><td>在
있을 재</td><td>一
하나 일</td><td>正
바를 정</td><td>易
역서 역
쉬울 이</td><td>일부 김재일 선생은 하도(河圖)·낙서(洛書)에 이은 정역의 원리를 깨달아 금화정역을 펴냄으로써 후천개벽의 원리를 역서로서 입증하였으니 금화정역(金火正易)의 진리는 길이 후대에 교훈이 될 것이다.</td></tr>
</table>

* 해청(海淸) 손경식(孫敬植): 서예가, 선지자, 본 백림문은 천자문에 대응하여 창안한 8백자로 된 민족사의 대서사시며 예언서이다. 친필로 썼으나 오래된 자료라 스캔을 할 수 없어 활자체로 소개함.

琫 칼장식 봉	準 고를 준	革 고칠 혁 가죽 혁	命 목숨 명	전봉준 선생은 농촌 서민출신으로 당시 관과 양반의 학대에 분개하여 동학군을 중심으로 동학혁명을 일으켰으니 혁명에 성공은 못했으나 그로 인하여 국정은 쇄신되고 인간의 기본자유를 회복하는 데 크게 공헌하였다.
士 선비 사	玉 구슬 옥	公 공변될 공	事 일 사	증산 강사옥(姜士玉) 선생은 천지인 삼계대권을 주재하는 대도를 깨달아 9년간 천지공사를 통하여 후천선경 건설의 기초를 확립하였으며 보은해원(報恩解寃)과 의통상생(醫統相生) 이념을 주창했다.
秉 잡을 병	熙 빛날 희	民 백성 민	代 대수 대	의암 손병희 선생은 최시형(崔時亨) 천도교 제2대 교주를 이어 제3대 교주로서 3·1독립운동을 주도하여 민족대표로서 우리 민족의 염원인 독립정신을 세계에 선언하였다.
重 무거울 중	彬 빛날 빈	悟 깨달을 오	覺 깨달을 각	소태산 박중빈 선생은 불교의 진리를 깨달아 일원(一圓)을 최고 종지로 하여 원불교를 창시하였으며 후천 용화회상의 전개를 오각하여 물질개벽에 이어 정신개벽을 주창하였다.
布 베풀 포	德 큰 덕	廣 넓을 광	濟 건질 제	포덕천하 광제창생(布德天下 廣濟蒼生)은 동학의 기본이념으로서 국조 단황성조의 건국이념인 홍익인간과 일치되고 있으며
報 갚을 보	恩 은혜 은	解 풀 해	寃 원통할 원	신천지 조화세계인 천황씨(天皇氏)는 보은을, 그리고 지황씨(地皇氏)는 해원을 지상목표로 하고 있음이 대순전경(大巡典經)에 밝혀져 있다.
眞 참 진	法 법 법	海 바다 해	印 도장 인	석가께서는 묘법(妙法)을, 그리고 증산 선생은 진법을 말씀하셨는 바 이는 결국 같은 뜻으로서 부처님 묘법인 해인과 진법으로 인류를 구제할 것이며
醫 병고칠 의	統 거느릴 통	保 보전할 보	全 온전 전	세상의 병폐와 인간의 병을 고치어 만법을 통일함으로써 말세중생을 구제하여 목숨을 보전하게 되리라는 선성(先聖)의 말씀이 전해오고 있다.
祿 녹봉 록	持 가질 지	進 나갈 진	路 길 로	증산 선생의 말씀에 장차 말세의 어려운 시기에는 녹지사(祿持士)가 세상에 나타나서 사람에게 복록을 정해 주리라 하였으니
億 억 억	兆 조짐 조	歡 기뻐할 환	迎 맞을 영	억조창생 즉 세상 인류는 기뻐하며 맞이하게 될 것이다. 그러나 영원한 행복의 보장이 없는 기성종파의 활동을 녹지사의 활동으로 보아서는 아니 된다.

28

인간은 누구나 도통할 수 있다

태정(太井) **정 다 운** 스님

1) 도통할 수 있는가

인생을 승리로 이끄는 비결과 세월을 앞당겨 사는 방법을 가르치는 스님에게 도통을 했느냐고 따져 묻는 사람이 있다. 만약에 도를 통했다면 당장 문제를 해결해달라고 애원하거나 비결을 가르쳐달라고 매달린다.

사람에게는 누구나 문제가 있다. 그 어려움을 풀어가기 위해 모여 사는 사회는 얼마나 복잡다단하겠으며, 국가와 역사는 얼마나 많은 문제를 내포하고 있겠는가. 그 많은 인생문제, 사회문제, 국가문제, 세계문제 등을 누가 해결할 수 있는가. 인생은 한평생 문제를 풀어가는 수험생과 같다.

개인의 사정을 듣고 보면 절실하고 화급하다. 당장 해결되지 않으면 생사의 기로에 서야 하는 일이다. 그러나 해결할 수 있는 입지조건도 마련하지 않은 채 구원만을 희망해 온다면, 원인도 경과도 없이 결과만을 안겨줄 사람은 없다.

농사도 짓지 않은 사람이 가을 들녘에 낫을 들고 나와 추수하겠다면, 어느 농부가 자기 작물을 선뜻 내주겠는가. 농사를 지은 자만이 풍작이든 흉작이든 추수를 할 수 있듯이, 도통한 사람도 그들을 도와줄 수는 있지만 도통의 경지를 그대로 물려줄 수는 없다. 문제를 풀어가는 방법을 일러줄 뿐, 그 정답을 말해주어도 모르는 자에겐 들리지 않는 법이다.

도통을 하면 신체의 어느 부위가 달라지거나 요술을 부리는 것쯤으로 아는 사람도 있다. 능력 이상의 것을 노력도 하지 않고 취할 수 있는 것으로 믿기도 한다. 삿된 생각, 비겁한 방법, 부당한 이익을 추구하고자 하는 사람이 어떻게 도를 이해하고 통할 수 있겠는가.

도통이란 어리석은 마음을 깨우쳐 진리를 터득하는 것이니, 전미개오(轉迷開悟)가 곧 도통이다. 막힌 것이 터지고 모르던 것을 알게 되는 비결이다. 사람마다 자기가 아는 것을 주장하여 지식에 갇히고, 자기의 감정에 치우쳐 마음을 열지 못하다가, 자기로부터 벗어나 세상살이를 보고 우주진리를 아는 것이 도통이다.

이제부터 스스로 무엇이 막혀 있는가를 알아보기로 하자. 그 미혹(迷惑)을 돌려 지혜를 낳도록 전미개오하자. 그 비결을 하나하나 심고 기르고 거두어보자. 「신시」를 읽어가는 순간 스스로 진리의 세계에 서 있음을 알게 될 것이다. 마치 먹구름이 벗겨져 밝은 태양빛을 보는 것처럼 천지가 환하게 비칠 것이다.

2) 이 세상 어디에든 길은 있다

도통을 하면 인간 이상의 능력을 발휘한다고 믿었던 옛사람들이 공자를 찾아가 도력을 보여 달라고 간청을 했다. 보통사람이 어떻게 인류의 스승이랄 수 있느냐고 따졌다. 제자들도 은근히 공자의 도력을 보고 싶어했다.

"너희가 나의 도력을 보고 싶다면 따라오너라. 너희에게 꼭 보여줄 일이 있느니라."

공자의 도력을 보고 싶어하는 사람들과 제자들이 공자의 뒤를 따라 중국에서 가장 높다는 요양의 폭포로 갔다. 폭포는 웅장하여 한 폭의 선경과 같았다. 까마득하게 내려다보이는 절벽을 타고 쏟아져 내리는 폭포는 흰 비단 폭을 드리운 듯 눈이 부셨다.

신선인가! 사람인가! 하얀 수염을 쓰다듬으며 비단 폭 같은 폭포줄기를 내려다보던 노인이 몸을 던져 폭포 속으로 빠져들었다. 순간적으로 일어난 일이라 어안이 벙벙한데 공자가 소리를 쳤다.

"너희 중에 누가 저 노인을 구하겠느냐? 누가 저 폭포에 뛰어들겠느냐?"

그것은 연쇄자살 행위임이 분명하기에 그 누구도 입을 열지 않았다. 노인은 이미 물귀신이 되었을 터인데 누가 감히 물귀신의 뒤를 따라갈 수 있단 말인가.

"기적이다! 노인이 살아났다!"

외치는 소리와 함께 노인은 머리를 툭툭 털면서 물가로 걸어 나왔다. 사람들이 달려들어 한마디씩 던졌다.

"당신은 신선입니까? 수백 년을 살아온 산신령입니까?"

"산신령도 신선도 아니라면 물에 대해 도통했습니까? 수통을 했습니까?"

"수통한 것도 아니라면 왕년에 수영선수였습니까? 도대체 저렇게 높은 폭포에 뛰어들어 살아나올 수 있는 비결이 무엇입니까?"

노인은 계속 고개를 젓다가 한마디로 잘라 말하고는 뒤도 돌아보지 않고 가버렸다.

"미친 놈들! 내가 수영하려 했거나 살려고 발버둥을 쳤더라면 물살에 전신이 작살났을 게야."

말문이 막힌 제자들은 공자의 안중을 살폈다. 필시 사연이 있을 듯했다. 그러나 공자도 말을 하지 않았다. 제자에게 시켜서 사람만한 통나무를 폭포수에 던지게 했다. 잠시 후 통나무는 그 노인처럼 솟아올라 물가로 밀려나왔다.

"저 물에는 물길이 있느니라. 통나무가 물길을 따라 물가로 밀려왔듯이, 노인도 물길을 타고 흘렀을 뿐인데 어째서 죽지도 않은 사람을 보고 살아났느냐고 묻느냐?"

제자들은 두 번 다시 공자의 도력을 의심하지 않고 인륜지사를 배우는 데 게을리하지 않았다. 인간에게도 인간이 통하는 인도가 있으니 그 길이 막히지 않음이 곧 도통임을 알았기 때문이다.

노자도 도력을 보고자 하는 제자들을 이끌고 백정의 집으로 갔다. 늙은 백정은 수십 년이나 사용했다는 칼을 내놓았다.

"이 칼로 수백 마리의 소를 잡았습니다. 칼날 하나 다치지 않았습니다."

아무도 믿으려 들지 않았다. 넓적한 칼날은 새로 만들어 잘 갈아놓은 듯 시퍼렇게 빛났다. 수백 마리는커녕 한 마리만 요리를 해도 칼날은 휘고 무디어질 게 뻔한 일이었다.

"나는 이 칼로 뼈를 치거나 살을 베지 않았소. 살결과 살결 사이에 길이 있으니 나누어 놓았을 뿐이고, 뼈와 뼈마디 사이에도 길이 있는데 내려칠 리가 있겠소? 그렇게 소를 잡았더라면 벌써 지쳐 죽었을 게요."

말없이 일어선 노자의 뒤를 묵묵히 따라나선 제자들이 소리쳤다.

"스승님! 정신을 차리십시오. 길을 두고 어째서 가시밭으로 걸어가려 하십니까?"

"너희는 길을 알고 길로 가는데, 이 늙은이가 길을 잃었으니 어찌 발을 다치지 않겠느냐?"

-이하 생략-

1988년 「신시(神市)」 중에서

29

풍수지리 미신인가?

임 응 승 요한 신부(천주교 노량진 교회 주임신부)

성직생활 40년을 대자연의 법리를 찾아 살다보니 불행한 이웃들에게 다소나마 도움을 드릴 수 있게 된 것을 다행으로 여기며, 그 가운데서 복음 전파의 일익을 담당할 수 있게 된 것도 주님의 거룩한 뜻이라고 생각한다. 일명 신비의 추를 손에 들고 전국 강토를 뛰어다닐 때는 미신 시비와 엉뚱한 질문도 받아보았지만, 예수께서도 마귀를 쫓아내실 때 욕을 당하셨던 성례(聖例)를 생각하며 고소를 삼키기도 하였다. 그래서 '신부지관(神父地官)'이란 말을 듣기도 하지만 그것이 불행한 이웃들을 돕는 헌신일 때 나는 그저 주님의 뜻에 순명키로 머리를 조아릴 뿐이다. 다만 나 혼자는 지금까지의 경험으로 풍수설에 대한 어떤 확신을 갖고 있으나, 아직 입증하기 어려운 점이 많은 것이 사실이어서 가톨릭 교리와 연관하여 원고를 써달라고 부탁한 가톨릭 다이제스트사에는 과학적 이론과 논리에 입각한 풍수지리설 설명보다는 내가 직접 경험했던 일을 이 데레사씨의 수기를 통해서 대신해 보고자 한다. 독자들의 정당한 평가를 기대해 본다.

「불쌍한 내 딸 마리아는 이렇게 해서 죽음에서 살아났다」

후드득 후드득, 창을 때리는 빗소리를 들으며 쓸쓸한 기분으로 딸 마리아의 방에 들어왔다. 책상에 앉아 책꽂이의 책이며, 인형, 십자고상을 바라볼 때 내 마음은 가눌 길 없이 슬퍼져 한없이 더운 눈물이 쏟아져 내린다. 내 딸 마리아는 죽어야 하는가? 어머니의 가슴이 이렇게 메어지고 그 손을 잡는 사랑이 가슴 한가득 괴어 있는 데도 그 애는 가야만 하는가? 나는 딸아이의 책상에 얼굴 파묻고 한참을 소리 없이 울었다. 울면 울수록 딸아이의 얼굴이 크게만 떠올라 마음을 걷잡지 못했다. 병원은 물론 한방까지 다 다녀보았으니, 이제는 용하다는 소문 있는 임 신부님께 희망을 걸어보리라 다짐했다. 나는 전화 813-1034의 다이얼을 돌렸다. "따르릉, 따르릉" 전화벨 소리가 요란히 울어댔다. "여보세요" 남자의 굵직한 목소리가 들려올 때 무슨 말을 먼저 해야 할지 그저 말문이 막혔다. "신부님 계세요?" "예, 전데요!" "뵙고 말씀드릴 게 있어서 전화를 드렸습니다." "내일 두 시에 사제관으로 오시지요." 신부님을 만나 뵐 약속을 하니 한결 마음이 가벼워졌다. 딸아이의 정돈된 방이 침묵 속에 젖어 있다. 나는 서가 위에 걸려 있는 그 애의 사진을 보며 다시 한 번 침울 속에 빠져 들어갔다.

내 딸 마리아가 중학교 3학년 때의 일이었다. 하루는 학교에서 오더니 다리가 아프다며 자리에 눕게 되었다. 공부하기 고단해서 그러려니 했더니 그날 저녁 아이의 체온은 40도를 오르내리는 고열이었다. 잔병 없이 자라주던 아이가 갑자기 고열에 시달리게 되니 당황할 수밖에 없었다. 애 아버지와 상의할 것도 없이 앓는 아이를 차에 태워 병원으로 달려갔다. 혼미한 상태에 빠진 아이에게 종합검진을 서둘렀다. 그런데 진찰 결과는 '이상이 없다'는 것이었다.

"이상이 없는데 왜 아이의 열은 내리지 않는가?"

해열제를 먹이고 응급치료를 했지만 고열은 쉽게 딸아이의 체내에서 빠져나가질 않았다. 나는 그 병원의 의사를 불신하며 종합병원으로 옮겨 보았으나 결과는 초진과 같은 것이었다. 해열제란 것도 쓸 때나 잠시 빤할 뿐 여전했다. 의사도 고개를 갸우뚱거렸고 나는 이 병원 저 병원 전전하며 마음을 졸렸다. 의학박사들은 다 어딜 갔는가? 한국의 의술이 결국 이 모양인가? 나는 의사들만 원망하게 되었다. 딸아이가 입원한지 한 달쯤 되었을 때는 극도로 약해져 대소변도 혼자서 처리하지 못하게 되었다. 결국 나는 양의사와 결별했고 한의사를 찾아 조금씩 회복되어 가는 것을 보게 되었다. 일 년을 하루 같이 약탕을 끓이며 정성을 쏟아 등교도 할 수 있었고, 이듬해는 고등학교를 진학하게 되었다. 딸아이의 고등학교 시절은 병고와 싸우는 3년이었다. 아픈 몸으로 학업에 매달려 서울대학교에 들어간 것이다. "몸만 건강하거라. 학업도 재산도 명예마저 건강보다는 못한 것이란다." 일편단심 어미의 기도는 이것이었다. 그러나 병의 악신은 끝내 내 딸의 건강을 본격적으로 허물어뜨리기 시작했다. 대학 일학년 말쯤이었다. 딸아이의 양쪽 팔에 콩알만한 멍울이 생겼다. 종기 증세같이 열이 나며 커지는 거도 아니고 자연적으로 딱딱하게 굳어지더니 터지면서 피고름이 계속 쏟아져 나왔다. 심하게는 몇 개월씩 나오는데 그 멍울은 전신에 계속 퍼져나갔다. 피고름이 쏟아지는 상처는 뼈까지 침투하여 뼈를 바스러뜨리고 뼈 조각까지 고름에 묻어나오게 했다. 어이하면 좋단 말인가? 끓이던 한약도 이제는 중단하고 병원을 찾았다. 심각하게 딸아이를 진단하던 의사는 무겁게 입을 열었다.

"상처 부위를 수술을 해서 거기에 맞는 항생제를 쓸 수밖에 없겠습니다. 그래서 뼈가 돋아나게 해야 되겠습니다."

의사의 이 말은 차라리 사형선고였다. 한 군데의 상처라면 몰라도 아이의 전신에 칼을 대야 하는 것이 아닌가? 그러나 어쩔 수 없었다. 딸아이의 생명을 건지기 위해선 도리가 없었다. 수술 날짜를 받았다. 어미의 심장은 찢어지는 것만 같았다. 사람 노릇 못할 생명 연장이라면 이 얼마나 기막힌 운명인가? 다가오는 수술시간을 기다리며 고통스러워하던 나는 결정적 순간에 매정한 결심을 하였다. '아이가 죽는 한이 있더라도 온몸에 칼을 대지는 않으리라.' 그래서 수술 날짜 하루 전에 퇴원시키고 말았다. 또 다시 한약을 끓이기 시작했다. 아이의 상처는 자꾸만 늘어갔다.

이럴 즈음, 나는 친구들 모임에 참석하게 되었다. "안됐다. 얘! 마리아가 왜 그런 못된 병에 걸렸대?" "……." 그들의 위로에 왈칵 눈물이 쏟아졌다. 좌중은 내 눈물에 숙연해졌다. 이때였다. 한 친구가 조심스럽게 입을 열었다.

"데레사, 임요한 신부님 이야기 들어봤어?"

"임요한 신부?"

"거 신비의 추로써 우물자리, 집터, 묘터 잘 본다는 신부님 말이야."

"신문에 났던가?"

"그렇지."

"그건 왜?"

"그 어른이 병도 잘 고치고 진맥도 잘 하신대. 산소가 나쁘면 자손들이 불치의 병에 걸리는 수가 있고 화를 당한다고 하더군. 한번 신부님 모셔다 확인해 보지 그래."

"……"

나는 친구의 말에 하얗게 웃었다.

로켓이 달나라 여행을 하는 판에 죽은 조상의 산소가 산 사람과 무슨 관계가 있다고 홍두깨 같은 장난을 한단 말인가? 그래도 그 친구는 임요한 신부님의 전화번호를 내 손에 쥐어주었다.

"늦긴 했지만 꼭 한번 찾아가 보아요." 절대 고독의 늪에 빠진 사람은 자기 구원의 그 어떤 끄트머리만 보여도 전체를 의탁해 버린다고 한다. 내가 그랬는가 보다.

약속한 두시, 사제관으로 찾아가는 내 마음은 두렵고 떨리기만 했다. 가톨릭 신자가 된지도 수년이 지났지만 사제관을 찾아가기는 이번이 처음이기에 그러했을 것이다. 신부님을 뵙는 순간 눈물만 앞을 가렸다. 주섬주섬 코를 훌쩍거리며 그간의 경위를 설명해 나가자 신부님은 딸아이를 직접 보았으면 좋겠다고 하셨다. 그래서 병약한 딸을 끌고 신부님께 갔더니, 진지한 얼굴로 머리도 짚어보시고 허리와 발끝까지 짚어가시던 신부님은 나를 돌아보며 말문을 여셨다.

"외부로부터 온 병이니 고칠 수 있습니다." "수술을 안해두요?" "그러문요, 우선 산소를 가 봐야겠습니다." 왠지 그 말에 저항감을 느꼈다. "신부님, 사람이 죽으면 육신은 썩고 영혼은 하늘나라로 올라간다 하는데 죽은 사람을 어디에 묻은들 상관이 있겠습니까?" 썩어서 흙으로 돌아갈 육체가 아닙니까?"

나의 항변에 신부님은 침묵을 지키시다가 입을 여셨다. "우리가 죽은 사람을 보았을 때 두려움을 느끼는 것은 우리에게 피해를 줄 수 있다는 뜻 아니겠습니까? 이런 것이다 하고 딱 잘라 말하기는 곤란하지만 미신으로만 생각할 수 없는 정신과학적인 면도 있는 것이지요." 신부님의 말씀을 들으니 무어라고 항변할 용기도 없었다. 이튿날 신부님과 함께 시어머니 산소를 올라갔다. 신부님은 산소를 둘러보시더니 무겁게 입을 여셨다.

"수맥이 무덤 밑에 있고 양쪽 나무에서 뿌리가 들어갔으니 이장을 하는 게 좋겠습니다."

신부님의 진단이 이런데도 막상 이장을 하려고 하니 엄두가 나지 않았다. 거기에다 남편까지도 순응하려 하지 않았다. 이런 세월 속에서

딸 마리아의 병은 더욱 악화되어 갔다. 견디다 못해 나는 남편을 설득했다. 마지막 구원의 소망을 이장에 두고 있었던 것이다.
"당신 고집 피우고 마리아 죽이겠어요. 당신이 안한다면 나라도 하겠어요."

그래서 우리는 이장 날짜를 잡아 산역군들과 함께 산소에 올라갔다. 산역군들이 삽질을 계속하는 동안 내 마음은 기도하는 심정이었다. "제발 이장을 통하여 딸아이가 완쾌할 수 있게 하소서." 떼를 걷고 무덤을 파 내려가던 삽이 시어머니가 묻힌 관을 드러내게 하였다. 관 뚜껑을 파헤쳐 보니 너무도 어이없는 광경이 나타났다. 남편과 나는 서로 얼굴만 쳐다보았다. 실 머리카락 같은 나무뿌리는 탈육된 유해가 보이지 않을 정도로 엉겨 있는 것이 아닌가? 일꾼들도 입을 모아 한 마디씩 했다. "오랫동안 이런 일을 해 보았지만 처음입니다. 이장하길 잘 하셨습니다." 남편도 몹시 좋아했다. "오랫동안 내가 부모님을 잘못 모시니까, 신부님께서 내게 효도하는 자식되게 만드셨구먼."

그날의 이장은 그렇게 재미있을 수가 없었다. 이장을 마치고 집에 돌아왔을 때였다. 딸 마리아가 웃으면서 내게 다가왔다.

"엄마, 나 오늘 왜 이리 기분이 좋지? 뭐든지 먹고 싶고 맛이 있고 그래서 많이 먹었어요."

딸아이의 표정이나 기분이 다른 날과 달리 무척 즐거워 보였다. 우리 내외는 서로 쳐다보며 웃었다. 그 후 일주일이 지났을 때였다. 학교에서 돌아온 딸 마리아가 소리쳤다.

"엄마, 고름이 멎었어요. 얼굴을 보세요. 또 이 가슴 말예요!"

나는 딸아이의 웃옷을 벗기기가 무섭게 딸의 가슴에 흉터처럼 붙어 있는 거즈를 뜯어냈다. 여느 때 같으면 검붉은 거즈가 내 손에 들려 있어야 하는데 거짓말 같게도 깨끗한 거즈가 들려 있는 것이 아닌가?

"오! 나의 하느님!"

내 눈에는 더운 눈물이 질퍽하니 괴여 왔다. 하느님은 임 신부님을 통해 내 딸 마리아를 살리신 것이다. 해가 지나고 마리아는 건강을 회복했다. 7년간이나 목욕조차 시키지 못했던 딸의 몸을 더운 물로 씻어주며 나는 눈도 뜨지 못하고 흐느껴 울었다. 병고에 시달리던 마리아는 병고를 씻음과 함께 대학을 졸업하고 몇 년 전 임 신부님의 주례로 혼배성사를 받고 지금은 중학교 교사로 재직하며 행복하게 살고 있다.

생각하면 눈물겨운 회고일 수밖에 없었다. 이 사실을 아는 우리 측근의 이웃이나 우리 내외는 신의 대리자로 유독 나와 우리 가정에 은총을 베푸신 임 신부님의 크신 사랑을 늘 감격으로 기억하고 있다.』

이외에도 수많은 예가 있다. 우리 조상들은 죽은 사람의 시체도 아무데나 묻을 수 없다 하여 굳이 명당을 고집했다. 부모의 시신을 잘 모셔야만 자손이 잘된다고 하여 심지어는 남의 묘지와 바꿔치기까지도 하였다 한다. 그렇다면 산소가 좋다, 나쁘다 하는 것은 어디에 근거를 두고 하는 말일까? 죽은 사람의 시체가 산 사람과 무슨 상관이 있기에 이렇듯 정신문화를 지배해 왔던가? 미신일까? 아니면 무속문화의 잔재일까? 풍수학을 얘기하면 우리 신자들은 우선 미신의 범주 속에 가두어 버린다. 시비도 많고 신비로운 전설도 많아 이해하기 어렵기 때문일 것이다. 나 또한 당장 증명해 보이라 하면 대답이 실로 궁할 뿐이다. 다만 지금까지 실제로 일어났던 일들을 토대로 살펴봄으로써 간접 입증이 가능할 뿐이다. 하느님께서는 만물을 창조하셨고 이에 따르는 어떤 질서에 의해 다스리시며 보존하신다. 따라서 만물은 이러한 대자연의 신비 속에 융화되어 순응해 나가야 한다. 그저 역천하지 않으려 애쓰는 작업의 일환으로 풍수지리설을 설명하고 싶다. 결국 하늘(곧 대자연)을 거스르지 않는 것이 하느님을 거스르지 않는 것이라고 자위하면서….

1989년 2월 가톨릭 다이제스트에서

* 행간(行間)을 읽어라(Read between the line)라는 뜻을 이 글은 요구하는 것 같다. 아는 것을 안다하고 모르는 것을 모른다고 할 수 있다면 어느 경지에 오른 사람이라 했다. 하물며 있는 것을 있다하고 없는 것을 없다함에 이르러서야 더 이를 말인가? 요한 신부는 수맥의 중요성을 대중화한 선구자이다.

30

북한산과 매월당

손 경 석(孫慶錫, 성균관대 교수)

1) 숱한 애환에도 말이 없고…

유난히도 극심한 뇌성벽력이 몇 차례 번쩍이더니 지루한 장마가 멎고 윤유월(閏六月) 찌는 듯한 더위가 목멱산(木覓山) 너머에서 이글거렸다. 이 더위는 장마 뒤엔 더욱 심해서 삼베적삼을 적시고 밤잠조차도 설쳤다.

이 해에는 무악재 고개 솔밭에 송충이가 창궐해서 아름드리 소나무가 불탄 듯이 마르고 자하문(紫霞門) 밖 자두가 설익어 떨어지며 촌로는 변고(變故)의 알림이라고 중얼댔다.

그러나 삼각산(三角山, 지금의 북한산) 내원(內院)에 자리한 중흥사(重興寺) 초암에서 글을 읽던 어느 선비의 옷자락에는 가는 바람이 스쳐가며 제법 산사(山寺)의 서늘함이 풍경소리로만 알려왔다.

때는 서기 1455년, 조선왕조 6대 임금 단종(端宗) 3년 을해년 여름이었다. 부왕 문종(文宗)이 승하하자 어린 단종이 왕위에 오른 지 3년, 2년 전엔 충신 김종서(金宗瑞), 황보인(皇甫仁) 등이 살해되고, 안평대군(安平大君)마저 사사(賜死)되는 마당에 수양(首陽)이 군기를 총괄하면서 왕실지밀은 단종 보위를 위협했다.

드디어 단종은 선위(禪位)하면서 수양대군이 7대 왕위에 올랐다. 이 소식은 삼각산 중흥사에서 면학하던 김시습(金時習)에게도 알려졌다. 청천벽력 같은 변고에 매월당(梅月堂) 김시습은 넋을 잃고 대성통곡으로 3일을 지새웠다.

그 통곡은 삼각산 골짜기를 오열(嗚咽)시키고 멧부리를 뒤흔드는 같았다. 읽던 책을 불사르고 훨훨 단표자로 유랑의 길을 떠났다. 변치 않는 산천에 넋을 부치고 현실을 외면한 것이다.

조선왕조 초, 왕조의 기틀을 다지며 북한산을 진산(鎭山)으로 삼아 한양 서울에 도읍한 사직(社稷)의 변고는 매월당에게 있어서는 참을 수 없는 불의(不義)였고 현실을 통곡해야 할 정사(政事)의 무상(無常)함이었다.

엄청난 수양대군의 찬탈(簒奪)은 결국 성삼문(成三問), 박팽년(朴彭年) 등 사육신의 충의(忠義)가 허사가 되어 애사(哀史)로 남고…… 한편으로는 매월당을 비롯한 생육신의 절의(節義)로 전해진다.

여기서는 그 유명한 단종애사가 아닌 까닭에, 이들 절의파의 이야기는 뒤로 미루기로 하자. 아무튼 이후 훈구파(勳舊派) 대(對) 신진 영남 사림파(士林派)의 대립은 격심한 양상을 띠었다.

21세의 젊은 나이로 세속을 버리고 삭발하여 정처 없는 운수행각의 길을 떠나야 했던 매월당은 북한산을 넘어 당도한 곳이 양주(楊洲) 길을 택해서 고려의 옛 서울 송도(지금의 개성)에 이르렀다. 황량한 옛 왕도는 퇴색된 황성(荒城)이었다. 그리고 관서(關西)로 길을 잡았다.

그렇다. 새 왕조(王朝)의 터를 잡은 삼각산이 몸서리치는 불의(不義)에 왜 말이 없단 말인가.

2) 한양 도읍의 진산(鎭山)

일찍이 태조 이성계가 한양에 새 서울로 도읍 천도할 때 북한산 영봉을 수호신으로 했었다. 예부터 내려오는 명산의 정기는 길흉의 가늠이었고 초복제액(招福除厄)의 근원으로 보았다. 그것이 진산의 뜻이었다.

건국 신화로부터 삼신산(三神山), 오악(五嶽)에 제사를 받들고 명산의 정기는 초자연의 수호신으로 삼은 터였다. 그러기에 무학(無學)의 진언으로 풍수도참(風水圖讖)의 이론을 따라 융성한 왕조의 앞길을 다짐하고 영화로운 태평성세를 기약했었다.

그런데 왕조 초기의 1차, 2차의 왕자의 변을 비롯해서, 이번에 왕위 찬탈까지 일어났으니 앞날의 성세도 불안을 예언하는 듯도 했다. 무슨 연고로 진산의 효험도 없이 이런 변이 연달아 일어난단 말인가. 삼각산 명당(明堂)의 정기가 잘못되었단 말인가?

북한산은 광주산맥이 힘차게 뻗으면서 서울 북쪽으로 이어져 비록 잔구성(殘丘性)의 산지라 하더라도 화강암의 절리와 풍화작용으로 첨각봉(尖角峰)과 원정봉(圓頂峰)을 곳곳에서 이루게 하여 암산의 멋을 보여주고 있다.

옛 이름 화산(華山)이라고 하고, 신라 때는 부아악(負兒岳)으로도 칭했다.

삼각산이란 옛 이름은 고려의 옛 서울인 송도에서 한양 땅을 바라보고 양주 길을 따르면 바위의 3봉이 삼각으로 나란히 솟아 있어서 흔히들 그렇게 불렀다.

『동국여지승람』에는 이 북한산이 서울의 진산이고, 『세종실록지리지』에는 서울 도성의 진산은 '백악'(白嶽)이라고 기록되어 있다. 백악은 오늘날 청와대 뒷산인 북악산(北岳山)을 말하는 옛 이름이다. 그래서 여기에는 국사(國祠)를 차려 치성을 드렸다는 기록이 있다.

삼각산 3봉은 인수봉(仁壽峰, 803m)을 좌측으로, 최고봉인 백운대(白雲帶, 836m)를 중앙에, 우측으로 만경대봉(萬景臺峰, 800m)이 솟아있는 수려한 산 모습을 보여준다. 이 만경대는 일명 국망봉(國望峰)으로 불렀다.

일찍이 고구려 동명왕의 왕자인 온조(溫祚)와 비류(沸流) 형제가 부아악에 올라갔다는 설이 있으나, 또 다른 설은 북한산 부아악이 아닌 용인 땅 부아악이라는 이설도 나왔다. 부아악이 좁은 뜻의 인수봉이라고 친다면, 그 시대의 깎아지른 듯한 암벽에 쉽게 올라갈 수 없을 것이요, 만일 북한산의 넓은 뜻의 '부아악'이라고 치면 국망봉이 아니겠느냐고도 한다.

고려 말기의 대유(大儒) 이색(李穡)은 이 산을 가리켜,

三峰削出太初時(삼봉삭출 태초시)
仙掌指天天下稀(선장지천 천하희)
自少已知眞面目(자소기지 진면목)
人言背後玉環肥(인언배후 옥환비)

세 봉우리 깎아 세운 것은 태고 때의 일이니
신선은 손가락으로 하늘만 가리키니 신기할 뿐이네.
젊은 시절부터 이미 절경이란 말은 들었지만
사람들은 배경이 양귀비처럼 생겼다 하네.

라고 하듯, 그 유가 없는 수도의 절경으로 많은 사적과 함께 명승을 읊은 시문(詩文)도 수없이 많다.

북한산은 이름난 3봉 외에도 원효봉(元曉峰), 노적봉(露積峰)이 에워싸고 있다.

이 노적봉은 그 맥을 남으로 달리면서 동장대(東將臺), 보현봉(普賢峰), 문수봉(文殊峰)으로 되고 남장대(南將臺)를 거쳐 서북으로 뻗으면서 나한봉(羅漢峰), 증봉(甑峰), 용혈봉(龍穴峰), 의성봉(義聖峰)을 이루어 원효봉과 마주보는 서쪽 골짜기를 산속의 내원분지(內院盆地)로 만들어 맑은 내원계류가 흐르고 있다. 이 계류 옆, 흥국사(興國寺), 태고사(太古寺), 대가람이었던 중흥사(重興寺), 행궁(行宮)들을 일으키게 했다.

석탑골 백운동천(白雲洞天)으로도 부르는 북한산성 내의 절묘한 계곡미(溪谷美)를 자랑했었다. 또한 중흥동천 옆, 지금은 없어진 산영루(山暎樓)의 아취는 대석만 남아 고적의 연유조차 모르게 되었다.

북한산은 다시 줄을 서서 어깨를 재듯 비봉(碑峰)으로 이어지고 무악재 너머 서로 뻗고, 남쪽으론 인왕(仁旺)과 북악산으로 그 맥을 달린다.

비봉 위에 신라 진흥왕 순수비가 있다는 것은 너무나 유명하거니와, 이 산 둘레가 삼국시대에는 공쟁(攻爭)의 초점이었다는 것을 입증하는 것이겠다.

승가사, 문수암, 진관사가 서쪽 북한의 사원이라면, 동쪽으로는 도선사, 화계사, 경국사가 있고, 북쪽으로는 선운사(禪雲寺)가 자리하고 있다.

비단 사원뿐이 아니고 북한산의 암봉(巖峰)과 능성을 둘러 산성과 14개의 산문 3장대는 도읍을 지키던 산천의 유서깊은 고적들이다.

그뿐이랴. 인조반정(仁祖反正)의 거사 터인 세검정을 비롯해서,

조지서(造紙署), 선혜청(宣惠廳)의 옛 모습조차 볼 수 없고 암봉만이 서울의 오늘을 굽어본다.

매월당이 은둔의 길을 떠나며 넘던 고갯길이 어디인지는 분명치 않다. 그러나 일찍이 산천이 갖는 뜻은 비단 자연미의 대상일 뿐 아니라 은둔사상의 원점이기도 했다.

숭천숭산(崇天崇山) 사상은 산을 우러러 섬기면서 때로는 여기에 의지하여 고뇌를 달래기도 했기에 곧은 선비는 산천 길을 찾았다. 즉 운수행각의 보금자리요, 불의에 대한 항거하는 소극적인 저항도 산천에 부쳤다. 이 소극저항은 물리적인 항거 이상의 초연자약(超然自若)하게 현실에 대한 적극적인 규탄이 될 수도 있다. 그 뜻은 영고성쇠를 산천만이 알았기에 북한산은 매월당의 뜻을 소리 없이 포용했을 것이다.

행화촌 마을의 살구꽃 향기가 봄이 오는 것을 알려줄 때 무현(巫峴)의 북한 당고개에서는 소박한 기원의 가락이 흐르고 자하문 밖의 부암동(付巖洞) 기자(祈子) 축원은 진달래 꽃동산에서 훈풍 같이 속삭였다. 바로 북한산의 향취였다.

어쩌다 다시 병자호란을 만난 조선왕조는 김상헌(金尙憲)의 '가노라 삼각산아, 다시 보자 한강수야…' 통분의 비가가 숨겨져 있으나 결코 되풀이될 순 없다.

일제하엔 산의 정기를 맥 따라 끊자고 백운대 상상봉에 철쇠를 박아도 의연한 산천의 참 슬기를 이길 수는 없었다.

북한산은 오늘도 그 예부터 숨겨진 그 숱한 수도의 애환을 간직한 채 순정무구(純情無垢)한 이 나라 산천의 중심지로서 한강수를 끼고 번영할 이 민족의 굳건한 미래를 지키는 태평성대만을 약속한 진산(鎭山)이기를 바라는 것이다.

사담(史談) 1986년 3월호

* 북한산(北漢山) 산문 중에 대동문(大同門)이 있는데 동(同)자를 동(東)자로 우기는 우를 범하는 사람이 있다. 대한문, 한강수까지도… 홍위병인가? 그는…

31

삼각산 '정기' 되살렸다

일제가 정수리에 세운 '한국인 저주' 철주 뽑아내

김 학 순 기자

올봄부터 3차에 걸쳐 일제(日帝)가 삼각산(三角山) 최고봉 백운대 정수리 바위에 박아놓은 철주(鐵柱)를 뽑는 작업을 벌여온 40대 전후 산악 동호인 오르내림 산우회원 30여 명은 오는 15일 1천여 명의 각계 인사들이 참석한 가운데 민족혼 대산신제를 지내 민족의 진산 삼각산의 사라진 정기를 되살린다.

학계 법조계 언론출판계 인사와 사업가들로 구성된 이 산악동호인들은 지난달 17일 60년 동안 정수리와 명치에 철주가 박혀 신음하고 있던 삼각산의 영(靈)에게 이 사실을 알리기 위해 대산신제를 올리기로 결정, 봉행위원회를 구성했었다.

대산신제 홍보를 맡은 박인주(朴仁柱, 37·홍사단 출판부장)는 "일제의 잔재를 청산하는 작업의 일환임은 물론 전국의 영산에 민족통일이 기운이 깃들이게 되기를 소망, 뜻깊은 광복 40주년에 이 같은 일을 하기로 뜻을 모았다"고 취지를 설명했다.

이들이 삼각산의 쇠막대에 대해 관심을 가진 것은 지난해 9월부터였다. 이들은 노인들의 증언과 현장조사 결과 철주들이 일제에 의해 인걸의 탄생을 막기 위해 박혔다는 확신을 얻었다.

이들은 현장조사에서 이 정수리 바위에 뚫려 있는 22개의 구멍과 11개의 철주가 도저히 방향표시나 측량용 또는 등산용이라고 볼 수 없다는 결론을 내렸다.

또 이 정수리 바위에서 정동쪽인 삼각산의 명치끝에 숨겨진 바위에 박힌 5개의 철주도 역시 방향이나 등산용으로 보기 어려웠다.

이런 결론을 내린 이들은 우선 이 철주 제거작업을 지난 3월 20일에 착수하여 3차에 걸쳐 모두 마쳤다.

이 작업에는 5t짜리 유압 프레스 2대를 연결하고 볼트를 이어 잭을 사용하는 등 특수 장비가 동원됐다. 그만큼 쇠막대는 시멘트까지 비벼 넣어 견고하게 박혀 있었다는 것이다.

대산신제는 오는 15일 상오 10시 삼각산 백운대 정상에서 있을 천단제(天壇祭)와 낮 12시를 기해 백운산장 앞에서 산신제를 올리는 순으로 진행된다.

이날의 제천문(祭天文)은 봉행위원장인 작가 구윤서(具閏瑞)씨(50)가 썼다.

삼각산신에 아뢰는 이글은 "…이 겨레를 시샘하고 죽이려하는 무리들이 있어 이 겨레의 발전과 번영을 빼앗으려 이 산의 맥을 끊고 이 산의 기를 죽이려 독침을 놓았습니다. 그러나 이제 끊겼던 맥이 다시 이어지고 정수리와 가슴의 독침은 뽑혀졌습니다. 이제는 따뜻한 겨레의 붉은 피가 흐르고 있습니다. 산의 혼이시여! 깊은 잠에서 깨어나 어둡고 혼돈한 온누리에 밝은 빛을 비추소서!…"라고 기원하고 있다.

이 산악 동호인들은 민족혼 대산신제를 계기로 앞으로 전국 명산을 대상으로 이같은 철주가 박힌 실태를 조사하여 쇠막대를 뽑고 민족의 정기를 되살리는 운동을 벌일 방침이다.

경향신문 1985년 8월 12일(월)

* 철주를 뽑은 3일째 되던 날 일제가 세운 중앙청 건물에 화재가 발생, 서울시의 소방차 3분의 2가 동원 진화, 그 후 국립중앙박물관으로 사용하다가 문민정부 때 철거됨.

32

선도(仙道)에 대하여

글 안 광 수(安光洙)

1) 선도(仙道)는 4차원의 세계

선도의 종지(宗旨)는 성명쌍수(性命雙修)에 있으나 참선의 그것은 오로지 각성(覺性)에만 있다.

성(性)이란 깨달음이며 명(命)이란 목숨, 즉 육신을 의미한다.

다시 말해서 선도의 수행은 영적인 것과 물질적인 것이 동시에 이뤄지는 데 비해, 참선은 명을 무시하고 오로지 성만을 단수(單修)하므로 형(形)이 나타나지 아니한다.

선도수행에 의해 나타난 분신은 양신이었지만 명상(참선)에 의해 나타난 그것은 음신에 불과한 것이다.

선도의 고서(古書)에는 양신을 만드는 방법이 상세히 기재되어 있다. 그 대표적인 예가 조피진 선인의 명저인 『성명법결명지』(性命法訣明指)이다.

양신을 만드는 방법을 출신법(出神法)이라고 하는데 '기'가 충분한 사람의 경우에는 양신에 의한 출신이 가능하지만 '기'가 부족한 경우에는 음신만 출신하게 된다. 이런 경우를 대비해서 충분히 '기'를 키워놓지 않으면 안 된다. 일단 출신에 성공하게 되면 그 다음에는 다시 육신까지도 양신화(陽神化)하는 과정이 필요하다. 언젠가는 없어질 이 깨지기 쉬운 육체를 양신과 같은 불로불사의 상태로 변화시킨다는 일은 매우 중요하다.

이것에 성공하면 양신과 육체는 완전히 하나가 되어 명실 공히 신선의 경지에 들어서게 되는 것이다.

그러나 이것이 선도의 궁극적 목적은 아니다.

왜냐하면 이러한 불로불사의 비법을 연구해 나가는 과정에서 그들은 경이적인 사실을 발견해 냈던 것이다. 그것은 우주의 본질적인 모습이라 할 수 있는 것으로써, 대부분의 종교나 신지학(神知學)에서도 아직도 모르고 있는 심오하고도 깊은 본원적 세계였다.

선인들은 출신을 반복해서 육체의 양신 사이에 의식을 옮기는 과정 가운데에서 나(自我)라는 본질은 이들과는 전혀 관계없이 존재하고 있다는 사실을 발견해 냈던 것이다. 그와 동시에 이제껏 참된 나(眞我)라고 믿고 있던 존재가 사실은 육체와 현실세계에 의해 만들어진 하나의 그림자에 불과했다는 사실도 알아내게 되었다.

본질은 그 모든 것을 초월해서 존재하고 있었던 것이다. 물질과 영(靈)을 포함한 천지간의 일체의 사상(事象)은 다만 거기에 비쳐진 한정된 그림자에 불과했던 것이다.

여기서 말하는 본질이란 우리들의 의식이나 감각의 범위를 훨씬 초월하는 것이어서 지금의 우리로서는 다만 허무라는 두 글자로 표현할 수밖에는 없다. 그러나 이것이야말로 모든 것을 생산하는 모태이며 모든 것은 다시 거기로 되돌아갈 수밖에 없다.

선도에서는 이것을 '도'(道)라고 부른다.

현대적으로 해석하면 시간과 공간을 초월하는 4차원의 세계라고 할 수밖에 없겠으나 실상 '도'는 그 이상의 본질적인 것으로서 시공(時空)을 성립시키는 허(虛)와 공(空) 그 자체라고 하는 편이 옳을 것이다. 황원길 선인이 백일승천해서 사라져간 허공이 바로 여기인 것이다.

2) 유명한 선인(仙人)

흔히들 신선하면 남자를 상상하지만 그렇다고 해서 여자 신선이 아주 없는 것은 아니다. 여자 신선은 일반적으로 선자(仙子)라고 하며, 그 경지가 아주 높을 경우에는 선고(仙姑)라고 일컫는다. 그 대표적인 예가 바로 『손불이 여단시』(孫不二 女丹詩)라는 저서로 유명한 손불이 선고(仙姑)이다. 손불이는 금(金) 나라 세종(世宗)의 대정(大定) 22년 12월 19일에 우화등선(羽化登仙)했다.

우리가 흔히 알고 있는 선녀라는 이름은 하늘나라(天上)의 심부름꾼에 불과한 하찮은 명칭이다.

지금까지는 주로 기화선(氣化仙)에 관해서 얘기했으나 이와는 반대로 선인 가운데에도 보통 사람과 조금도 다름없이 죽음을 맞이하는 경우가 있다.

그래서 일단 이 세상에 육신을 남기기는 하지만 얼마 뒤에 관을 개봉해 보면 사체가 온데간데없이 사라져 버렸다는 경우가 바로 이것이다. 이와 같은 방법을 시해(屍解)라고 부른다.

기화건 시해건 일단 한 번 이승을 떠난 선인들은 황원길의 예와 같이 두 번 다시 이 세상에 되돌아오지 않는가 하면 반드시 그렇지만도 않다. 마음먹기에 따라서는 얼마든지 이 세상에 다시 모습을 드러낼 수가 있다.

그 유명한 예가 당나라 측천무후(則天武后) 시대의 여동빈(呂洞賓) 선인이다. 여동빈은 당시 5백 살의 신선 종리권(鐘離權)으로부터 선도의 깊은 비법을 전수받았는데 그는 일단 백일승천(白日昇天)한 다음에도 수천 수백 년이 경과하는 송(宋)·원(元)·청(淸)의 각 시대에 걸쳐 출현을 반복하면서 무수한 제자들을 길러냈다.

또한 태극권(太極拳)이란 권법을 창시하고 무술로써 유명한 선인 장삼봉(張三丰)은 그 출몰이 확실히 기록되어 있고 현재에도 그 유적이 잘 보존되어 있다. 송대(宋代)에 태어난 장삼봉은 선도를 깊이 수련한 뒤 원 나라 말기에 한 번 죽었다가 명말(明末)로부터 청대(淸代) 초기에 걸쳐 다시 이 세상에 나타나서 이함허(李涵虛)라는 유명한 선인에게 선도를 가르쳤다. 장삼봉의 경우 첫 번째와 두 번째 출현의 사이에는 약 2백 년이라는 시간적 간격이 있다.

허공에 사라지기도 하고 다시 나타나기도 하는 선인 외에도 불로불사의 비법을 터득하여 이 세상에서 머물고 있는 선인도 많다.

선도의 한 유파인 청성파(靑城派)의 조사(祖師)인 이팔백(李八百)* 선인은 지금도 8백 살의 나이로 중국에 건재하고 있다고 한다.

3) 원양(元陽) 보충으로 장수

우리나라에도 그 좋은 예가 있다.

위암(韋庵) 장지연(張志淵)이 저술한 『일사유사』(逸士遺事)에

---

* 이팔백(李八百) 선인에 관한 자세한 내용은 일본의 다카후지 소이치로(高藤聰一郞)가 지은 『선인입문』(仙人入門), 『선인불로불사학』(仙人不老不死學)의 두 가지 책자를 참조하기 바란다.

보면 조생(曹生)이라는 선인의 얘기가 나온다. 조생은 조선시대의 인물로서 주위 사람들이 여러 세대에 걸쳐 세대교체를 하도록 어찌된 셈인지 조금도 늙지 않은 채 항상 변함없는 얼굴을 하고 있었다 한다. 호산(壺山) 조희룡(趙熙龍) 같은 이는,

“조 신선은 참으로 불가사의한 인물이다. 지금 70세가 된 어떤 노인이 어린아이 시절 조생을 만나 나이를 물으니 60살이라고 했었는데, 지금에 와서 다시 나이를 물어도 역시 60살이라고 하며 조금도 늙지 않고 있었다”라고 증언하며 신기하게 여겼다.

요즘에는 식생활이 많이 좋아져 7, 80세 노인이 흔하지만 옛날만 해도 ‘인생 70 고래희’라는 말이 보편적으로 쓰여졌으며, 실제로 조선시대 사람들의 평균 수명이 40에도 채 미치지 못한다는 연구결과가 나와 있다. 의학이 발달한 요즘에도 백 살을 산다는 것은 참으로 힘든 일이다. 그럼에도 선도에서는 거침없이 몇 백 살의 수명을 얘기하고 있다. 그게 과연 가능한 얘기일까.

우선 현대 의학이 밝혀낸 바에 따르면 모든 생물은 그 발육성장기간의 5~6배를 살 수 있다고 한다. 이 계산에 의할 것 같으면 인간의 성장기간은 25년이므로 최소한 125살에서 150살까지는 살아야 정상이다.

실제로 소수(小壽)는 71~80세, 중수(中壽)는 81~90세, 대수(大壽)는 91~100세, 천수(天壽)는 100세 이상이라는 분류도 나와 있다.

현재에도 일본의 이즈미 시케치요(泉重千代)라는 이가 120세, 소련의 케림하라쟈 118세, 중국의 항월법사(恒月法師)가 110세를 향수하고 있다.

근대로 거슬러 올라가서 영국의 토머스 바가 152세, 소련의 살리미스티모프가 168세, 중국의 남석 노인(南石老人)이 190세,

역시 중국의 이청운(李靑雲) 도사가 258세의 장수를 누렸다고 한다.

이러한 장수의 기록은 고대로 갈수록 엄청나서 여동빈 선인이 1,100세, 자하선인(紫霞仙人)이 1,100세, 팽조(彭祖)가 780세의 수를 각기 누렸다고 하며, 구약성서에 나타나는 인물들의 수명 역시 이보다 더했으면 더했지 덜하지는 않다.

선도에서 주장하는 불로장생의 원리는 다음과 같다.

즉 사람의 몸에는 모태로부터 가져온 소위 원양(元陽)이라는 것이 있는데, 이것은 사람의 고유한 생존 원소로서 외계의 어떤 물질로도 이를 대체하거나 보충할 수가 없다. 그래서 바로 이 원양이 소진되는 날 인간의 생명이 다하게 되는 것이다. 원양은 인간이 생존해 나가는 동안에 차츰 소모되어 가며 결국에 가서 이것이 완전히 고갈되어 버리면 인간은 더 살고 싶어도 더 살 수가 없게 되고 만다. 이것이 바로 천수라는 것이다.

그러나 선도에서는 반환지법(返還之法)이라 해서 고갈된 원양을 인위적으로 다시 보충하는 방법이 있다. 이를 반로환동(返老還童)이라 하며, 이것에 성공하게 되면 원기가 왕성해지며 능히 열여섯 살 한창 때의 순양지체(純陽之體)로 돌아가게 된다.

원양이 계속적으로 재생되는 한 인간은 얼마든지 이 세상에 생존할 수가 있게 되는 것이다.

이를 노래한 옛 시가 있다.

고구려 시대에 한 달음에 백 리씩을 날아가는 도력을 지닌 정령위라는 인물이 있었다. 그 때문에 그의 별명은 '새'였다. 그에게는 함박우라는 친구가 있었는데 함박우는 정령위의 도력을 몹시 부러워해서 그 길로 산에 들어가 천 년 동안이나 선도를 수련한 끝에 신선이 되어 세상에 내려왔다. 그러나 그때 이미 정령위는 죽고 이 세상에 없었다.

함박우는 정식으로 선도를 수련해서 원양을 보충하는 장생불사의 비법을 터득했으나 정령위는 그렇지가 않았다. 그는 단지 방술(方術)에만 집착했던 것이다.

함박우는 이를 탄식하고 다음과 같은 시를 남겼다.

有鳥有鳥丁令威(유조유조 정령위)
作仙千載今來歸(작선천재 금래귀)
城郭如古人民非(성곽여고 인민비)
何不學仙塚纍纍(하불학선 총류류)
새야 새야 정령위 새야
출가한 지 천 년만에 내가 오늘 돌아왔다.
성곽은 예와 다름없건만 사람은 그렇지 않으니,
어찌 선도를 아니 배워 무덤만 첩첩하단 말이냐.

사담(史談) 1986년 4월호

* 여조(呂祖)께서는 어느 날 새벽 서울 남산에 현신하여 신병으로 천신만고 고생한 사람에게 약을 주었다 함. 그가 노인장은 뉘신지를 여러 번 묻자 '여조'라고 하시었는데 뒷날 병이 나아 곰곰이 생각해보니 전설처럼 현신했을 때 모습(60세 전후) 그대로였다 함.

33

임진왜란과 유치숙(柳痴叔)

소설가 **정 비 석**(鄭飛石)

하나

서애 유성룡(西厓 柳成龍)은 오성 부원군 이항복(李恒福)과 더불어 선조 때 명재상의 한 사람이었다. 유성룡은 경상도 안동 사람으로, 어려서 장원급제하여 영의정의 벼슬까지 지냈는데, 유성룡의 삼촌되는 사람이 어리석기 짝없는 자가 있어서 쑥맥(菽麥: 콩과 보리)이라는 별명으로 부르고 있었다.

조카인 성룡은 일국의 명재상이 되도록 현명하였지만 그의 삼촌되는 사람은 왜 그다지도 어리석었는지, 그것은 하나의 괴상한 일이기도 하였다.

유성룡이 영의정으로 있을 때, 한번은 휴가를 얻어가지고 고향에 돌아와 휴양을 하고 있었는데 워낙 벼슬이 높은 사람인지라, 비록 고향에 돌아와 있다 하더라도 찾아오는 손님이 꼬리를 이었다. 그래서 유대감이 손님과의 담화로 하루하루를 분주히 보내고 있던 어느 날, 삼촌되는 치숙이 조카뻘되는 유대감을 찾아와서

"내가 그대에게 조용히 하고 싶은 말이 있는데, 매일 손님 끊일 시간이 없으니 혹시 조용한 시간이 나거든 나한테 알리시오"

하고 말하였다.

워낙 어리석은 숙부의 말인지라, 유대감은 별로 신통하게 생각하지 않았지만 그래도 그냥 모르는 척하기는 안 되어서

"무슨 말씀이신지요?" 하고 물었다.

"글쎄, 손님들 앞에서는 말할 수 없는 아주 긴한 일이니 시간 나는 대로 조용히 말하리다!"

치숙은 그 말 한 마디의 당부를 남겨놓고 그냥 돌아가 버렸다.

유대감은 그 말을 대단하게 듣지 않았다. 또 무슨 쑥같은 소리를 하려는가 보구나 정도로 생각하고 별로 마음에도 두지 않았는데, 하루는 우연하게도 조용한 시간에 마침 치숙의 말이 머리에 떠올랐는지라, 사환을 보내어 아저씨에게 만나기를 청하였다. 그러자 얼마 후에 치숙은 언제나 하는 모양으로 찢어진 관에 다 떨어진 듯한 남루한 옷을 입고, 기쁜 낯으로 사랑방에 나타났다.

"숙부님께서 일전에 저한테 들려주실 말씀이 있다고 하셨는데, 무슨 말씀이신지 지금 들려주시기를 바랍니다."

유대감은 삼촌 대접을 하느라고 아랫목 자리를 내어주며 말했다. 그러자 치숙은 빙그레 웃으며 기껏 한다는 소리가

"내가 오늘은 바둑을 한판 두어보고 싶은데 그대 생각은 어떠하오?" 하고 난데없이 바둑을 두자는 것이었다.

유대감은 어이가 없었다. 유대감의 바둑 실력으로 말하면 당대에 적수될 자가 없을 명수인데, 바둑을 두자니 기가 막힐 지경이었다. 그러나 그렇게는 거절할 수가 없어서

"숙부님께서 평소에 바둑 두시는 것을 못 보았는데, 오늘 별안간 바둑을 두자 하니, 외람된 말씀이옵니다만 숙부님께서는 제 적수가 못되실 것 같습니다." 하고 넌지시 멸시를 하였다.

그러나 치숙은 천연스러운 얼굴로

"숙질간에 바둑을 두는데 어찌 수(數)를 가지고 말하오. 누가 지고 누가 이기든 간에 한판 두어봅시다" 하고 끝끝내 고집을 부렸다.

그렇게까지 고집을 부리는 데에는 어쩔 수 없어 결국은 대국을 하게 되었다. 물론 유대감이 백을 가지고 치숙이 흑을 가진 것은 말할 것도 없었다. 그런데 치숙이 한 점을 놓는데 보니, 그 수가 결코 범상하지 않았다.

유대감은 내심 경악을 금치 못하며 응수하였다. 치숙이 한 점 한 점을 놓을 때마다 바둑판에는 새로운 풍운조화가 일어나는 듯하여, 유대감은 그때마다 천병만마의 공격을 일시에 받는 듯이 가슴이 벙벙해 왔다. 치숙의 바둑수가 그렇게 놀라울 줄은 몰랐다. 아니, 바둑을 알리라고는 생각조차 못했던 치숙이었다.

그런 대로 처음에는 얼마쯤 버텨보았으나 이미 반국(半局)이 지나면서부터는 백은 지리멸렬한 궁지에 빠져 패주에 패주를 거듭하다가, 마침내는 수습 못할 지경에 이르고 말았다. 유대감으로서는 바둑에 그렇게까지 비참하게 패해보기는 한평생 이번이 처음이었다. 바둑수가 그렇게 놀라운 사람이라면 다른 방면에도 지혜가 탁월할 것은 분명하였다. 유대감은 숙부의 탁월한 지혜를 몰라보고 지금까지 그를 너무나 능멸한 일을 크게 부끄러워하여 치숙의 앞에 무릎을 꿇고 공손히 머리를 조아리며

"숙부님께서는 이처럼 놀라운 지혜를 가지고 계시면서 일부러 어리석은 척하고, 세상을 속이고 계실 줄은 몰랐습니다. 하물며 조카인 저에게까지 반평생을 속이고 계셨으니, 이런 섭섭한 일이 어디 있겠습니까. 바라옵건대 이제부터는 무슨 일이나 숙부님의 가르치심을 받고자 하오니 부디 헤아리시는 마음으로 옳게 받들게 지도해 주시옵소서." 하고 참회와 아울러 앞으로의 교도를 간

곡하게 청하였다.

치숙은 너털웃음을 웃으면서

"내가 어찌 그대를 속일 리가 있겠소. 바둑에는 우연하게도 내가 이기기는 이겼지만 그것은 그저 우연한 일이었을 뿐이오. 그대는 이미 나라를 경영하고 백성을 다스리는 인재로서, 세상에 나아가 임금을 섬김에 지위가 높았고 상감의 은총이 또한 두터우니, 나같이 어리석고 무식한 사람이 어찌 지도할 능력이 있으리오." 하고 겸손하게 대꾸하였다.

유대감은 그런 소리를 들을수록 얼굴이 뜨겁고 등덜미에 진땀이 흘러서 감히 얼굴을 들지 못하였다. 숙부는 비길 바 없이 탁월한 지혜를 가지고 있으면서도 그처럼 겸손하거늘, 그에 비기면 어린아이의 지혜밖에 못되는 자기가 일국의 재상이라고 뽐내고 있었던 일이 무한히 부끄러웠던 것이다.

한동안 침묵이 있은 뒤였다. 치숙은 조카인 유대감을 가까이 와 앉으라고 하더니

"내가 워낙 어리석고 무식한 사람인지라, 앞날을 내다볼 만한 재주가 없지만, 그러나 그대에게 꼭 한 가지 부탁할 말이 있소!" 하고 신중한 어조로 말하였다.

"황송하옵니다. 무슨 말씀이오니까?"

유대감은 정신을 차리며 귀를 기울였다.

"부탁할 말은 다름이 아니라, 이제 앞으로 며칠만 있으면 지나가던 중 한 사람이 그대를 찾아와서 인사를 청한 뒤에, 그대의 사랑방에 하룻밤 자고 가기를 청할 것이오. 그러나 그가 아무리 천만 번 애걸하더라도 결코 자고 가기를 승낙하지 마시오. 기어이 자고 가기를 애걸하거든 집에서는 재우지 말고 마을 뒤에 있는 절간으로 보내어 재우게 하시오."

잠꼬대 같은 소리였다. 그러나 유대감은 치숙의 지혜에 이미 놀란 바 있는지라, 그는 공손히 머리를 굽혔다.

"명심하겠습니다."

"분명히 이르거니와, 그 대사를 결코 집에는 재우지 마시오."

"깊이 명심하여 숙부님의 분부대로 하겠습니다.…… 그런데 저를 찾아오리라는 그 대사는 어떤 사람이며, 무슨 일로 저를 만나려 하옵는지?……"

"그것까지는 그대가 알 바 아니니 집에서 재우지만 마시오."

치숙은 그 한 마디를 남기고 집으로 돌아가 버렸다.

며칠 후에 어떤 중이 나를 찾아오리라고? 그거 참, 모를 소리로군!

잠꼬대 같은 말이기는 했지만 무시할 수가 없기에, 유대감은 내심 매우 궁금하였다.

둘

그로부터 몇 날이 지난 뒤였다. 하루는 유대감이 사랑방에 앉아 있노라니까 사환이 사랑 툇마루 앞으로 걸어오더니,

"늙은 대사 한 사람이 대감님을 찾아뵈러 왔다 하옵사온데 어찌하오리까?" 하고 아뢰었다.

유대감은 이미 숙부한테서 들은 말이 있는지라, 치숙의 선견지명에 새삼스레 놀라며

"어디서 온 어떤 중인지 한번 만나볼 테니 이리 들어오라고 일러라!" 하고 명하였다.

이윽고 사랑으로 들어서는 대사는, 나이는 삼십칠팔 세가량 되었을까, 몸이 장대하고 기골이 늠름한 것이 과히 대장부의 위풍

이 당당한 사람이었다. 그는 유대감 앞에 정중하게 합장 배례를 하였다.

"대사는 어느 산에서 수도하는 대사이시오?"

주객이 마주앉자 유대감이 먼저 입을 열었다.

"소승은 강원도 오대산에 사는 몸이온데, 영남 산천을 유람하기 위하여 명산 사찰을 편답하다가 이곳에까지 이르게 되었사옵니다."

"음. 그런데, 나를 찾아온 연유는 무엇이오?"

"듣자옵건대 대감님은 청덕아망(淸德雅望)이 당세에 제일이라 하옵기에 높으신 덕망도 우러러 모실 겸, 마침 날도 저물었기에 댁에서 하룻밤 잠자리 신세를 질까하옵고 외람되게 문을 두드렸사옵니다."

손에 염주를 든 중은 다시 한 번 합장 배례를 하면서 잠자리를 청하였다. 과연 치숙이 미리 일러준 그대로의 사실이 눈앞에 일어났던 것이다. 유대감은 만약 미리 그런 말을 듣지 않았던들 그 중을 자기 집에 재우기를 승낙했을 것은 말할 것도 없었다.

그러나 숙부의 신신부탁이 있었으므로 유대감은 매우 미안한 기색을 보이면서

"대사가 천리 먼 길을 내 집을 찾아주셨으니 고맙기 짝없는 일이오. 그러나 공교롭게도 내 집에는 사정이 있어서 오늘밤 타인을 숙식케 할 수가 없구료. 생면부지의 사람이라고 해서 숙식을 거절하는 것은 아니니, 부디 오해말기 바라오." 하고 딱 잘라 대답하였다.

"아뢰옵기 황송하오나, 문간이라도 상관없사오니 부디 하룻밤 자고 가기를 승낙해 주시옵소서."

대사는 부득부득 졸라대었다.

"대사의 소청을 거절하기 박정하오마는 대사를 어찌 문간에서 주무시라 할 수 있으리오. 다행히 마을 뒤에 암자가 있으니 오늘 밤 거기서 주무시고, 내일 아침 내 집에 다시 내려오시면 내가 반가이 만나리다."

대사는 유대감의 집에서 자지 못하게 되었다. 거절하는 데는 어쩔 수 없는 일이므로 대사는 동자의 안내를 받아 절간으로 가고 말았다.

유대감은 대사를 절간으로 보내고 나서 숙부의 지혜가 귀신같음에 거듭 경탄하였다.

나의 숙부님이야말로 과연 이인이셨구나!

그 중이 어떤 인물이었으며, 장차 이 일이 어떤 결과를 가져올는지, 유대감에게는 모두가 궁금하기 짝없는 일이었다.

그 일이 하도 궁금하여 유대감은 이날 밤 잠을 이루지 못하고 치숙에게서 무슨 기별이 있기만 고대하였다.

셋

정체불명의 대사가 동자의 안내로 절간을 찾아올 그 무렵이었다. 치숙은 그 대사가 절에 찾아올 것을 미리 알고 있었기에, 그는 몸소 중의 차림을 하고 법당 앞에 나서서 손을 기다리고 있었다.

그때 마침 그 대사가 나타나므로 치숙은 합장배례하며

"대사는 어느 산에 계시옵기에 이렇게 누추한 사찰을 찾아주셨나이까?" 하고 물었다.

대사도 합장배례를 하면서

"산천을 유람하던 길에 우연히 이곳을 지나게 되었는데, 마침 날이 저물었기에 하룻밤 신세를 지려고 들렀소이다." 하고 찾아온 연유를 말하였다.

치숙은 하룻밤 숙식을 쾌히 승낙하고 방으로 모셔 들인 뒤에, 동승(童僧)을 시켜 저녁을 준비케 하였다.

"저녁을 짓기까지 시간이 좀 걸릴 듯한데 대사께서 시장하실 테니 우선 술이라도 한 잔씩 나누십시다."

치숙은 그렇게 말하며 술과 안주를 차려오게 하였다. 이윽고 주안상이 들어오는데 보니 안주도 훌륭하거니와 술이 향기롭고 술맛이 좋기가 이를 바가 없었다.

"커, 술맛이 아주 훌륭합니다. 어디서 이런 좋은 술을 구하셨습니까."

대사는 술을 한 잔 마시고 나서 술맛을 크게 칭찬하였다.

"마침 국화가 있길래 내 손으로 국화주를 담가본 것이올시다. 술만은 넉넉하오니 사양 말고 잡수십시오."

"이렇게 융숭하게 대접해 주시니 감사하옵니다."

주인과 손님은 그런 수작을 하면서 일배 일배 부일배로 술잔을 자꾸 기울이는 동안에 어느덧 수십 배를 마시게 되었다.

저녁상이 들어왔다. 절간 음식이 비록 고기는 없을망정 산효야채로 만든 음식이 정결하기가 이를 데 없었다.

손님은 술이 만취한 후에 저녁밥까지 배부르게 먹었다.

이윽고 주객은 한동안 담화를 주고받다가 제각기 자리를 보고 누웠다. 손님 대사는 만취포식을 했는지라, 자리에 눕기가 무섭게 코를 요란스럽게 골며 깊은 잠이 들었다.

넷

삼경이 가까웠을 때였다.

정신을 못 차릴 만치 깊은 잠이 든 대사는 문든 무엇인가 가슴을 벅차게 누르는 듯한 압박감에 못 이겨 잠이 깨었다. 잠을 깨면서 눈을 떠보니 누군가 괴상한 사나이가 배를 타고 앉아서 손에 비수를 움켜잡고 금방 목을 찌를 듯한 자세로 내려다보고 있는 것이 아닌가.

대사는 깜짝 놀라며 그의 얼굴을 자세히 올려다보니 그는 조금 전까지 자기를 환대하던 주인이었다.

"아니, 이거 웬일이시옵니까?"

대사는 경악하여 물었다. 그러자, 치숙은 눈알을 부라리며 손님 대사에게 대성질책을 하는 것이 아닌가.

"이 요망스러운 중놈아! 너같은 중놈이 감히 어찌 나를 속이려 하느냐! 네가 왜국에서 바다를 건너온 날짜를 이미 알고, 또 네놈의 간계도 이미 알고 있거늘, 네가 감히 누구를 속이겠느냐 말이다."

"아아, 아니올시다. 제가 어찌……"

정체불명의 대사는 치를 벌벌 떨며 대답을 제대로 못하였다. 그러자 치숙은 또다시 추상같은 호령을 한다.

"이놈! 이 요망스러운 놈아! 네가 만약 실토를 하면 혹시 용서해줄 수도 있으려니와 끝끝내 나를 속이려 든다면 이 비수로 너의 목숨을 당장에 빼앗을 테니 그리 알아라!"

괴승은 워낙 힘이 장사인지라 기회만 있으면 반항해 볼 생각도 없지 않았으나 이미 칼이 목에 닿았을 뿐더러, 치숙의 선견지명에 그만 기가 죽고야 말았다. 그리하여 잠시 심사숙고에 잠겨 있다가 숨가쁘게 입을 열었다.

"과연 소승은 일본서 건너온 일본 중이옵니다. 저의 나라의 관백 풍신수길(關白 豊臣秀吉)은 장차 대병을 일으켜 귀국에 들이 칠 계획이온데, 귀국의 재상으로 계신 분으로서 저희가 두려워하는 분은 유성룡 대감과 이항복 대감 두 분뿐이옵니다. 그러므로 소승은 두 분을 살해하라는 명령을 받고 귀국에 먼저 건너왔습니다. 그리하여 십여 일 전에 서울로 올라갔사옵더니, 이항복 대감은 호남지방으로 여행을 가셔서 댁에 계시지 않으셨고, 이곳 대감은 안동 고향에 내려가셨다 하기에, 그 즉시로 발길을 돌려 이리로 내려온 것입니다. 유대감 댁에서 하룻밤을 자기를 청한 것은, 오늘 밤에 그를 살해할 목적이었는데, 천만 뜻밖에도 귀하의 눈에 발각되었으니 이제는 모두가 허사인가 합니다. 바라건대 잔명을 보존케 해주시면 다시는 딴 생각을 하지 않고 본국으로 돌아가겠습니다."

괴승은 마침내 거짓없이 이실직고하였다. 치숙은 이미 다 알고 있는 사실이었지만 실로 몸서리쳐지는 무서운 흉계였다.

치숙은 실토를 받고 나자 긴 한숨을 쉬었다.

"우리나라가 너의 나라의 침략을 받게 될 것은 천수(天數)인지라, 나는 십 년 전부터 이미 그 일을 알고 있었다. 그것이 천수인 바에는 어찌 인력으로 그것을 막을 수 있으랴. 그러나 내가 살아있는 한에는 너의 나라의 군대가 이 안동 땅에 발을 들여놓았다간 큰 화를 면치 못하리니 그리 알아라! 천운이 이미 그런 바에야 개미새끼 목숨이나 다름없는 네 목숨을 살려줄 테니 네가 너의 나라에 돌아가거든 풍신수길이더러 이렇게 일러라. 장차 군대를 몰아 들어오더라도 행여 안동 땅에만은 발을 들여놓지 말라고."

치숙은 그렇게 말하고 칼을 던지며 괴승의 배에서 내려왔다.

괴승은 자리에서 일어나 치숙에게 백배사죄하고 또 그의 선견지명에 경탄하며 총총히 꽁무니를 빼어버렸다.

이튿날 아침 유대감은 치숙을 만나서 자초지종 말을 다 듣고 크게 놀라며, 일본군의 침략을 방비하려고 황급히 서울로 올라왔다. 그리하여 여러 가지로 대책을 강구했으나 치숙의 말대로 그것은 이미 인력으로는 어쩔 수 없는 천운이었던지, 이듬해인 임진년에 기어코 일본 대군의 침략을 받고 말았다. 그것이 바로 임진왜란이었던 것이다.

임진왜란에 왜군은 경상도 각 고을을 침략하였으나 유독 안동 땅에만은 한 놈의 왜군도 침입하지 않았으니, 그것은 안동 땅에만은 들어가지 말라는 지엄한 군명이 일본 군대 전체에 내려 있었기 때문이었다.

안동 땅이 왜군의 군마들 발굽에 더럽히지 않은 것은 오로지 유치숙의 덕이었던 것은 말할 것도 없었다.

『조선기인열전(朝鮮奇人烈傳)』

* 임진왜란 구국 3인은 이순신과 이순신을 천거한 유성룡, 십만양병설을 주장하다가 좌절되자 이순신과 이항복에게 비결을 일러주고 임란 발발 8년 전에 타계한 율곡 이이라 할 것이다. 궁금하시면 임진강가에 화석정을 찾아보시라.

34

제갈량의 처

윤 홍 범(전 제일은행 직원)

제갈량은 서른이 다가도록 장가를 들지 못하였다. 그의 가정은 농가였지만, 그는 농사일에 별관심이 없었으며 학문도 거의 없었고, 바둑을 즐기고 대국 후에 받는 술대접과 낮잠으로 소일하는 것이 주된 일과였다. 또 그는 중국 천하에서 바둑을 제일 잘 둔다고 소문이 나서 그 당시 바둑 애호가들의 선망의 대상이었고, 한수 가르침 뒤에는 항시 예의적인 대접이 따랐으며, 그의 바둑 수준은 요즈음의 '좌조(프로 8단의 별칭)'나 '입신(프로 9단의 별칭)'의 경지로 평가될 수 있었다.

어느 늦은 봄날 오후 여느 때와 같이 제갈량은 대국 후에 대접을 받고 자기 집 마루에서 낮잠을 즐기고 있었다. 이때 꿈속에 웬 고승이 나타나 천생의 배필이 한동네 이웃에 있다고 일깨워줬다. 너무도 신기하여 벌떡 일어나 앉아 한동안 멍하니 생각하다 꿈이 생시처럼 너무 생생하여 고승이 일러준 대로 규수가 있다는 집을 찾아가게 된다.

"…골목을 돌아가면 우측으로 싸리문이 반쯤 열린 집이 있는데, 항시 이맘때면 주인 노인이 마당을 쓸고 있고…"라는 고승의 말대로 노인은 너무 인자하게 보였고 다 들어맞았다. 고승의 말씀대로 노인은 제갈량을 잘 알고 있었고, 그를 극진히 안으로 모셨다. 방에 들어설 때 방안에서 바느질을 하고 있는 규수의 뒷모습이 너무나 아름다웠다.

'고승의 말대로라면 저 낭자라고 했고, 얼굴은 상당히 못생겼지만 천하의 배필감이라 했는데…, 날 놀리려고 농담하셨구나'고 생각하며 노인의 소개를 번갈아 받고 난 후 그가 규수의 얼굴을 봤을 때, 추녀라고 하지만 이런 추녀도 다 있을까 할 정도였다.

그때까지 고승의 말대로 꼭 들어맞는 게 신기하기도 했지만, 자신도 모르게 이 방까지 오게 된 것을 후회하기 시작했다. 고승이고 신령이고 빨리 그 자리를 벗어나고 싶은 심정뿐이었다. 다과상을 놓고 규수와 마주앉아 졸지에 선 아닌 맞선을 보게 된 제갈량은 문득 이 어려운 상황을 헤쳐 나갈 묘안을 떠올렸다. 자리에 불쑥 일어서서 소피를 좀 보고 오겠다고 했다. 조금 전 노인께서 일부러 자리를 피해준 탓에 절호의 기회라 여기며 문을 열고 슬쩍 나가려고 할 때, "아니 됩니다"며 바지자락을 덥석 잡는 규수의 힘이 장사의 힘이었다. 제갈량의 바지가 중요 부분 입구까지 쭉 찢어졌다. 낭패였다.

고을 내에서 익히 알려진 제갈량인지라 그 상태로 집에까지 갈 수는 없었다. 하는 수없이 규수가 바지를 기울 때까지 방에 갇혀 있던 그는 지루한 기다림과 낮에 과음한 탓으로 깜박 잠이 들어버린다.

한참 뒤 제갈량은 어느 이웃집에서 닭이 홰를 치는 소리를 들으며 깨어나 방 윗목에 누워 있는 규수를 보게 된다.

이제는 모든 게 끝났구나 하면서도, 규수의 뒷모습만은 역시아름답다고 느끼며 바지를 찾아 입는 순간 깜짝 놀란다. 바지는 틀림없는 내 바지인데 엊저녁 찢어진 흔적이 전혀 없지 않는가?

규수는 제갈량이 깨어나기 바로 전까지 온갖 정성을 다 들여 한 올 한 올 바지를 꿰맸던 것이었다.

결혼을 한 뒤에도 일과에는 별 변동이 없었다. 그러던 어느 날 새벽, 대문 밖에서 그를 부르는 소리가 있어 잠을 깨어 내다보니 웬 어린동자 하나가 큰 괴나리봇짐을 어깨에 둘러메고 서 있었다. "나는 제갈량과 대국을 갖기 위해 서역에서 온 황기(皇棋)라고 하오. 나는 내 목숨을 걸겠소만, 당신은 부인을 내놓으시오" 라며 낯선 동자가 당돌하게 내뱉는 말에 화가 머리끝까지 난 제갈량은 대청마루에 바둑판을 '툭' 갖다놓는 것으로 대답을 대신한다.

반나절의 시간이 흘러, 제갈량은 호각수의 서너 집 차이로 끝내기 국면이 어렵게 된 것을 느끼며 아내에 대해 미안하게 생각한다. 아참, 마누라에게 이 엄청난 내기바둑을 이야기 못했구나 하며 머리도 식힐 겸 자리에서 일어나 방문을 들어설 때 "난국이지요, 이번 수는 당신께서 두시려고 하는 첫 번의 수보다 두 번째로 두고 싶으신 곳에 착점을 하십시오"라고 여느 때와 다름없이 돌아앉아 바느질하는 채로 아내가 말을 한다. 멍하니 문을 닫고 돌아와 국면을 다시 대하던 그는 대국에 빠져들어 착점을 하려다, 순간 아내의 말이 생각나서 두 번째 두려던 곳에 돌을 놨다. 정말, 입신경지의 그도 돌을 놓고 보니 서너 집 이상의 끝내기 수였다. 아내는 제갈량이 문을 열고 들어올 때 벌써 짐작하였던 것이었다. 결국 눈터지는 계가 바둑은 결판이 나고 어린 동자는 두려움으로 땀을 뻘뻘 흘리며 꿇어앉아서, "제갈량님의 실력은 천하제일이 틀림없습니다. 제발 목숨만 살려주시면 세상에서 가장 진귀한 이 책을 드리겠습니다"며 괴나리봇짐 속에서 큰 책 한 권을 내놓았다. 어느 정도 화가 풀린 제갈량은 대답도

하지 않고 책을 슬쩍 보게 된다. 기이하게도 이 책은 세상과 우주의 모든 이치가 너무나 알기 쉽고 흥미 있게 적혀져 있어 제갈량은 첫 줄을 읽자 둘째 줄을 읽고 싶었고, 첫 장을 읽자 둘째 장을 읽지 않으면 안 되었다. 그는 대청마루 한구석에 놓여 있던 팥죽냄비(예전에 시골에서 가끔 볼 수 있었음)의 팥죽을 배가 고파서 떠먹기도 하고, 재미있고 유익한 부분에 밑줄을 쳐가며, 그 책을 반쯤을 읽었을 때는 벌써 해가 서산 너머로 지고 난 뒤였다.

아내에게 미처 대국이 끝났음을 알려주지 않았던 그가 기지개를 켜며 일어나 가서 방문을 열 때였다. 그때까지 꼼짝 않고 바느질하던 아내가 "아니, 방에 들어오시지 말고 빨리 나가보세요"라고 외쳤다.

갑자기 한 대 얻어맞은 듯, 문을 닫고 마루로 나와 보니 어린 동자는 온데간데없었고, 책도 읽지 않은 부분 절반을 떼어가 버리고 없었다.

여기 어린동자는 나찰(羅刹: 귀신)이었으며 귀신은 팥죽을 싫어한다고 한다. 생불과 같은 마누라의 덕분으로 제갈량은 이 절반의 책을 터득하여 역사상 최고의 지장(智將)이 되었다는 야사(野史)에 전하는 이야기다. 그러나 제갈량의 처는 남편이 전쟁터에 나가야 하는 경우를 생각해 시해법(屍解法)은 가르쳐 주지 않았다고 한다. 물론 제갈량의 처는 탈각하여 미녀로 변했다고 한다.

35

십자군 전쟁의 영웅 살라딘

이 희 수(한양대 문화인류학과 교수)

지난 2월 시리아 다마스쿠스를 다녀왔다. 웅장한 우마이야 모스크 바로 옆에 살라딘의 묘가 있다. 붉은 색 돔을 얹고 얼핏 보아도 초라하고 볼품없는 묘당이었다. 인물 숭배를 자제하는 아랍·이슬람 건축의 특징으로 보인다.

그러나 서양 기독교 세계에서 살라딘(쿠르드족, 서기 1138~1193)만큼 존경받는 이슬람 인물도 드물 것이다. 아마 부정적인 이미지가 강한 이슬람교의 완성자 무함마드보다 더 인기가 있을지도 모른다.

로마 교황 우르반 2세는 예루살렘을 순례하는 그리스도 교인들에 대한 셀주크 튀르크인들의 박해를 강력하게 비난하면서 성지 회복을 위한 성전을 호소하였다. 종교적 열정에 불타는 농민과 일부 기사는 저마다 등과 가슴에 붉은 십자 표시를 달고 예루살렘을 향했다. 서기 1096년의 일이다.

이렇게 시작된 십자군 전쟁은 1365년까지 9번의 대규모 출병으로 이어졌고 약 250년 동안 이슬람 세계와 소아시아 반도를 피로 물들였다.

1099년 7월 15일, 40일간의 포위 끝에 성지 예루살렘을 차지

한 십자군은 시퍼런 칼을 들고 모슬렘들과 유대인들을 닥치는 대로 학살했다. 도망치지 못하고 성 안에 남아 있던 이슬람교도와 유대인들은 단 한 명도 살아남지 못했다. 이슬람 사원은 불탔고 철저히 파괴되었다. 이것이 1차 십자군 원정의 실상이다. 예루살렘은 예언자 무함마드가 승천한 곳으로 메카, 메디나에 이어 이슬람교도들에게도 세 번째로 중요한 성지였다.

십자군은 원정에 필요한 물자를 현지에서 조달했다. 그래서 예루살렘으로 향하는 원정로 부근 그리스도교 마을들이 주로 약탈과 방화의 대상이 되었다. 더욱이 교황은 십자군에 참여하는 모든 병사에게 죄를 사해 주고 상당한 전리품을 약속했기 때문에 그들의 행동에는 거침이 없었다.

정예 기사가 아닌 훈련받지 못한 농민과 온갖 불량배도 십자군으로 출병하였다. 그래서 중동의 많은 그리스도 교도는 이교도의 통치 시대보다 훨씬 가혹한 수탈과 차별을 겪어야 했다.

이것은 살라딘이 예루살렘을 탈환했을 때, 그곳 그리스도 주민들의 생명을 보호했던 이슬람의 관대한 정책과는 너무나 대조적인 모습이었다.

1187년 10월 2일 금요일, 이집트의 통치자 살라딘은 십자군에게서 예루살렘을 탈환했다. 성 안의 모든 사람은 과거 모슬렘들을 학살했던 선조들의 만행을 떠올리며 죽음의 공포에 떨고 있었다.

그러나 예루살렘에 입성한 살라딘은 그곳의 그리스도 교인들을 털끝 하나 건드리지 않았고, 자기 부하들의 복수심과 강한 반대를 무릅쓰고 원하는 자는 모두 일정한 세금만 내고 재산을 모두 싸들고 예루살렘을 떠날 수 있게 허락했다. 예루살렘의 종교적 성소들을 파괴하지 말도록 지시했다. 그후 다시 십자군 군대의 공격을 받았을 때도 그는 종교적 적개심에 의한 학살을 금지하고 전투에 패한 전쟁포로들을 석방해 주었다. 당시로서는 믿기지 않는 관용이었다. 살라딘은 그런 사람이었다.

작고 가냘픈 몸에 단정하게 수염을 기른 사색적인 모습의 살라딘은 무척이나 인간적이고 시와 예술을 사랑한 술탄으로 잘 알려져 있다. 그는 최고 통치자가 된 이후에도 겸허함을 잃지 않았으며, 상대방을 편하게 해주는 인간적인 매력을 풍겼다. 쉽게 눈물을 보이고 진정한 사랑의 의미를 찾고자 했던 멋있는 한 남성이었다. 종교와 문화를 뛰어넘어 예의와 품격을 아는 지도자로서 덕성은 후일 유럽 기사도의 전형이 되었다.

심지어 맨땅에서 전투하는 적장인 영국왕 리처드에게도 백마 두 필을 보내주며 왕으로서 권위와 체통을 지키게 해줄 정도였다. 제국의 왕으로서 그가 죽자 모든 재산을 정리하여 가장 가난한 사람들에게 나눠주도록 하고 세상을 떠났다.

그는 버림으로써 많은 것을 얻었다. 나아가 용서함으로써 이슬람 세계에서는 물론 유럽 세계에서도 큰 존경과 명성을 얻었다.

사사건건 충돌과 갈등을 일삼는 오늘의 두 세계를 보며 살라딘의 지혜와 리더십을 간절히 생각하는 요즘이다.

매일경제신문 2011년 3월 12일(토)

36

선과 악이 모두 나의 스승이다.

퇴계 **이 황***

어느 날, 퇴계 선생의 제자인 이덕홍이 퇴계 선생에게 물었다.

"공자께서 말씀하시기를, '자기만 못한 자는 벗을 삼지 말라'고 하였습니다. 그렇다면 자기만 못한 자는 일체 더불어 사귀지 말아야 합니까?"

퇴계 선생은 그 물음에 대해 이렇게 답을 하였다.

"보통 사람들의 마음은 자기보다 못한 자를 사귀기를 좋아하고, 자기보다 나은 자를 사귀기를 좋아하지 않는다. 그래서 성인께서 이런 말씀을 하신 것이지. 일체 더불어 사귀지 말라고 한 것이 아니다. 만일, 오로지 착한 사람만을 골라서 사귀려 한다면, 이 또한 치우친 행위이다."

이에 이덕홍이 말하길, "나쁜 사람과 함께 하다가 차츰 그 속에 빠져 들어가면 어떻게 합니까?"라고 다시 묻자 퇴계 선생은 "좋은 점은 따르고 나쁜 점은 고칠 일이다. 선과 악이 모두 나의 스승이다. 만약 차츰 악 속으로 빠져든다면 그것을 어떻게 배우는 사람의 행위라고 할 수 있겠느냐?"라고 말씀하였다. 퇴계 선

* 퇴계(退溪) 이황(李滉, 1501~1570) 조선조 때 문신, 이기이원론을 주장.

생이 만년(68세)에 선조 임금께 올린 성학십도(聖學十圖) 중에는 "사람을 상대할 때는 상제 대하듯 하라"는 말씀이 있다. 모든 사람을 소중하게 생각하고 어떤 사람에게서든 좋은 점은 배우고 나쁜 점은 버림으로써, 자신의 내면 수양을 가장 중하게 여겼던 퇴계 선생은 "배움이란 남에게 보이기 위한 것이 아니라 자신의 내면을 수양하기 위한 것"이라는 것을 강조하였다. 아울러 그 분의 말씀 가운데는 생명을 사랑하고 소중히 하며, 신분제 사회에서도 사람을 차별하지 않고 어떤 사람도 귀하게 여기는 마음을 실천한 흔적들이 곳곳에 남아 있다.

한편, 퇴계(退溪) 선생의 호는 선생의 인품에 감동하여 도산서원 쪽으로 파고들던 개울을 앞산으로 떼어다 막아 개울이 물러가게 한 산신령의 도움을 받은 데서 기인한다고 한다.

* "사람을 상대할 때는 상제(上帝) 대하듯 하라"는 천부경의 앙명인(昻明人)과 상통하는 말씀인 것이다.

37

세차운동(歲差運動)

그리 오래 살지는 않았지만 지금부터 60년 전에는 지금보다 훨씬 추웠다. 동네 앞 개울물이 얼어서 상위 쪽에서 앉은뱅이 썰매를 타고 두 송곳으로 얼음을 찍어 밀면 급한 경사면을 따라 미끄러져 족히 1Km는 힘 안들이고 재미를 보았다.

그러나 팽이는 경사면 때문에 개울 얼음판에서 칠 수가 없어 평평한 봉답을 이용했다. 봉답은 겨울동안 물을 가두어 두기 때문에 평평하고 질 좋은 놀이터가 된다. 물론 팽이는 고사리 손으로 직접 만들어야 했다. 나무를 깎아 팽이를 만들고 밑바닥에는 못을 쳐서 못대가리를 돌에 갈아 뾰족하고 둥글고 예쁘게 만들어야 잘 돌게 된다. 나중에는 베어링을 박아서 쓰기도 했는데 잘 넘어지지 않고 잘 돌았다. 또 팽이 몸체를 관솔로 만들면 무게가 많이 나가 팽이 싸움에 백전백승이었다.

팽이채는 죽을 때 자기 이름을 부르고 죽는다는 닥나무 껍질을 벗겨 만들었다. 닥나무 껍질은 한지를 만드는 데도 쓰는데 질겨서 팽이채로 안성맞춤이었다. 닥나무를 불에 약간 구워 휘면서 껍질을 벗기면 잘 벗겨지는데 맨 바깥 껍질을 벗겨버리면 한지 재료로 바로 쓸 수 있는 희고 질긴 껍질만 남게 된다. 이를 작은 막대기에 단단하게 묶으면 팽이채가 완성된다. 껍질부분을 팽이 몸체에 감아 팽이를 잡고 막대기를 당기면서 동시에 팽이를 얼음 바닥위에 조심스럽게 내려놓으면 팽이가 비틀거리며 돌게 되는데 계속 돌게 하기 위하여 팽이채로 팽이를 후려갈겨서 잘 돌게 만들면 되는 것이다.

나중에는 힘껏 갈겨도 팽이가 회전력 때문에 넘어지지 않고 일정한 원을 그리며 도는 것을 볼 수 있다. 그리고 원을 그리는 동안 팽이가 약간 기울어진 모양을 하고 돌게 되는 것을 보았다. 또 팽이의 공이부분이 정중앙에 박히지 않아 약간 떠는 것을 볼 수 있었다.

팽이가 멈추지 않게 하려면 계속 채찍질을 해야 되는데 채찍을 멈추면 지구 중력의 영향을 받아 돌기를 멈추게 된다.

이와 같이 일정한 중심축이 일정한 둘레를 도는 것을 세차운동이라고 팽이처럼 떠는 모습을 장동이라고 하는 모양이다. 팽이는 멈추는데 지구는 중력이나 공기의 저항을 받지 않고 진공상태에서 자전과 공전을 하기 때문에 더구나 지구 무게를 가지고 돌므로 자전과 공전을 멈추지 않고 약간 기울어져(23.5°) 돌기 때문에 정원을 그리며 돌지 않고 타원형을 그리고 도는데 그 타원도 일정하게 약간씩 이동했다. 원위치로 돌아오는 주기가 약 25,800년이라 한다. 또 지구의 사계절처럼 변화가 있다고 한다. 무식지존의 입장에서 보면 25,800÷4= 6,450년인데 이것이 각 민족 공히 시조 탄생시기와 비슷한 연도이니 거참… 더구나 지구에 올라탄 우리는 자전과 공전을 느끼지 못하는데 실제로는 적도지역의 자전속도는 음파의 속도보다 빠른 초당 465m이며 극지방은 0이라고 한다.

공전속도는 총알보다 훨씬 빠른 초당 30Km라 한다. 이 무시무시한 속도를 느끼지 못하는 우리는 감각이 있는 건지 없는 건지… 하긴 우리 옆을 지나가는 행성이라도 있어야 우리가 도는

지 옆 열차가 움직이는지 알 수가 있을 텐데…

그런데 초등학교 시절 지구는 둥글고 공중에 떠있다고 배웠으니 풀밭에 누워 하늘을 쳐다보면서 지구나 내가 저 끝없는 하늘 공간에 떨어지지 아니할까 공포감을 느꼈을 정도이니, 무식지존의 문디 거시기가 맞기는 맞는 모양이라.

특히 밤하늘의 수많은 별들의 공간을 보면서 지구가 돈다고 배운 탓에 어지럼증 같은 것을 느낄 때가 있었으니, "옛날의 금잔디 동산에 올라…"가 그리워진다. 초등학교 저학년 시절

개기일식 때 집으로 돌려보내던 담임선생님을 쳐다보면서 울며 정신없이 뛰었으니 세차운동의 주기 중에 지금은 어디쯤 와 있는 것일까? 지상천국은 언제쯤 어디쯤에 와 있을까? 그리고 나 문디 거시기는…?

38

알류산 열도

인류 발생이 중앙아시아로 생각해서인지 북아메리카 인디언이 시베리아 동토를 거쳐 알류산 열도 얼음판을 넘어 북아메리카로 넘어갔다고 한다. 더구나 몽골계 퉁구스족이라서 우리와 닮은 점이 많다고 했다. 언어 몇 개와 고추를 지붕 위에 널어 말리는 것까지 같다며 미국은 우리 땅이라고 주장하는 사람도 있었다. 초등학교 시절부터 중학교를 거쳐 성인이 되어서도 같은 이야기를 되풀이해서 들었다.

그러나 마음속엔 늘 의문이 생겼다. 그 추운 지방을 어떤 장비로 어떻게 그 멀리까지 갈 수 있었을까? 무슨 매력이 있어서 그리로 갔을까? 혹시 전쟁에 쫓겨서 도망가듯 넘어갔을까? 둘 다 아닌 것 같다. 알류산 열도의 얼음판을 넘어갔다는 것은 이해할 수가 없다. 배를 타고 갔다면 몰라도 스키로 갔다고 하기에는 너무도 춥고 먼 거리이고 매력이 있는 것도 없다. 에스키모라는 말은 생고기를 먹는 사람이라고 한다. 불조차 없었으니 고기를 익히지도 못하여 생고기를 먹었을 지경인데 어떻게 추위를 극복하고 갔을까? 더구나 전쟁으로 쫓겨 갔다면 사전에 준비 없이 도망갔을 터이니 얼어 죽지 않고 그 먼 거리를 넘어갈 수는 없는 것이고 너무도 추운 곳이니 말도 안 되는 소리 같다. 더구나 12,000년 전까지는 간빙기였다고 하니 지금보다는 훨씬 더 추워서 그런 가설은 어림없는 소리라 하겠다.

인디언은 담배골초이다. 그런데 우리 선조들이 담배를 배운 것은 얼마 안 된다고 한다. 육로로 넘어갔다고 한다면 참 순진한 생각일 수 있다. 남아메리카에도 인디오가 살고 있다. 그런데 노아 홍수라고 하는 혼돈의 대지각 변동 전에는 남북미가 연결되지 아니한 것으로 보인다. 즉 지질적으로 차이가 있기 때문이다. 더구나 마야문명과 잉카문명은 북미 인디언 문명보다 훨씬 발달한 것 같다. 로키산맥 주위의 드넓고 살기 좋은 평야를 외면하고 더운 산악지형에 문명을 일으킨 것을 보면, 가설에 허점이 있어 보이는 것이다. 마야문명은 북미 인디언족에 없는 상형문자는 물론이고 천문, 역법, 수학, 미술, 건축술이 발달하였고 특히 마야력은 현대까지도 정확도로 유명할 뿐만 아니라 특히 잉카문명은 수학의 제로개념까지 있었다고 하니 알류산 열도를 건너 남으로 남으로 잉카까지 가서 찬란한 문명을 이루었다는 것은 그 가설이 늘 마음에 걸렸던 것이다.

고대에는 육로 이동은 거친 땅에 길을 내고 산을 넘어 이동했을 터이므로 이동속도가 뱃길(뗏목)보다는 엄청나게 느릴 수밖에 없고 맹수의 침입까지 없었다고 할 수 없을 것이다.

그러므로 아무리 생각해도 그 가설은 합리적인(reasonable) 생각이라 할 수 없다. 그렇다면 태평양을 배(뗏목)를 타고 갔다고 할 수 있을까? 배는 돛을 달고 순풍을 만나면 육로보다는 수십 배 빠를 수 있다. 그런데 태평양의 거의 모든 해류는 동에서 서로 흐르기 때문에 돛 달고 갈 수는 없을 터이다. 동력이 아니면 노를 저었을 터이니 아뿔싸 나서길 잘못했구나하고 모두 중도에서 황천길이 아니면 용궁으로 불려가고 말았을 것이다. 해류를 타면 함흥에서 뗏목을 타고 잘만 버티면 일본 어디에 상륙할 수 있다고 하므로 바다에도 길이 있는 모양이다. 그런 길이 있었던 것이다. 과학이 발달하면서 적도에는 서에서 동으로 흐르는 적도반류가 있다는 것이 발견되었다. 인도네시아나 파푸아뉴기니에서 배를 타고 있다가 적도반류를 만나면 남미 에콰도르에 데려다 놓는다는 가설이 성립된다. 거기서 북으로 올라가면 마야문명 지역에 도달하고 남으로 내려가면 잉카문명을 만나게 된다. 그리고 북으로 더 올라간 사람들이 수렵하며 살았던 것이 아메리카 인디언은 아닐까? 그리고 뱃길 따라 올라간 사람들이 알라스카까지 올라간 사람이 에스키모라고 생각하면 궁금증이 어느 정도 해소되는 것은 정말 문디 거시기만 느끼는 해방감일까?

일전에 인도네시아 어느 섬의 동굴에서 12,000년 전 돌에 새긴 항해지도가 발견되었다고 방송에 나왔으니 내가 이긴 것 같아서… 적도반류를 찾아보라. 거기에 해답이 있다. 그리고 우리 선조도 적도지방에 살다가 북으로 이동한 것이라 생각하면 상고사의 그 많은 연대가 맞아 떨어진다. 그중 인디오 인디언은 적도반류에 실려 정처 없이 남북미의 중간에 정착한 것이 아닐까? 무 대륙에 살던 황인종이 대륙침몰 전에 뿔뿔이 흩어졌던 길이 보인다 보여. 이 문디 거시기 눈에는…

* 엘리뇨 현상이 있을 때는 적도 반류(反流)의 속도가 몇배나 빨라 진다고 함.

39
길
(路, 道, Road, Morality, Means, Way, Journey)

오랜만에 만난 친구에게 뭐하고 지냈느냐고 물었더니 산에 들어가서 도를 좀 닦고 나왔다고 했다. 그러고 보니 그 친구는 수염도 길렀고, 개량한복인지 도복인지 구분이 잘 안되는 옷을 입고 있었다.

교통이 편리해지면서 계룡산에 가서 도를 닦았다는 사람이 많다. 더구나 종로3가는 교통이 좋고 물가가 저렴해서 나를 비롯한 자칭 뭐 좀한다는 도사(道士)가 참 많다.

그런데 그 도사님들의 성깔이 보통이 아니다. 스스로 높은 데를 잘 올라가고, 도 닦은 사람을 몰라준다고 성질도 잘 내고, 도 닦는다고 속을 비워서인지 곡차(?)를 즐긴다.

곧 자기가 큰일을 낸다고 큰 소리를 치고, 자기 말대로 하면 천하가 어떻게 된다면서 나를 따르라는 사람도 있다. 도 닦는 사람은 원래 청빈을 즐겨서인지 돌고 돈다는 돈하고는 인연이 먼 것인지 공짜 술은 놓치지 않고 호주머니는 텅 비어서 곡차 한 잔 사라고 선수를 치면 꽁무니 내빼는 데는 도사에 가깝다.

그런데 도 닦는다는 게 무엇을 의미하는 것일까? 길(道)을 닦는 의미라면 오솔길부터 고속도로, 비행기 활주로까지 여러 가지가 있는데 그는 어떤 길을 닦았을까? 혼자서 닦았는지 북한처럼 떼거리로 닦았는지 알 수는 없으나 그 마음속에 난 길은 너무 좁다. 아니 아예 없기까지도 했다.

요령[道]을 닦았다면 대인관계도 원만하고 벌기 싫어해도 돌고 도는 돈을 붙잡는 기술까지는 터득했을 터인데… 빈털터리고, 상대방 주머니는 잘 넘본다. 도덕이라는 도를 닦았으면 그 인품에 반해 구름떼처럼 수하를 두었을 성 싶다. 더군다나 인생 여정의 길(道)을 닦았다면 민초에게 한마디 안내의 변을 토할 법도 한데 그런 이는 보이지 않는다.

중학교 때 김학기 선생이 지은 「중고등 삼위일체」라는 영어 참고서가 유명했다. 급한 김에 열공(열심히 공부)해서 한번을 다 보았는데, 어디 가서 한번 다 보았다고 할려면 표지부터 훑어봐야 한다는 생각에 머리말부터 다시 읽었는데 그야말로 머리를 한방 얻어맞은 듯 아찔했다. 어떻게 사람의 속을 그렇게 잘 알까? 초등학교 때 공부 좀 한다고 폼 잡았는데 중학교 들어가서 석차가 꼴찌로 밀리면 핑계를 만든다고 했다. 운동한다고, 문학한다고, 그림 그린다고… 하던 공부나 열심히 하면 될 일이지 무슨 뚱딴지같은 소리인지…

그 후론 장래 희망 란에 "건전한 사회인"만 썼다. 그런데 그 많은 도사님들도 혹시 다른 사람과 경쟁에서 뒤지니까 도 닦는다는 깨침의 핑계를 대는 것은 아닌지? 국제정세나 정치에는 타의 추종을 불허하는 목소리를 낸다. 남의 이목을 끌려면 평범해서는 안되고 「사람이 도사견을 물어 죽였다」는 정도는 나와야 되니까. 어디 가서 터득했는지 희한한 소리는 진짜 도사 빰치게 잘한다.

제돈 한 푼 안내면서 북한에, 아프리카에 돈 보내자며 열을 내거나, 역사문제에 있어서는 현장을 본 듯 입신의 경지를 이루기도 한다. 북한이 핵무기를 만들어서 지금 당장 서울을 불바다로 만들겠다고 위협하는 것은 외면하고 철 지난 친일문제는 끝까지 가려야 된다고 소매 걷어붙인다. 반면 애국가를 거부하고 태극기를 밟고 올라서는 사람에게는 어찌 그리 아량이 넓은지 그것이 애국도사의 조건인지 정말 헛갈리게 한다. 그것이 도사의 길이라면 그들 곁을 떠나고 싶다. 지금 토왜(土倭)보다 무서운 종북좌파가 그대 옆에 있다. 그들 세상이 되면 잘 보이려고 미리 선수치는 눈치 9단이 아니었으면 한다.

더군다나 돌아가신지 천 년이 넘은 성인들의 골수를 팔아 안 믿으면 지옥 간다는 종교도사의 소리는 그만 들었으면 한다. 그게 민폐요 공해라는 것을 알았으면 한다. 그 성인들 좀 쉬시게 하라. 백골지악(白骨之惡)이라는 것을 아시는지…

문디 거시기같은 핑계 도사님들 찬물 먹고 마음 돌리시길…

40

보리달마(菩提達磨)

우리 주위에는 어딜 가나 달마 그림이 흔하다. 달마를 본 일도 없고 표준 초상화도 없어서인지 동양화를 좀 그린다고 하면 모두 제멋대로 그려놓고는 보리달마라고 이름 붙인다. 그러다 보니 그린 사람의 심성이 조금씩 엿보인다. 공통점은 잘 생긴 달마도가 드물다는 것이다.

달마는 인도 남부 소국의 왕자였는데 출가하여 불교 제28대 법통이었다고 한다. 그는 잘생긴 얼굴이었는데 여행 중에 신명들의 싸움을 말리려고 육신을 벗어놓고 중재를 끝낸 다음 돌아와 보니 자기 육신을 다른 영이 점해버린 뒤였다. 그 영을 쫓아내어 버릴 수도 있었으나 달마답게 자기 몸을 보시하고 부패가 제법 진행된 다른 시신으로 들어가 법력으로 부패된 부위를 회복하여 추남에 가깝게 된 것이라 한다.

나도 달마도를 그린 사람들처럼 여기저기서 주워 모은 것을 제멋대로 거시기해본다. 안본 용 그림은 잘 그리나 제 눈으로 본 뱀 그림은 잘못 그리는 사람처럼 내 맘속의 달마가 되어버릴는지 몰라 조심스럽다.

달마는 불법을 전하러 동쪽으로 왔는데 그때가 중국 양무제(서기 527년) 때였다고 한다. 양무제는 불법을 숭상하여 사찰을 짓고 자신도 불의를 입고 채식을 하는 등 모범적인 불교신자였다고 한다. 달마를 만난 무제는 자신의 행적을 자랑하며 자기의 공덕이 얼마나 되는지 물었다고 한다. 달마는 아예 공덕이라고 할 수도 없으며 세속적인 인과응보에 지나지 않는다고 했더니 양무제가 섭섭하여 융숭한 대접을 거두어버렸다. 달마는 양무제와는 인연이 없음을 알고 숭산 소림사에 들어가 면벽좌선을 시작하여 그 기간이 9년 동안이었다고 한다.

어느 날 신광이란 중이 찾아와 불법을 가르쳐 달라고 조르자 통상적인 결심 따위는 득도하는 데 어림없다고 했더니 신광은 자기 왼팔을 짤라 바치며 결심이 굳음을 보인다. 달마는 그를 제자로 받아들여 직지인심(直指人心)으로 그를 깨우치게 하고 선종(禪宗)의 제2대조로 삼아 법명을 혜가(慧可)라 했다. 그리고 3조는 승찬(僧瓚), 4조 도신(道信), 5조가 홍인(弘忍)인데 이때부터 인도와 다른 중국 선종이 태동한다. 어느 날 혜능이란 소년이 홍인을 찾아와 불법을 배우겠다고 했는데 그는 나무를 베어다 팔아 어머니를 공양하느라 배운 것이 없는 일자무식이요, 오랑캐라 부르는 남방인(漢族)이었다. 홍인은 그의 근성이 날카로움을 발견하고 절간 허드렛일을 시키고 불법은 가르쳐 주지 않았다. 세월이 지나 홍인은 후대를 세워야 할 시가가 왔음을 알고 제자들에게 각자 깨달은 바를 시험했는데 이때 혜능이 다른 사람에게 대필시켜 쓴 글이 그 유명한,

보리본무수(菩提本無樹)
명경역비대(明鏡亦非臺)
본래무일물(本來無一物)
하처야진애(何處惹塵埃)

깨달음에는 본래 나무(형상)가 없고
거울 역시 틀(규격)이 있는 게 아니라네
본래 한 물건도 없는데
어느 곳에 먼지 끼고 때가 낄까.

홍인은 짐짓 이 글에 깨달음이 없다고 무시하고는 밤에 몰래 불러 의발과 돈교법문(頓教法門)을 전하고 절간에 소란이 일어날 것을 걱정하여 그를 도피시키고 훗날을 부탁했는데 그가 바로 6조 혜능(慧能)이다. 남에게 대필해 달라고 할 정도의 무학자가 어떻게 배우지도 아니한 불교를 이해했는지 도를 깨칠 수 있었는지는 알 수 없는 터….

그러나 혜능에겐 그러한 상상을 넘어선 지혜와 불성이 있었던 것이다. "그는 일반적인 틀로는 정의내릴 수가 아니다. 그래서 가사를 전해준 것이다. 그는 불법이라는 것을 아예 알지 못한다. 아는 것이라고는 유일한 그 길 하나뿐이다"라고 5조 홍인이 말했다고 한다. 이는 모든 사람에게 불성(佛性)이 있음을 말하는 것이며, 깨우치기만 하면 된다는 가능성을 열어둔 것이라 하겠다. 아마도 이때부터 교외별전(教外別傳), 불립문자(不立文字), 직지인심(直指人心), 견성성불(見性成佛)이란 말이 생긴 것이 아닌가 한다.

홍인이 예상한 대로 소란이 일어났고 의발을 뺏으려 뒤쫓아 간 혜명(慧明)이란 중에게 붙잡힌다. 혜능이 의발을 내주었으나 혜명이 들 수가 없어서 땀을 뻘뻘 흘리다가 엎드려 잘못을 빌었다고 한다. 동자 아이가 지고 가던 것을 장정이 들지 못하다니, 이는 필시 교외별전처럼 다른 무엇이 있나 보다. 그래서 이 무지랭이에게도 그 무엇이 있지 아닐까하여 감히 말하면 위에 쓴 것과 같이 반야심경(般若心經) 정도만 가지고도 능히 성불할 수 있다고 생각한다. 그리고 그 많은 불경을 외는 것은 부질없는 낭비가 아닌가 한다. 더구나 누구나 다 성불해 버리면 소는 누가 먹여 키우겠는가?

이는 경봉선사(鏡峰禪師, 1892-1982)가 서울 성북동 심우장(尋牛莊)에 있던 만해(萬海) 한용운(韓龍雲)에게 서신으로 묻기를,

"심우장 목부화상(牧夫和尙)이여, 어느 날 어디서 소를 잃었습니까? 집 이름이 심우장이라 한 것을 보면 소를 잃음이 분명하고 사람이름이 목부라 한 것을 보면 소를 얻어서 기른 것이 분명하나이다. 만약 잃지 않았다면 어찌 소를 찾는다하며, 또 만일 소를 잃었으면 어떻게 소를 기른다할 것입니까? 심우장 목부화상이여, 이러한 때(왜정시대)를 당해서 소를 찾고 있습니까? 소를 기릅니까? 찾고 기르는 것을 함께 잃었습니까? 한 구절 법을 보이십시오."

이에 대하여 한용운이 답하기를,

"털과 뿔이 생기지도 않았거니 어찌 얻고 잃겠나. 목부가 일이 많아서 부질없이 심우장을 지었네"라고 했다고 한다.

이는 무식지존이 생각하기로 절간에 있는 심우도(尋牛圖)로 인해 생긴 문답이 아닌가 한다.

경봉이 1927년 12월 13일 오도(悟道)하였다고 하니 만해 한용운에게 깨침을 위한 화두를 던진 것으로 보인다. 만해가 답한 것을 보면 시인이요 독립 운동가이긴 하지만 오도를 하지 못한 것으로 보인다. 오도하면 뭐하노? 오도하면 소고기 사 먹겠지라고 하고 싶다. 소 우(牛)자 밑에 중천지일(中天地一)을 하여 보라. 살 생(生)이 되는 것을… 그 길이 불교의 본본심(本本心)이 아닐

까? 모든 사람이 다 오도하는 것보다 모든 사람이 다 살아남아야 하는 것이 우리의 바람이 아니겠는가?

태조 이성계가 꿈에 낡은 집에 들어가 서까래 셋을 지고 나온 해몽을 무학대사가 왕이 될 꿈이라한 것도 비슷한 비유이리라.

천부경도 후손의 안위를 염려한 환웅천황의 가르침이 아닌가 한다. 그런데 너무 어려우니 고운 최치원이 갱부작첩(更復作帖)할 때 주석이라도 달아 놓지 아니한 것은 인연 따라 자립 갱생이 이루어짐을 뜻한 것이 아니겠는가?

비오는 날 장독대에 내어다 놓은 그릇들을 보라. 어떤 그릇은 크고 어떤 그릇은 작다. 주둥이가 작은 것, 몸체보다 입은 큰 것, 아예 거꾸로 놓은 것, 등등. 어느 그릇에 빗물이 많이 담기겠는가?

이처럼 하늘의 은혜는 비와 같이 공평하게 내리나 받아들이는 그릇과 자세에 따라 다를 뿐인 것이다. 진정 진리에 통하고 싶으면 그릇속에 아무것도 두지 말라. 깨끗한 그릇에 담긴 물만이 쓸 수 있는 것, 오욕칠정에 가득찬 그 그릇에 진리의 말씀을 어찌 담을 수 있겠으며 쓸수 있겠는가?

41

비봉산주(飛鳳山主)

이 호는 2002년 봄 덕천 이상규 선생과 함께 안양 비봉산 정상 부분에 있는 석굴로 올라가 그곳에서 수십 년 동안 수도를 하시던 박재락 선생님을 찾아뵈었을 때 지은 것으로 선생께서는 이미 해탈을 하신 듯 평범한 분이 아니었다. 선생께서는 젊은 시절부터 구도생활을 시작하여 많은 이인(異人)을 찾아다니셨고 그 중에서 대구 팔공산에서 만난 무심행 보살을 제일 못 잊어하셨다. 선생께서 그 당시는 깨우치지 못하여 무심행 보살의 존재를 몰라보았는데 십여 년이 지난 뒤 덕천 선생의 안부전화를 받는 순간 문득 깨침을 얻어 상봉의 기회가 이루어졌다. 석굴 안은 서너 명 정도 들어가 앉을 수 있는 공간이었고, 그 안에는 수도에 필요한 모든 것이 잘 갖추어져 있었다. 그 산 정상에는 군사시설이 있어서 아마도 선생께서 가신 뒤로는 폐쇄되었을 것으로 생각된다.

집에 돌아와 선생님이 주신 글을 읽었는데 너무 어려웠고 천기누설이라는 부분이 마음에 걸려 편지를 써두고는 보내지 못한 것이 두고두고 한이 되어버렸다. 말이 씨가 된다고 했던가? 누구라도 천기누설이 아니라고 증인이 되었던들 돌아가시지 않았을는지도 모른다. 접견시간이 불과 4시간 정도이나 그때 받은 감명은 너무 커서 마음속으로 스승으로 모신다. 더구나 수많은 도인들이 조용히 왔다 아무 흔적도 남기지 아니하시고 홀연히 가셨을 수 있을 법하여 그때 써 둔 편지와 선생의 글을 주신 그대로 옮기니 부디 깨닫는 분이 있기를 바란다. 위인을 알아보는 것은 가족이 아닌 경우가 다반사이므로 선생의 의표(儀表)를 알아차리지 못했을 수도 있으리라. 그 분은 비봉산주(飛鳳山主)이셨고 재회의 기회도 주시지 아니하신 점이 신기루를 본 것처럼 못내 아쉽다. 더구나 무식지존인 나마저 이 글을 공표하지 아니하면 깨우침의 글이 영원히 사장되어 버릴 것 같아 야단맞을 각오로 용기를 내었다. 가족 분의 연락이 있기를 바란다.

* 이 글을 쓰는 시간(축시), 선생께서 옆에 와 계신 듯 이상 야릇하다.

존경하는 박재락 선생님.

1. 선생님의 말씀을 몇 번 읽어도 모르는 부분이 너무 많습니다. 안광이 지배를 철할 때까지 읽어야 깨우칠지 모르겠습니다. 다시 가르침을 받겠습니다. 다만 일부 저의 소견을 말씀드리고자 합니다. 오설(吾說) 천기누설에 관한 선생님의 우려는 그리 걱정할 일이 아니라고 생각합니다. 감히 열거하면,
   (1) 이제는 사상의 자유를 유린할 권한을 가진 사람은 없을 것입니다.
   (2) 선생님의 생각을 누구에게 강요한 일이 없기 때문입니다.
   (3) 회원이나 동호인끼리 하는 일은 문제가 되지 아니합니다.
   (4) 모든 종교인들이 모두 진주래임(眞主來臨)을 원하고 있기 때문에 표현방법에 차이가 있을 뿐 상호 불간섭하기 때문

입니다. 미륵불래임(彌勒佛來臨)이든 예수재림이든 모두 기다릴 뿐입니다.

(5) 굳이 선생님의 이론에 대해서 시비를 가리려는 사람은 자기 것도 모르는 무지한 일일 것이고 그 무지함이 무슨 논리를 전개하겠습니까?

2. 저의 생각으로는 선생님이 하는 일도 넓게는 진주(조물주)의 뜻이 아니겠습니까? 명심보감에 "천망(天網)이 회회(恢恢)하여 소이불루(疏而不漏)"라고 했습니다. 많은 선성(先聖)들이 다녀가신 것도 그 하나일 것입니다. 어떤 분은 알면서도 한마디 말씀 없이 가셨을 수도 있을 것이며, 후세인에게 알리려 무던히 애쓰시다가 가신 분도 있을 것이나 우리가 다 알지 못합니다.

3. '제로'자리, 무심자리, 공(空)의 생각을 가진 사람이 늘어나도 경제발전에 해독을 끼친다고 생각되지는 아니한다고 생각됩니다 '제로'자리를 경험한 사람은 순수함을 가지고 경제활동에 임하기 때문에 불합리한 행동을 하지 아니할 것입니다.

많은 경제 주체들이 교육하고 연수하는 목적 중에 가장 큰 것은 정직한 사람이 되기를 원하는 것입니다.

4. 많은 선견지명을 가진 분들이 앞으로는 물질문명에서 정신문명의 시대로 옮겨간다고 말합니다.

정신문명 중에 현존인이 승차변혁하여 천인화된다는 것도 포함되지 말라는 법은 없습니다.

그러므로 많은 사람에 희망을 주는 메시지는 좋은 일일 것입니다. 그 천인화를 위하여 만수 도인이 노력하고 있지 아니 합니까?

그것이 몽상이라 우길 만한 우자(愚者)는 단지 우자일 뿐입니다. 기독에 신천신지에 대한 언급이 있고 육신을 가지고 신천신지에 넘어간다고 했습니다.

5. 지구에 사계절이 있듯이 우주에도 오운육기(五運六氣)에 의한 결실의 계절이 천지개벽일 것이라 생각합니다. 봄에 잎 나고 꽃 피고 열매 맺어 가을에 완성의 결실로 가는 것만 보더라도 그러할 거라 믿습니다. 그날이 빨리 오기를 바랄 뿐입니다. 인간 두뇌의 노력으로 그리할 수 있다는 생각도 듭니다. 선생님의 '주인의식 에너지' 말씀을 읽으며 기쁩니다. 오히려 선생님의 생각을 더 활발하게 개진하고 활동하여 더불어 그날이 빨리 오기를 만들어보는 것이 좋다는 생각이 듭니다.

6. 선생님이 말씀하신 "어차피 가야 할 짧은 인생이지만 갈 때까지 일하여 인류사회에 공헌하는 것이 인생의 보람이 아니겠는가?"를 잊지 마십시오.

서양의 대 예언서 노스트라다무스의 「모든 세기」(All Century) 서문 말미에 보면 "인류가 진멸지경에 간다. 그러나 이십 세기 초에 어떤 분이 나타나 이것을 바꾸어 놓으면 그러하지 아니한다"고 되어 있습니다. 사옥공사(士玉公事) 신축공사(辛丑公事)에서 무리 없이 천지개벽이 되도록 바꾸어 놓은 일이 있습니다. 하늘도 뜯어고치고 땅도 뜯어고쳐서 진주래임을 순조롭게 만들어 놓으신 일이 있습니다.

그러하오니 선생님의 뜻을 마음대로 펴십시오. 그 또한 주인의식 에너지가 예정한 일이 아니겠습니까?

7. 속담에 "손톱 밑에 가시든 줄은 알아도 허파에 쉬쓰는 줄은 모른다"고 했습니다. 반대 세력이 그러할 것입니다. 새 진리의 의식광을 그들이 어찌 알겠습니까? 아니 엄격하게 얘기하면 방해할 세력조차 존재할 수 없게 하는 것도 주인의식 에너지의 작용일 것입니다. 그러므로 천기누설은 없는 것입니다. 퇴계 이황 선생의 이기설(理氣說)도, 김일부 선생의 정역(正易)도, 아인쉬타인의 상대성 원리도, 호킹 박사의 블랙홀 이론도, 당시로서는 천기누설일 수도 있었으나 천기누설로 인한 그 아무 것도 없었습니다. 그러므로 사대 성인께서 천기누설을 하였다고 할 수는 없지 않겠습니까?

8. 선생님 힘내십시오. 비봉산 산신령이 봉을 날게 하여 비봉 박재락 선생님으로 하실 것입니다. 설(說)은 설로 끝나서는 안 됩니다. 행(行)이 따라야 합니다. 정(靜)에서 동(動)으로 옮겨가야 합니다.

속으로 육두 벼슬을 한들 무엇하겠습니까? 금의야행하면서 혼자 즐거워하시겠습니까? 아예 무극론을 펴시지 마시든지, 내놓았다면 적극적으로 행동에 옮기십시오. 삼단(三丹) 수련은 어떻게 하는 것입니까? 가르쳐 주십시오. 많은 사람에게… 두서없이 말씀 올립니다. 안녕히 계십시오.

* 부칠 때 날짜와 올림의 마무리를 하려 했는데…

42

행간(行間)

밤새도록 울고 누가 죽었느냐 묻는 조문객이 있다고 하자, 이는 엉뚱하게 부화뇌동(附和雷同)하는 사람들을 두고 하는 말이리라. 진리 탐구에 나선 사람은 남의 말에 부화뇌동해서는 안될 것이다. 즉 전철(前轍)을 밟아서는 깨침의 세계에 이르를 수 없는 것은 물론 자기만의 성통공완을 할수 없다. 염화시중의 미소와 같이 책 중에는 「깨침의 미학」처럼 행간을 읽어야 할 만큼 심오한 책도 있었고, 읽으면서 카타르시스(catharsis)를 만끽할 수 있는 「수준 차이로소이다」라는 책도 있었다.

더구나 성인들의 말씀은 심오한 부분이 많아서 행간을 읽어야 하거나 원전을 읽어야 할 때가 있다. 그 말씀이 번역에 번역을 거치면서 손때가 묻고 번역자의 수준에 따라 천차만별일 수도 있기 때문이다. 부처님 말씀이 팔만대장경과 일치할까? 예수 그리스도의 말씀이 히브리어에서 라틴어로, 영어로, 한글로 번역되기까지는 번역자의 의도가 반영되지 않았다고 할 수 있을까?

그러므로 가급적 원전을 읽거나, 번역이 되풀이되지 아니한 것을 읽는 것이 깨침에 도움이 되리라 생각한다. 앞에 (재)불교전도협회에서 발간한 영한대역 「석가모니 부처님의 가르침」 중에서 부처님의 마지막 가르침을 있는 그대로 옮긴 이유이기도 하다. 영문 부분을 읽다보면 가슴 찡한 부처님의 말씀이 시공을 초월하여 가슴을 두드릴 것이다.

염력이 뛰어난 분은 부처님이 직접 말씀하시는 것처럼 환희에 찬 자신을 보게 되리라. 내 몸 어디에 이렇게 많은 눈물이 있었던가? 하는 이도 있을 것이다. 그 많은 불경 다 읽지 않아도 깨달음을 얻은 육조 혜능 스님이 이해가 될 것이다. 직지인심(直指人心)이란 이런 느낌을 두고 하는 말씀이 아닐는지 공경스럽다.

성철스님의 말씀처럼 절간에서는 흔히 있는 이야기를 일반인이 알 수 없는 것은 법언의 행간을 포착하지 못한 것 때문이 아닐까? 행간을 읽으면서 순간의 포착! 백회혈이 뻥 뚫리면서 환희에 찬 깨달음을 위해 한시도 방심해서는 아니될 것이다. 길은 교외별전처럼 행간에 있는 염화시중의 그 뜻을 찾아야 하리라.

43

알 사람은 알거야

눈치 빠른 사람은 절간에서도 젓국을 얻어먹는다고 했다. 불가능해 보이는데도 이런 말이 있는 것은 비유의 한계효용을 높인 말이라 생각된다.

반대로 스님도 인간인데 먹을 수는 있으리라. 어쨌건 눈치 빠른 것은 그리 나쁘지 아니한가 보다. 염화시중(拈華示衆)의 미소도 눈치 빠른 마하가섭이 부처의 의중을 먼저 깨달은 것이 아니겠는가?

생각해보면, 어떤 사건이 일어날 것을 미리 예고해 주는 징조가 있었는데도 불구하고 대처하지 못하여 때늦은 후회겸 하는 말이 "그때 예감이 이상했다"고들 한다.

그런데 그 예감은 찰나의 순간으로 지나가버린다. 성공한 사람은 대체로 그 예감을 놓치지 않은 경우가 많고 그 외 대부분은 그 예감조차 느끼지 못하는 경우가 많다. 짐승도 느낌이 있어서 도살장으로 끌려가는 소가 눈물을 흘리고, 개 장사한테는 맹견도 꼬리를 내리는데 자만에 빠진 우리 인간은 예고의 암시를 알아차리지 못하는 경우가 많다.

1980년도 초반에는 우주의 사계절이 있다며 변화에 따른 지구 변화과정을 언급한 경우가 자주 있었고 지구 자체의 몸짓도 있었다.

탄허 스님이 1983년 언젠가 "지금부터 120년 전에 지구 밑동에 불이 들어가 온난화가 계속된다"고 하셨고, 어떤 분은 이 말씀을 두고 지구가 성숙해져 곧 변화가 생길 것이라고 했다.

또 성철 스님이 "산은 산이요 물은 물이로다"라고 하신 말씀을 두고 세간이 떠들썩한 때도 있었다. 어떤 기자가 찾아가 그게 무슨 말씀이냐고 물었더니 "절간에 흔히 있는 일이야 알 사람은 알거야" 하시고 입을 다물었다고 했다. 두 분 다 평범한 분이 아니었으니 어쩌면 지구의 몸짓을 알고 계셔서 사부대중에게 무얼 좀 알아차리라는 말씀은 아니었을까?

그리고 1984년은 갑자년(甲子年)으로 하원 갑자니 뭐니 하는 이도 있었다. 그해 성철 스님의 법언에 "어허 이 무슨 이치인고, 붉고 둥근 해가 서쪽에서 떠 오르네"라고 하신 일이 있었고, 진달래가 개나리보다 일주일 정도 먼저 핀 이변이 있었다. 그때 일반인들이 "이상하다 진달래가 개나리보다 먼저 피었네"라고 하는 말을 여러 번 들은 일이 있다. 진달래는 참꽃이요, 개나리는 개꽃인 것이다. 늘 거짓이 먼저이다가 그해부터 참이 시작된다는 암시는 아니었을까?

그때쯤 산성비 문제로 신문과 방송의 언론매체들은 열을 올렸다. 콘크리트 다리는 물론이요 아파트 옥상의 시멘트가 산성비에 녹아 모래알이 구르고 푸석푸석해지며 안전에 문제가 있다고 야단법석이었다. 그런데 북한산 인수봉은 산성비에 이끼가 죽어 없어져 더 붉은 빛깔을 띠어야 하는데도 불구하고 검게 변했다. 용마산 계곡도 검어졌다. 성철 스님이 한동안 종정자리를 내놓았다가 어느 정도 시간이 지나자 다시 종정직을 계속하였다. 1985년에는 "캄캄한 밤중에 붉은 해가 높이 떠서 우주를 밝게 비치니 선돌바위 좋아라고 덩실덩실 춤을 추고…"라고 하셨고, 1986년에는 "들판에도 공장에도 부처님이…"라고 하시는 등 그후로도 아리송한 법언이 한단계씩 나아가며 계속되었다.

학승인 탄허 스님과 선승인 성철 스님의 말씀이 일치하는 것이었다. 그런데 세 살 먹은 어린애 말도 귀담아 들어야 할 때가 있다는 우리 속담이 있지 아니한가? 성철 스님이 입적 시에 나타난 이적(異蹟)만 봐도 평범한 분이 아니었음에야 한번쯤 생각해볼 일인 것이다.

여의도 광장에 백만 인파가 모여 개신교 200주년 기념행사 때에 빌리 그래험 목사가 설교 도중 북쪽 하늘에 이상한 서광이 나타나자 중계방송과 신도들의 탄성을 그저 기상이변이라고 하고 말 것인가? 그해에 지진이 발생하여 동서로 먹줄을 놓은 일도 있었다. 피뢰침 영향으로 천둥이 길게 이어질 수 없는데도 그 겨울밤이 길고 긴 뇌성이 진동했다.

힌트는 길게 주어지지 아니하는 법, 태몽을 가지고도 별별 상상을 다 늘어놓으면서 순간 포착에 실패하는 것은 무관심 때문이리라. 우리가 인지하지 못해도 세상만사는 예정된 수순 따라 어김없이 진행되는 섭리를 어찌 알겠는가? 그래도 애닯은 마음에 알 사람은 알거야로 체념해 버릴까…

44

자살한 영혼 '안식이 없다'

서울 모대학 연못가 비오는 밤마다 남학생 술 마셔
경비원 몇 달간 대작… 나중에 알고 보니 4년 전 자살

신 동 립 기자

군대와 대학, 두 곳에는 귀신 목격담이 끊이지 않는다.

지난해 여름 중부전선 ○○부대. 김모 상병(22)은 밤 11시부터 1시간 동안 외곽 고정 경계근무였다. 매일 같은 시간에 같은 장소를 지키던 중 최모양(21)을 만났다. 최양은 부대 인근 주유소에서 아르바이트를 마치고 매일 밤 그 시간이면 그 초소 앞을 지나던 아가씨.

한 번 두 번 눈이 마주치고, 몇 마디 농담도 주고받으면서 두 남녀는 차츰 가까워졌다. 그렇게 20여 일이 흐르자 최양은 간식거리를 싸들고 초소 안에 들어와 김상병과 밀어를 속삭이게 됐다. 마침내 둘은 결혼을 약속하며 깊은 관계를 맺었고, 하룻밤이라도 못 보면 못 견디는 사이로 발전했다.

아침저녁으로 제법 한기가 느껴지던 가을 초, 김상병은 미처 최양에게 알릴 새도 없이 근무시간을 옮겼다. 그날 밤 11시, 어젯밤까지 김상병 몫이었던 초소를 신병이 맡게 됐다. 군기가 바짝 들어 초긴장 상태로 경계근무에 돌입한 신병.

사정을 알 리 없는 최양은 지난밤과 다름없이 김상병을 만나러 가고 있었다. 하필이면 그날따라 새로 산 흰색 원피스차림. 가뜩이나 겁먹은 신병이 멀리서 다가오는 최양을 발견했다. “손 들어! 움직이면 쏜다.”

그러자 최양이 착각했다. ‘핏, 새삼스럽게 장난은….’ 그래서 일부러 나무와 바위 뒤에 숨어가며 초소로 접근했다. 허연 것이 보였다, 안보였다 하자 신병은 더더욱 긴장하며 암구호를 외쳤다. 물론 최양은 계속 장난을 쳤다. 이어 신병은 총 3발을 발사한 뒤 기절했다. 최양은 머리와 가슴에 총탄 2발을 맞고 즉사했다. 다음날 김상병은 근무태만으로 영창에 갔고 신병은 포상을 받았다.

1주가 흘렀다. 그 초소에서 근무 서는 병사들이 공포에 떠는 밤이 이어졌다. 울음소리와 더불어 어렴풋이 나타나는 흰옷 입은 여자의 형상, 사태의 심각성을 인정한 부대장은 문제의 초소에 위령제를 올린 뒤 허물어 버렸다. 5m 떨어진 곳에 새로운 초소가 섰다.

한편 서울 S대학 공과대 연못 옆에는 비오는 날마다 어김없이 소주를 마시는 남학생이 있다. 맑은 날 밤엔 자취를 감추었다 부슬부슬 비가 내리면 혼자서 소주잔을 기울인다. 비올 때마다 연못가에서 그 남학생을 몇 차례 지켜보던 경비원 노모씨(45)가 지난 봄 궂은날 밤 야간순찰 중 일부러 연못가로 찾아가 앉았다. “젊은 사람이 이렇게 술을 많이 마시면 쓰나”해가며 주거니 받거니 함께 소주를 들이켰다. 비 내리는 밤이면 경비원이 먼저 학생을 만나기에 이르렀다. 몇 달이 흘렀다. 밤 10시쯤 그 자리에 갔지만 학생이 없었다. ‘애가 술을 끊었나. 이거 어디 다치기라도 한 것 아닌가.’

다음날 아침, 야간근무로 비번임에도 경비원은 일부러 학생의 과사무실로 올라갔다.

"거, 혹시 3학년 박○○군 지금 무슨 강의 듣고 있는 줄 아나?" "누구요, 걔가 누군데요?" "…." 박○○군은 4년 전 공대 연못에서 자살한 학생이었다.

중앙일보 1996년 10월 11일(목)

* 예전에는 사고가 많은 장소에 사고가 되풀이되는 경향이 있었다. 심령학자들은 죽은 영혼(地泊靈)이 그곳을 떠나려면 대타로 다른 사람을 유인해야 되기 때문이라나……?

45

어느 어머니의 일기

요양원에 버려진 어머니의 거시기

미안하구나, 아들아.

그저 늙으면 죽어야 하는 것인데, 모진 목숨 병든 몸으로 살아 네게 짐이 되는구나.

여기 사는 것으로도 나는 족하다.

그렇게 네 아버지만 일찍 여의지 않았더라도 땅 한 평 남겨줄 형편이 되었을 터인데, 못나고 못 배운 주변머리로 짐짝 같은 가난만 물려주었구나.

내 한입 덜어 네 짐이 가벼울 수 있다면, 어지러운 아파트 꼭대기에서 새처럼 갇혀 사느니 친구도 있고 흙도 있는 여기가 그래도 나는 족하다.

내 평생 네 행복 하나만을 바라고 살았거늘, 말라비틀어진 젖꼭지 파고들던 손주 녀석 보고픈 것쯤이야 마음 한번 삭혀 참고 말지.

혹여 애미 혼자 버려두었다고 마음 다치지 마라. 네 녀석 착하디 착한 심사로 애미 걱정에 마음 다칠까 걱정이다.

삼시 세끼 잘 먹고 약도 잘 먹고 있으니, 애미 걱정일랑은 아예 말고 네 몸 건사 잘 하거라.

살아 생전에 네가 가난 떨치고 사는 것 한번만 볼 수 있다면, 지금 죽어도 여한이 없으련만…….

행복하거라, 아들아.

네 곁에 남아서 짐이 되느니, 너 하나 행복할 수만 있다면 여기가 지옥이라도 나는 족하다.

하루 빨리 죽어 이곳 애미 걱정 안했으면 좋으련만 모진 것이 목숨이라……

* 우리 시대에 효(孝)는 실종된 것 같다. 위 글에 대해서 공명하면서 부모와 사회는, 아니 정부는 인성교육에 대해서 수수방관해도 되는 것인지…?
  예(禮)가 없이 어떻게 효(孝)가 있을 수 있으며 충(忠)을 기대할 수 있겠는가? 충(忠)이 없으면서 국가에 무엇을 요구하면 가당키나 하겠는가? 하루살이, 부나방 같은 재(놈)들….

46

간편한 자기 띠(간지) 확인표

박 영 구(전 개천민족회장)

먼저 태어난 서기 년도의 천백(15백) 단위에서 자기 단위를 찾고 가로로 이동하여 둘째 십(9십) 단위 숫자를 찾은 후 세로로 이동하여 끝(2년) 단위 숫자와 교차점(辰)과 끝 단위에 있는 천간을 붙여 읽으면 임진(壬辰)년이 된다. 즉 1592년은 임진왜란이 일어난 임진년이고 임진생 용띠가 된다.

천백단위숫자				10단위숫자					
00	06	12	18	0	1	2	3	4	5
03	09	15	21	6	7	8	9		
01	07	13	19	2	3	4	5	0	1
04	10	16	22	8	9			6	7
02	08	14	20	4	5	0	1	2	3
05	11	17	23			6	7	8	9
4		甲(갑)		子(쥐)	戌(개)	申	午	辰	寅
5		乙(을)		丑(소)	亥(돼)	酉	未	巳	卯
6		丙(병)		寅(범)	子(쥐)	戌	申	午	辰
7		丁(정)		卯(토)	丑(소)	亥	酉	未	巳
8		戊(무)		辰(용)	寅(범)	子	戌	申	午
9		己(기)		巳(뱀)	卯(토)	丑	亥	酉	未
0		庚(경)		申(원)	午(말)	辰	寅	子	戌
1		辛(신)		酉(닭)	未(양)	巳	卯	丑	亥
2		壬(임)		戌(개)	申(원)	午	辰	寅	子
3		癸(계)		亥(돼)	酉(닭)	未	巳	卯	丑

끝단위숫자 (좌측 세로), 천간 / 지지 (하단)